| 청각장애학생 교육 |

최성규 · 김혜진 · 박찬희 · 이아름 · 정미라 · 정승희 · 정은영 공저

Education for Hearing Impaired Students

학지사

머리말

• • ● • •

『청각장애학생 교육』이 출판되기까지 오랜 시간이 걸렸다. 한국특수교육학회의 산하 학회인 한국청각언어장애교육학회가 발기되고, 초대 학회장을 역임하면서 청각장애교육을 전공하는 대부분 대학의 교수가 참여한 『청각장애아동 교육』의 출판을 주도하는 동안 나의 개인적 저술 계획은 나중으로 밀렸다.

혼자 책을 쓴다는 것은 힘든 일이지만, 대학 교재와 학술 저서의 성격을 공유하고 제안할 수 있다는 점은 나름 흥미로운 내용을 채워 가는 기쁨으로 대체할 수 있다. 책을 출판하기까지의 노력 또한 힘든 일의 연속이라는 점을 잘 알고 있다. 다행히 제자들의 도움으로 나의 저술 활동을 마무리할 수 있게 되었다.

이 책은 청각장애 영유아의 출생, 성장, 언어와 사고발달, 언어발달, 학교 교육 그리고 청력검사, 보청기 및 인공와우, 나아가 청각중복장애와 전환교육으로 내용을 구성하였다. 출생과 발달, 학교 교육 그리고 성인기 준비까지의 과정을 삶의 관점으로 책의 내용을 채워 보았다.

청각장애교육은 문화와 의료의 갈등으로 비유된다. 또는 수어와 구어의 선택으로 접근되기도 한다. 이 책은 청각장애학생 당사자 시각으로 접근하고 해석할 수 있는 틀을 유지하기 위한 노력이 전제되었다. 이분적 시각의 선택에 대한 갈등과 치우침보다 다문화와 다언어의 융통성, 창의적 사고, 학문의 융합에 대한 이해가 우선되는 초학문적 접근의 중요성을 인지할 수 있는 계기를 제공하기 위해 노력하였다.

청각장애학교에 특수교사는 있으나, 청각장애교육을 전공한 교사는 상당히 제한적이다. 청각장애학생을 지도하기 위한 전문성이 절실히 요구되는 현실이다. 이 책이 모든 특수교사가 청각장애학생을 지도할 수 있도록 준비성을 갖추는 계기가 되었으면 한다. 또한 청각장애학생을 올바르게 이해할 수 있는 지혜의 등대를 발견하는 희열을 맛볼 수 있기를 기대한다. 이 책이 출판되기까지 함께 노력해 주신 김혜진, 박찬희, 이아름, 정미라, 정승희, 정은영 박사님께 감사를 드린다. 끝으로 이 책의 출판을 위해 도움 주신 학지사 관계자 여러분께도 고마운 마음을 전한다.

2025년 1월
영천 전원주택의 조그만 서재에서
저자 대표 최성규

차례

•••••

제3장

출생과 발달 • 51

제4장

언어와 사고 • 73

제5장 언어발달 • 93

제6장 언어교육방법론 • 117

보청기 • 215

인공와우 • 243

제12장 청각중복장애 • 261

제13장

전환교육 • 283

제1장

청각장애의 이해

청각장애의 '들을 수 없는 장애' 또는 '볼 수 있는 사람'으로의 이분법 시각은 교육적 지원의 차별성을 전제하였다. 청각장애교육의 200여 년 역사가 의료와 문화의 갈등으로 대변된다. 구화언어 또는 수화언어(수어)의 선택, 정상화론과 자아실현론의 갈등 등으로 표현되기도 한다. 청각장애의 이해를 위하여 청각장애에 대한 법적 개념과 인식의 차별성 등으로 탐색해 보고, 청각장애교육의 기본이 될 수 있는 주파수(Hz)와 음압(dB)에 대한 개념을 설명하고자 한다. 청력손실을 나타내는 주파수와 음압에 대한 특성에 따라 청력손실 부위, 정도, 유형 등을 알 수 있다.

1. 청각장애교육의 이분법 시각의 이해

청각장애에 대한 인식은 청각장애학생을 위한 교육적 지원의 차별성으로 대변된다. 듣기에 어려움이 있는 청각장애학생에게 청각적 기능을 최대한 활용하여 듣고 말하는 능력의 신장은 구화교육의 당위성에 기초한다. 청각장애학생을 위한 언어교육방법론에서 구화 또는 구어교육의 중요성이 강조되었는데, 전통적으로 독일을 중심으로 보급되었다. 비록 청력손실이 있어도 듣고 말하기를 가르쳐야 하는 정상화론에 기초한다.

보청기 개발은 구어교육의 새로운 장을 열었고, 오늘날 인공와우 시술은 구어교육의 당위성을 보다 확산시키는 계기가 되고 있다. 의료공학의 발전은 청각장애학생의 정상화론을 가속시키는 계기로 작용할 전망이다.

청각장애학생을 위한 또 다른 교육방법론에 수어교육이 있다. 볼 수 있는 능력을 활용하여 전인적 교육이 가능하다는 시각이다. 프랑스는 듣고 말하기의 '정상'이라는 인식보다 청각장애학생을 위한 방법의 수월성과 효율성에 초점을 두었다. 잘 들을 수 있고 분명하게 발성하는 능력도 중요하지만, 자신의 정체성을 확립하고 자아실현을 위한 방안으로 수어교육의 당위성이 강조된다. 핀란드, 스웨덴, 뉴질랜드 그리고 한국 등에서 수어는 농인의 언어라는 법적 지위를 확보하고 있는 만큼 청각장애교육에서 수어의 중요성을 구어교육과 함께 계속해서 지속될 전망이다(최성규, 2022).

그러나 청각장애학생을 지도하는 교사는 언어교육방법론의 선택보다 청각장애학생과 의사소통에 문제가 없어야 한다. 교사의 의도된 교수가 학생의 의미 있는 학습으로 연계되기 위해서는 무엇보다 상호적 의사소통이 보장되어야 한다. 구어 또는 수어, 때로는 필담을 선택하든 교사는 모든 청각장애학생을 지도할 수 있는 전문성 신장을 위하여 노력해야 할 것이다. 교사의 설명이 청각장애학생에게 정확하게 전달되어 정보처리 과정을 촉진할 수 있다면, 어떤 언어교육방법론을 선택하였던 바람직한 교수학습은 실행되었다고 할 수 있다(고은, 2017).

2. 용어의 이해

1) 청각장애의 개념

청각장애는 청각기관의 선천적 또는 후천적 손상으로 귀로 소리 인지에 어려움이 있는 장애이다. ① 들을 수 있어야 말을 할 수 있으므로 청각기관의 활성을 보장하기 위한 청각재활이 우선이라는 관점과 함께, ② 볼 수 있는 장점을 활용하여 사고능력을 촉진하는 교육적 지원의 중요성이 강조되기도 한다. 먼저 법적으로 명시된 청각장애에 대한 설명이다.

(1) 법적 정의

①「특수교육진흥법」

우리나라의 청각장애에 대한 최초의 법적 정의는「특수교육진흥법」에 명시된다.「특수교육진흥법」은 1977년 12월 31일 제정되어 1979년 1월 1일 시행되었다. 2007년 5월 25일「장애인 등에 대한 특수교육법」이 제정되고, 2008년 5월 26일「장애인 등에 대한 특수교육법」이 시행되면서「특수교육진흥법」은 폐지되었다.

「특수교육진흥법」에서는 청각장애를 '농'과 '난청'으로 구분하였다. 90dB을 기준으로 구분되는 농과 난청은 암묵적으로 수화언어 또는 구화언어교육방법을 적용하는 기준으로 설명되었다. 참고로 1994년「특수교육진흥법 시행령」에 명시된 청각장애에 대한 정의는 다음과 같다.

- 두 귀의 청력손실이 각각 90dB 이상인 사람
- 청력손실이 심하여 보청기를 착용하여도 음성언어에 의한 의사소통이 불가능하거나 곤란한 자
- 일상적인 언어생활 과정에서 청각의 기능적 활용이 불가능하여 일반인과 함께 교육받기가 곤란한 자

②「장애인 등에 대한 특수교육법」

「장애인 등에 대한 특수교육법」에 명시된 청각장애의 정의이다. 과거「특수교육진흥법」에 명시된 청각장애에 대한 정의에 해당하는 농과 난청의 두 문항을 한 문장으로 합쳐 놓았음을 알 수 있다. 이는 교육적 지원의 가능성에 초점을 두고 있음을 알 수 있다.

청력손실이 심하여 보청기를 착용하여도 청각을 통한 의사소통이 불가능 또는 곤란한 상태이거나 청력이 남아 있어도 보청기를 착용해야 청각을 통한 의사소통이 가능하여 청각에 의한 교육적 성취가 어려운 사람

③「장애인 복지법」

「장애인 복지법 시행령」에 명시된 청각장애인에 대한 정의는 다음과 같다.

- 두 귀의 청력손실이 각각 60dB 이상인 사람
- 한 귀의 청력손실이 80dB 이상, 다른 귀의 청력손실이 40dB 이상인 사람
- 두 귀에 들리는 보통 말소리의 명료도가 50% 이하인 사람
- 평형 기능에 상당한 장애가 있는 사람

④ 기타 정의

청력손실 정도가 70dB 이상인 경우를 농으로 정의하기도 한다. 달팽이관에서 70dB 이상의 청력손실이 있을 때, 음성언어의 의미를 인지하는 데 한계가 있다는 점에 근거한다.

청각장애에 대한 청력손실이라는 의학적 관점이 아닌, 음성언어가 아닌, 수화언어를 사용하여 의사소통할 수 있는 문화적 관점에서 청각장애를 소수민족 또는 소수집단으로 명명하기도 한다. 미국 등에서는 Deaf(문화적 언어적 관점)와 deaf(의료적 교육적 관점)의 의미를 달리한다.

2) 청각장애 관련 용어에 대한 인식 재고

청각장애와 관련된 용어에 대한 우리의 인식을 알아보기 위하여 먼저 우리나라 청각장애교육의 역사적 배경에 대하여 간략하게 서술하고자 한다. 미국 북감리교 선교사이며 의사인 Rosetta Sherwood Hall(1865~1951)은 1894년 맹소녀 오복녀를 지도한 데 이어서 1909년 농교육을 시작하였다. 평양맹학원을 평양맹아학교로 승격·개명하면서 맹학생과 농학생을 통합한 것이 한국 농교육의 시효가 된다. 일제 강점기에 설립된 제생원의 맹아부는 광복 후 국립맹아학교로 개칭하고, 1950년 한국전쟁으로 부산에 부산맹아학교가 개교된다.

(1) 맹아(盲啞)와 맹아(盲兒)의 차이

맹아(盲啞)는 맹(盲)학생과 농(聾)학생을 의미한다. 아(啞)는 '벙어리'를 의미하는 한

자이다. 따라서 맹아학교는 맹학생과 농학생이 함께 재학했던 교육환경이다. 아동을 나타내는 아(兒)와 농학생을 의미하는 아(啞)는 의미에서 차이가 있음을 알아야 한다. 지금은 맹아학교가 분리되어 맹학교와 농학교로 명명된다.

　청각장애와 관련된 용어는 다양하다. 〈표 1-1〉과 같은 용어를 우리가 들었을 때, 자신의 느낌 또는 인식을 5점 척도로 표현해 보도록 하자. '청각장애'라는 용어 자체에 대한 우리의 인식을 ✓ 표시해 보자. 다음으로 '농'에 대한 인식을 ✓ 표시해 보자.

〈표 1-1〉 청각장애와 관련된 용어와 인식 정도

용어	용어(어휘)에 대한 인식 정도				
	① 아주 부정적	② 부정적	③ 그저 그렇다	④ 긍정적	⑤ 매우 긍정적
청각장애					
농					
난청					
귀머거리					
수화언어					

　① 일반적으로 청각장애 관련 용어에 대한 인식 정도가 가장 낮은 평균, 즉 혐오감을 제공하는 가장 부정적인 용어는 귀머거리이다. 순수한 우리말이라고 해도 시대적으로 거부감을 제공한다. ② 가장 긍정적으로 인식되는 용어는 수화언어이다. ③ 농과 난청을 비교해 보면 난청보다 농이 상대적으로 부정적이다. ④ 청각장애는 농이나 난청보다 긍정적이다. 이와 같은 용어에 대한 인식의 차이를 분석해 보면 다음과 같은 시사점이 제안된다.

　첫째, 청각장애 관련 용어에 대한 인식의 결과를 분석한 설명이다. '장애'라는 어휘가 부정적임에도 불구하고, 우리는 장애가 아니라, 정상이며 나아가 장애학생을 지도할 예비 특수교사라는 우월감으로 청각장애를 인식하고 있는 것은 아닌지 생각해 보자.

　둘째, 농과 난청은 청력손실의 정도에서 차이가 있다. 장애의 정도가 심할수록 우리의 인식은 부정적으로 변화된다. 장애인 또는 장애학생이 아닌 '사람'으로 바라보아야 하는 우리의 인식이 장애의 정도가 암묵적으로 판단의 기준으로 형성되어 있는가에 대하여 생각해 보자.

셋째, 가장 긍정적인 용어는 수화언어이다. 모순적인 결과이다. 농인이 사용하는, 즉 듣고 말할 수 없기에 사용하는 언어가 수어이다. 농인에 대한 인식은 부정적이면서 농인이 사용하는 언어에 대해서는 긍정적이라는 인식 구조이다. 혹시 본인의 수화언어 구사능력 또는 수어를 할 수 있다는 자신의 능력이 우선되는 구조가 농인에 대한 인식과는 별개로 표현되는 것으로 이해된다. 예비 특수교사는 청각장애학생과 비교하여 자신의 우월적 능력을 우선시하는 것이 아니라, 청각장애학생의 앎과 삶에 긍정적 영향을 제공할 수 있는 전문성과 노력이 중요함을 알아야 한다(최성규, 2005).

청각장애와 관련된 몇 개의 용어에 대한 인식이 특수교육 및 청각장애를 바라보는 전체의 인식으로 대변되는 나비의 날갯짓으로 자리매김하지 않기를 기대한다. 구소련의 심리학자이며 특수교육자인 Vygotsky는 다음과 같이 서술하였다.

> 교사는 모르는 것이 하나도 없는데, 학생은 아는 것이 하나도 없다는 사실은 과학적 사고로 접근해 볼 때 모순이다.

모든 인간은 평등하다. 비록 청각에 장애가 있는 청각장애학생이라도 평등권을 가진다. 특수교사는 장애의 유무와 관계없이 모든 인간은 평등하다는 명제에 동의할 것이다. 그러나 평등과 실질적 평등은 다름을 알아야 한다. 청각장애학생을 위한 교육에서 실질적 평등을 지원하기 위한 특수교사의 청각장애를 포함한 장애에 대한 인식은 적극적 지원이라는 실질적 평등권으로 한 걸음 더 나아갈 수 있어야 할 것이다.

3) 청각장애 용어의 정의

① **청각장애와 가청**: 청각장애는 청각에 장애가 있는 경우로 법적 용어이다. 대비되는 용어는 정상청력을 의미하는 정상, 건청, 가청 그리고 청 등이 있다. 건강한 청

력이라는 의미로 건청, 들을 수 있는 청력을 가졌다는 의미로 가청 그리고 농과 대비하여 청으로 표현한다. 모든 용어가 학자의 의견에 따라서 나름대로 사용되고 있는데, 이 교재에서는 청각장애와 가청이라는 용어를 대비적으로 사용하고자 한다. 그러나 문맥의 내용에 따라서 건청 등을 사용하기도 한다.

② **농학생 또는 청각장애학생과 가청학생**: 이 교재에서는 농학생(청각장애학생)과 가청학생을 대비적인 용어로 사용하고자 한다. 농인과 청인으로 사용하면 글자의 개수가 동일하다는 통일성이 있지만, 농문화 또는 농정체성이라는 용어와 대비할 때 청문화와 청정체성보다 가청문화와 가청정체성이 보다 바람직하다.

　가청은 들을 수 있는 사람인 반면, 건청은 청력손실이 없는 청각을 가진 사람이라는 의미이다. 들을 수 있는 사람은 보청기를 착용한 난청과 인공와우 착용 청각장애학생 등도 포함된다는 점에서 이 교재에서는 건청, 건청학생, 건청문화, 건청정체성 그리고 청인, 청학생, 청정체성보다는 가청, 가청학생, 가청정체성 등과 같이 '가청'으로 사용하고자 한다. 또한 이 교재에서는 농학생과 청각장애학생을 설명하는 내용에 따라서 혼용하기도 한다.

③ **수화언어**: 수화 또는 수어는 모두 동일한 의미를 가진 용어이다. 음성언어 또는 문자언어 등과 같이 수화언어도 있다. 「한국수화언어법」이 2016년 2월 3일에 제정되고 2016년 8월 4일에 시행되었다. 수화언어가 공식적인 용어지만, 이 교재에서는 수어 또는 한국수어로 용어를 통일하고자 한다.

④ **DCDP(Deaf Children of Deaf Parents)**: 청각장애학생의 부모가 농인이다. 농부모를 둔 농학생 또는 청각장애학생을 의미하는 용어이다. 청각장애교육을 받은 농부모는 수어에 능숙하고, 청각장애자녀를 양육할 때 수어로 의사소통한다.

⑤ **DCHP(Deaf Children of Hearing Parents)**: 청각장애학생의 약 95%는 가청부모에 의해 양육된다. 가청부모에 의해 출생한 농학생 또는 청각장애학생을 지칭하는 용어이다. 가청부모는 수어를 모르거나, 청각장애자녀를 양육할 때 구어로 의

사소통하는 경우가 일반적이다.

3. 소리의 이해

청각장애는 듣는 기능의 결함이다. 음성언어는 다양한 주파수와 음압으로 발성된다. 청각장애의 청력손실 정도, 부위 그리고 유형 등을 결정하는 주파수와 음압에 대한 설명은 다음과 같다.

1) 주파수

(1) 개념

주파수(Hertz: Hz)는 1초에 진동하는 정현파의 횟수를 의미한다. 1초당 생성되는 사이클의 횟수이므로 cycles per second(CPS) 또는 Hz로 표시한다. 1,000Hz는 1초에 1,000회의 진동을 의미한다. 진동 주파수는 사인 곡선을 가정하고 있다. 1,000Hz는 1KHz, 1,000,000Hz는 1MHz로 표시한다. 또한 1/1,000초는 msec으로 표시한다. 1msec에 한 번의 진동이 일어나면, 1,000Hz가 된다.

(2) 가청주파수

사람의 가청주파수(들을 수 있는 주파수) 영역은 20에서 20,000Hz에 해당한다. 20Hz 이하의 소리는 인지하지 못하며, 20,000Hz보다 높은 주파수도 진동수가 높고 파장이 짧은 초음파에 해당하므로 사람이 느끼지 못하는 경우가 일반적이다.

(3) 음성주파수

가청주파수와는 달리 음성주파수의 범위는 상대적으로 좁다. 남성의 음성주파수는 100에서 8,000Hz에 해당하지만, 여성의 음성주파수는 180에서 10,000Hz에 해당한다. 따라서 사람의 음성주파수는 일반적으로 125Hz에서 8,000Hz의 범위로 설명된다.

음성주파수에서 가장 중요한 주파수는 1,000Hz이다. 또한 1,000Hz를 기준으로 저주파수와 고주파수로 구분하기도 한다. 지구 대기의 특성에 배음현상이 있다. 주파수가 배수로 증폭되는 현상이다. 1,000Hz는 500Hz의 배음이며, 또한 2,000Hz의 배음으로 증폭된다. 따라서 125Hz에서 8,000Hz의 음성주파수의 범위를 정리해 보면 다음과 같다.

125Hz – 250Hz – 500Hz – 1,000Hz – 2,000Hz – 4,000Hz – 8,000Hz

1,000Hz를 기준으로 ±1의 배수는 500Hz에서 2,000Hz가 된다. ±2의 배수는 250Hz에서 4,000Hz가 된다. ±3의 배수는 125Hz에서 8,000Hz가 된다. 때로는 음성주파수의 범위를 125Hz에서 8,000Hz라고 하지 않고, 250Hz에서 4,000Hz라고 서술하는 경우도 있다. 음성주파수의 범위가 넓어지면 중요성이 낮아진다는 의미로 이해하면 된다. 주파수의 중요 범위를 보다 좁히면 500Hz에서 2,000Hz로 설명될 수도 있다. 음성언어에서 가장 중요한 주파수 영역을 하나만 선택하라고 한다면 당연히 1,000Hz이다.

(4) 주파수 대역

주파수는 대역(wide band)의 개념을 내포한다. 수학에서 제시하는 이상과 미만, 그리고 이하 등과 같은 구분을 주파수에 적용하지 않는다. 1,000Hz는 대역의 개념으로 950Hz의 성질도 존재하며, 동시에 1,050Hz의 특성도 함께 있다. 따라서 주파수에서 설명되는 1,000Hz는 이상과 미만의 개념이 아닌, 이웃 주파수의 특성을 함께 포함하므로 대역이라는 개념이 전제됨을 알아야 한다.

(5) 저주파수와 고주파수(모음과 자음)

1,000Hz가 저주파수와 고주파수의 기준이 된다고 하였다. 또한 저주파수는 모음에 해당하며, 고주파수는 자음에 해당하는 주파수 영역이다. 물론 자음 중에서도 /ㅁ/ 발성과 같은 특정 자음은 모음의 주파수 음역을 가지는 경우도 있지만, 음성언어의 발성에서 자음과 모음의 합성은 당연한 과정이다. 그래서 음성은 저주파수와 고주파수가 함께 산출되는 복합음이다.

저주파수에서 청력손실이 심한 청각장애학생은 모음 인지가 상대적으로 어렵다. 반대로 고주파수에서 청력손실이 심한 감음신경성(달팽이관에서의 청력손실) 청각장애학생은 자음 인지에 한계를 보인다.

　주파수와 음압은 독립적인 별개의 단위이다. 주파수(Hz)에 따른 청력손실 정도(dB)는 모음과 자음 지도를 위한 주요 자료로 활용된다. 각 주파수(250, 500, 1,000, 2,000, 4,000, 8,000Hz)에 대한 청력손실 정도는 dB로 각각 나타낸다. 예를 들면, 250Hz에서 청력손실 정도가 60dB인데, 500Hz에서는 70dB일 수 있다. 즉, 각 주파수에 대한 청력손실 정도는 독립적으로 따로 산출해야 한다.

2) 음압

(1) 개념

　음압은 음파가 매질의 영역에서 나타내는 압력의 변동 정도를 의미한다. 음압을 나타내는 단위는 다양하다. 그러나 청력손실 정도를 나타내는 음압은 데시벨(deci-Bell: dB)이 일반적으로 사용된다: 표준 수준인 P_0과 변수인 P_1에서의 변동 정도를 표시하기 위한 데시벨 수치는 $dB=20\log(P_1/P_0)$로 설명된다. 벨(Bel)의 단위는 상용로그함수의 비율로 나타낸다. 예를 들면, 90dB은 9B이다.

　Deci는 1/10을 나타내는 라틴어이다. dB는 1Bel의 1/10을 의미한다(1dB=0.1B). 참고로 Db로 사용하지 않고 dB와 같이 뒤에 있는 알파벳 B가 대문자로 표시하는 이유는 전화기를 발명한 Alexander Graham Bell(1847-1922)의 업적을 기리기 위함이다. 즉, 벨이라는 용어의 단위가 Alexander Graham Bell의 이름에 기원하고 있다. 상용로그함수를 적용한 dB 수치의 계산은 〈표 1-2〉와 같다.

〈표 1-2〉 상용로그함수에 대한 dB 수치

10	×	log	1	=	10	×	0	=	0dB
10	×	log	10	=	10	×	1	=	10dB
10	×	log	100	=	10	×	2log10	=	20dB
10	×	log	1,000	=	10	×	3log10	=	30dB
10	×	log	10,000	=	10	×	4log10	=	40dB
10	×	log	100,000	=	10	×	5log10	=	50dB

10	×	log	1,000,000	=	10	×	6log10	=	60dB
10	×	log	10,000,000	=	10	×	7log10	=	70dB
10	×	log	100,000,000	=	10	×	8log10	=	80dB
10	×	log	1,000,000,000	=	10	×	9log10	=	90dB
10	×	log	10,000,000,000	=	10	×	10log10	=	100dB
10	×	log	100,000,000,000	=	10	×	11log10	=	110dB

(2) 음압의 단위

음압의 단위를 제시하면 〈표 1-3〉과 같다.

〈표 1-3〉 음압의 단위

음압의 강도	절대 단위 (energy)	상대 단위 (amplitude)
힘	watt/cm², μPa, μBar	dB IL
압력	dyne/cm²	dB SPL, dB HL, dB SL

음압의 단위에 대한 설명은 다음과 같다.

① **dB SL**: 감각역치(sensation level: SL)로 청력손실 정도와 입력되는 음압의 차이를 의미한다. 70dB의 청력손실을 가진 청각장애학생이 90dB의 음압을 인지할 때는 20dB의 감각역치로 설명된다. 가청인은 들을 수 있는 가장 작은 소리(최소가청역치)가 0dB HL이므로 40dB HL로 인지하면 40dB SL로 설명된다. 즉, 가청인의 dB SL은 들리는 음압의 수치와 동일함을 알 수 있다.

② **dB IL**: 음압을 나타내는 단위 중에서 힘의 강도에는 dB IL이 있다. dB IL은 정해진 면적에 대한 압력으로 압력의 단위인 dB SPL과 동일한 수치로 설명된다.

③ **dB HL**: 청각장애의 청력손실 정도를 의미하는 수치이다. 청력검사에서 90dB의 청력손실이 있다는 것은 90dB HL을 의미하지만, 청각장애학생의 청력손실을 설명할 때, 일반적으로 HL은 생략한다.

④ **dB SPL**: 출력되는 음압의 수치로 각 주파수마다 dB SPL은 달라진다. 이를 표준

음차라고 한다. dB HL은 청각적으로 인지하는 음압인 반면, dB SPL은 청력검사
기의 헤드폰에서 출력되는 음압이다.

(3) 표준음차

헤드폰에서 출력되는 음압(dB SPL)과 귀에서 인지하는 음압(dB HL)은 주파수마다 차
이가 있다. 각 주파수의 0dB HL에 대한 dB SPL의 표준음차는 〈표 1-4〉와 같다.

〈표 1-4〉 각 주파수의 0dB HL에 대한 dB SPL의 표준음차

주파수 (Hz)	ASA-1951 W.E. 705A	ANSI-1969 (ISO-1964) W.E. 705A	ANSI-1969 (ISO-1964) TDK-39	TDH-49
125	54.5	45.5	45.0	47.5
250	39.5	24.5	25.5	26.5
500	25.0	11.0	11.5	13.5
1,000	16.5	6.5	7.0	7.5
1,500	16.5+	6.5	6.5	7.5
2,000	17.0	8.5	9.0	11.0
3,000	16.0+	7.5	10.0	9.5
4,000	15.0	9.0	9.5	10.5
6,000	17.5+	8.0	15.5	13.5
8,000	21.0	9.5	13.0	13.0

ANSI-1969(ISO-1964)에서 공인한 W.E. 705A 헤드폰에서 출력되는 음압(dB SPL)이
청각적으로 인지되는 음압(dB HL)의 표준음차에 대한 설명은 다음과 같다.

1,000Hz에서 6.5dB SPL = 0dB HL이다. 또한 1,000Hz에서 16.5dB SPL은 (10)dB HL
이 된다. ANSI-1969 W.E. 705A 헤드폰을 기준으로 다음과 같은 공식이 성립된다.

- SPL = IL

- SPL (IL) = HL + ANSI-1969 W.E. 705A 표준음차 수치
- HL = SPL (IL) - ANSI-1969 W.E. 705A 표준음차 수치

(4) 0dB + 0dB = 3dB

dB은 상용로그함수에 기초한다고 하였다. 청력손실 정도를 나타내는 dB은 힘 비율로 계산된다. 〈표 1-5〉는 dB 등에 대한 압력과 힘 비율을 도표로 나타내고 있다. 힘 비율이 2.00/1이면 3dB이다. 힘 비율이 2,520,000이면 64dB이 된다. 즉, 2,520,000=2.52×1,000,000이므로 로그함수인 관계로 4+60은 64dB이 된다. 상용로그함수의 곱셈은 덧셈으로 환산된다. 계산해 보면 다음과 같다.

- 문제: 0dB+0dB=( )dB
- 풀이: 0dB에 해당하는 힘 비율은 1/1이다. 0dB+0dB=(1/1)+(1/1)=2이다.

  힘 비율의 2에 해당되는 음압은 3dB이다. 따라서 0dB+0dB=(3)dB이 된다.

〈표 1-5〉 dB 등에 대한 압력과 힘의 비율 도표

압력 비율 (Pressure Ratio)	힘 비율 (Power Ratio)	dB	Bels	Watts/cm²
10,000,000/1	100,000,000,000,000/1	140	14	10-2
3,162,277.66/1	10,000,000,000,000/1	130	13	10-3
1,000,000/1	1,000,000,000,000/1	120	12	10-4
316,227.77/1	100,000,000,000/1	110	11	10-5
100,000/1	10,000,000,000/1	100	10	10-6
31,622.78/1	1,000,000,000/1	90	9	10-7
10,000/1	100,000,000/1	80	8	10-8
3,162.28/1	10,000,000/1	70	7	10-9
1,000/1	**1,000,000/1**	**60**	6	10-10
316.23/1	100,000/1	50	5	10-11

100/1	10,000/1	40	4	10-12
31.62/1	1,000/1	30	3	10-13
10/1	100/1	20	2	10-14
3.17/1	10/1	10	1	10-15
2.83/1	8.07/1	9	.9	10-15.11
2.53/1	6.31/1	8	.8	10-15.22
2.26/1	5.01/1	7	.7	10-15.33
2.00/1	3.98/1	6	.6	10-15.44
1.81/1	3.18/1	5	.5	10-15.55
1.62/1	2.52/1	4	.4	10-15.66
1.41/1	2.00/1	3	.3	10-15.77
1.26/1	1.59/1	2	.2	10-15.88
1.12/1	1.26/1	1	.1	10-15.99
1/1	1/1	0	0	10-16

　자동차 한 대에서 측정한 소음이 50dB이라고 가정한다. 자동차 10대가 동시에 시동을 걸면 예상되는 소음은 60dB이다. 즉, 50dB에 해당하는 힘 비율은 100,000/1이다. 자동차 10대면 곱하기 10이다. 그래서 100,000×10=1,000,000이다. 힘 비율 1,000,000에 해당하는 음압은 60dB이다. 역으로 기계 100대에서 측정한 소음이 80dB일 경우에 기계 한 대의 소음은 60dB이다. 즉, 80dB에 해당하는 힘 비율은 100,000,000/1이다. 100,000,000÷100=1,000,000이다. 따라서 힘 비율 1,000,000에 해당하는 음압은 60dB이다(최성규, 1996).

(5) 평균청력손실 정도에 대한 명칭

　청각장애학생에게 90dB 또는 60dB의 청력손실이 있다는 것은 일반적으로 평균청력손실을 의미한다. 음성언어에 해당하는 주파수(125-250-500-1,000-2,000-4,000-

8,000Hz)에서 각각의 청력손실 정도(dB)를 산출하는 청력검사를 실시한다고 가정한다. 일반적으로 500Hz, 1,000Hz, 2,000Hz의 청력손실 정도의 평균을 산출한 수치(3분법)가 평균청력손실이다. 평균청력손실 정도를 계산하는 방법에 대해서는 청력검사를 설명하는 제8장에서 상세하게 서술하고자 한다. 평균청력손실 정도에 대한 분류 방법은 학자에 따라서 다양하고, 교재마다 인용했던 참고문헌에 따라 다소 차이가 있다. 그러나 보청기 착용을 결정하는 40dB, 전음성과 신경감음성의 경계가 되는 70dB 그리고 농과 난청을 구분하는 90dB을 기준으로 명칭을 달리하는 미국언어청각협회(American Speech-Language-Hearing Association: ASHA)의 청력손실 정도가 합리적이다. 이 장에서는 〈표 1-6〉과 같이 ASHA와 WHO의 기준에 의한 평균청력손실 정도에 대한 명칭과 특성에 대하여 설명하고자 한다.

〈표 1-6〉 평균청력손실 정도의 명칭과 특성

평균청력손실 정도	명칭	특성 요약
0~25dB*	정상 (normal)	▷ 대화에 어려움이 없다.
26~40dB	경도 (mild)	▷ 작은 소리는 인지하기 어렵다. ▷ 소음이 없는 조용한 공간에서의 음성언어를 통한 대화는 가능하다. 보청기를 착용할 정도는 아니다. ▷ 언어발달에 지체현상을 보일 가능성이 있다.
41~55dB	중도 (moderate)	▷ 보청기 착용이 필요한 경계의 시작이다. ▷ 집단 토론에 어려움이 있다. ▷ 특정 발성에 어려움을 보이며, 언어발달이 지체된다.
56~70dB	중등도 또는 중고도 (modelately severe)	▷ 보청기를 착용하지 않아도 큰 음성은 들을 수 있다. ▷ 보청기 착용으로 일상적인 대화가 가능하다. ▷ 부가 장애가 없으면 통합교육 배치가 가능하다. ▷ 전음성 난청과 감음신경성 난청을 구분하는 경계이다.
71~90dB	고도 (severe)	▷ 소리는 들을 수 있으나, 이해에서 다소 어려움이 있다. ▷ 통합교육을 위해서는 시간제 지원이 요구된다. ▷ 순수한 전음성 난청은 아니다[순수한 감음신경성 난청 또는 혼합성 난청(전음성+감음신경성)일 가능성이 높다]. ▷ 어음(말소리)명료도가 떨어진다.

91dB 이상**	최고도(심도) (profound)	▷ 보청기 착용의 유무에 관계없이 음성언어를 인지하는 데 한계가 있다. ▷ 음성언어에 대한 청각적 인지보다 시각적 단서에 의존하 는 특성이 높다. ▷ 개인별 지원 프로그램이 요구된다. ▷ 보청기를 착용하여도 어음변별력은 현저하게 낮다.

* 정상을 -10~15dB, 그리고 16~25dB까지를 경미(slight)로 구분하기도 한다.

** 최근에는 91~110dB까지를 최고도(심도) 난청으로 분류하고 110dB을 초과하는 경우에 농으로 분류
하기도 한다. 즉, 과거의 90dB 초과를 농으로 분류하던 것과는 달리 최근에는 110dB 초과로 설명하기
도 한다.

3) 음성의 발성 및 청각적 이해

음성언어는 표현과 수용으로 구분된다. 표현은 발성이며, 이해는 청각적으로 인지하
는 변별력(민감도)과 관련된다. 발성과 변별력은 하나의 묶음으로 작용한다. 청각장애
는 청각적 변별력에 문제가 있으므로 발성에도 부정적 영향을 제공한다. 음성의 발성
과 청각적 변별력에 대한 설명은 다음과 같다.

청자에게 청각적 변별력은 모음과 자음에 따라 달리 반응한다. 1,000Hz를 기준으로
저주파수(모음)를 인지하는 민감도는 5%에 불과하지만, 자음에 해당하는 1,000Hz 이
상의 고주파수를 인지하기 위한 청각적 민감도는 95%에 이른다. 모음과 자음에 대한,
즉 저주파수와 고주파수에 대한 청각적 변별력을 제공하는 민감도가 다르다는 것이다.
이와 같은 원인은 모음과 자음의 발성(음성언어 산출)에 대한 차별성과 관련된다.

음성언어는 모음과 자음이 혼합되어 있다. 음성언어의 발성에서 모음에 해당하는
1,000Hz 이하의 저주파수는 전체 발성 음압의 95%에 해당하며, 고주파수의 자음은 전
체 발성 음압의 5%에 불과하다. 따라서 가청의 경우는 음성언어의 표현(발성 음압)과
이해(청각적 변별력을 결정하는 민감도)에서 모음과 자음을 구분하지 못하며, 동일한 음
압으로 인지하게 된다. 음성언어의 발성 음압과 청각적 명료도의 차이에 대한 설명은
〈표 1-7〉과 같다.

〈표 1-7〉 음성언어의 발성 음압과 청각적 명료도의 차이

	발성 음압	청각적 민감도	합계
저주파수(모음)	95%	5%	100%
고주파수(자음)	5%	95%	100%
합계	100%	100%	

청인은 청각직 민감도에서 모음과 자음에 대하여 각각 5% 대 95%로 차별적으로 작용한다. 모음의 발성에서 95%의 음압을 가지고 있으므로 5%의 청각적 민감도로 음성언어를 이해할 수 있다. 또한 자음의 음압이 전체의 5%에 불과하지만, 청각적 민감도가 95%에 해당하므로 역시 음성언어의 이해에 어려움이 없다. 비록 모음과 자음의 음압에서 큰 차이를 보인다고 하더라도 청각적 민감도의 차별성으로 음성언어의 의미를 인지하면서 모음과 자음의 차이를 구분할 수 없다.

자음의 인지에서 어려움을 보이는 청각장애는 고주파수로 갈수록 청력손실이 심화되어(감음신경성 청각장애), 청각적 민감도에서 어려움을 보이는 특성과 관련된다. 모음의 인지에서 어려움을 보이는 청각장애는 저주파수(모음)에 해당하는 발성 음압이 감소되는 특성을 보이는 전음성 청각장애에게 나타나는 경우가 많다. 다음의 〈표 1-8〉은 주파수에 대한 발성 음압과 청각적 명료도의 비율을 나타내고 있다. 1,000Hz를 기준으로 5% 대 95%의 법칙이 성립되고 있음을 알 수 있다.

〈표 1-8〉 주파수 대역별 발성 음압과 청각적 민감도의 관계

주파수 대역(Hz)	발성 음압		청각적 명료도		
65~125Hz	5		1		
125~250Hz	13	60	1	5	
250~500Hz	42	(95)	3		
500~1,000Hz	35		35		
1,000~2,000Hz	3		35		95
2,000~4,000Hz	1	5	13	60	
4,000~8,000Hz	1		12		

출처: Ross, Brackett, & Maxon (1991, p. 191).

□ 확인학습

1. 「장애인 등에 대한 특수교육법」과 그 외 법적으로 명시된 청각장애의 정의에 대하여 설명할 수 있다.
2. 평균청력손실 정도에 따라서 명칭을 구분하고 그 특성을 설명할 수 있다.
3. 주파수와 주파수 대역의 의미를 안다.
4. 주파수와 음압의 차이점을 설명할 수 있다.
5. 음성언어의 발성 음압과 청각적 명료도에서 나타나는 특성의 차이를 설명할 수 있다.

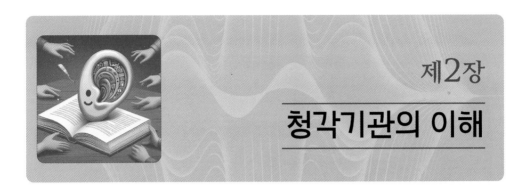

제2장

청각기관의 이해

귀는 소리를 듣는 역할을 담당한다. 청각기관에서의 소리 전달 경로는 외이-중이-내이-청신경으로 진행된다. 중이의 문제로 소리 전달에 한계가 있는 전음성 난청, 내이 및 청신경에 문제가 있으면 감음신경성 난청으로 분류한다. 감음신경성은 감음과 신경성의 합성어이다. 감음은 달팽이관이 포함된 달팽이(와우각)의 문제이며, 신경성은 8개의 청신경 경로에서 나타나는 정보처리의 어려움이다. 그러나 청각장애교육에서는 감음신경성을 하나의 고유명사로 사용한다. 또한 전음성과 전도성은 동의어이며, 감음신경성과 감각신경성과 동의어이다.

1. 귀의 구조

귀는 외이, 중이, 내이 및 청신경 등으로 구분된다. 이와 같은 구분은 소리를 전달하는 청각적 생리의 차별성으로 이해된다. 외이는 소리의 전달, 중이는 소리의 증폭, 내이는 소리의 변환 그리고 청신경은 정보처리의 역할 등을 담당한다. 귀의 구조는 간략하게 제시하면 [그림 2-1]과 같다(곽호완 외, 2018, p. 365).

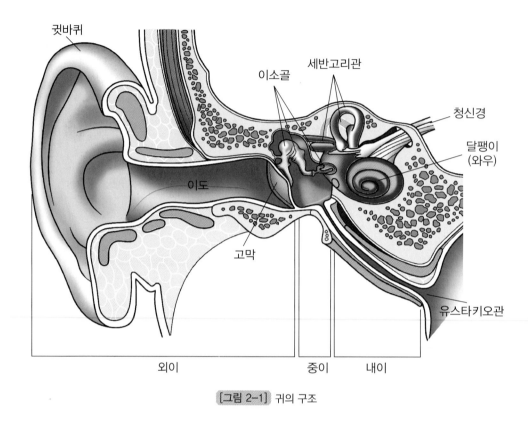

[그림 2-1] 귀의 구조

　귀는 소리를 듣는 역할을 담당한다. 귀는 청취한 소리를 그대로 전달하는 것이 아니라, 변환과정을 거치게 된다. 소리의 변환을 귀의 구조에 기초하면 〈표 2-1〉과 같다.

〈표 2-1〉 귀의 구조에 따른 소리의 성격

귀의 구조	소리의 성격
외이도	음향 에너지
중이	기계 에너지
내이	유체 에너지 및 전기 생리 에너지
청신경	전기 생리 에너지

지구의 대기에서 발생한 소리는 모두 음향 에너지를 가진다. 음향 에너지가 귀의 외

이도에 도달하면, 같은 성격(음향 에너지)을 유지하면서 고막을 통해 중이로 전달된다. 중이의 역할은 음향 에너지를 기계 에너지로 변환시킨다. 기계 에너지는 내이의 달팽이관으로 전달되면서 유체 에너지와 전기 생리 에너지로 변환한다. 청신경에서는 전기 생리 에너지를 뇌로 전달하는 기능을 담당한다.

보청기는 음원의 음향 에너지를 증폭시키는 역할을 담당하며 전기 에너지로 변환시킨다. 보청기의 전기 에너지는 음원의 음향 에너지가 증폭된 것에 불과하다. 비록 디지털 보청기를 통하여 소리를 주파수 대역별로 분류는 가능하지만, 주파수 자체의 변환을 발생시키지는 못한다. 즉, 보청기의 역할로 인하여 내이 또는 청신경에서의 전기 생리 에너지가 변환되는 것은 아니다. 보청기는 단순히 소리를 증폭시키는 역할을 담당할 뿐이다. 전기 생리 에너지는 주파수(Hz) 변환으로 생성되지만, 보청기는 소리의 크기라는 dB에 영향을 제공할 뿐이다. 보청기는 소리의 크기에 영향을 미치므로 증폭된 소리가 중이의 기능을 활성화하는 데 이바지하지만, 내이에서의 주파수 변환에는 영향을 미치지 못함을 알아야 한다. 보청기는 소리의 증폭에 한정하고, 주파수 변환에는 영향을 제공하지 못하는 장치이다.

2. 소리의 전달경로

소리의 전달경로는 전음 기관과 감음신경 기관으로 구분할 수 있다. 전음 기관은 외이와 중이 그리고 감음신경 기관은 내이와 청신경 경로가 포함된다. 먼저 전음 기관에 대한 설명은 다음과 같다.

1) 외이

외이는 이개, 외이도 그리고 고막으로 구성된다. 이개는 귓바퀴로 불리기도 하고, 섬유연골로 구성되어 있지만, 귓불에는 연골이 없다. 이개는 해부학적으로 약 10여 개의 기관으로 명칭을 구분하고 있지만, 청각장애교육에서는 세부적인 명칭을 제시할 필요성이 없다. 다만 이개의 역할은 소리를 모으는 것이다. 이개가 폐쇄되거나 소이중과 같은 기형이 있는 경우는 외과 수술로 청각장애와 청력손실의 문제를 해결할 수 있다. 수술 이후에는 청각장애 또는 청력손실에 미치는 영향력은 거의 없다.

외이도는 일명 귓구멍으로 길이가 약 3cm이며, 외이도의 앞쪽 1/3은 연골로 구성되어 있고, 뒤쪽은 얇은 피부가 뼈와 밀착되어 있다. 유아의 외이도는 직선 구조인 반면, 아동기가 되면서 점차 S자 형으로 굴곡 된다. 유아를 목욕시킬 때 외이도에 물이 쉽게 들어가는 이유가 여기에 있다. 아동의 경우는 외이도에 물이 들어갈 경우에 뜨거운 돌을 귀에 대고 숙여 있으면 압력 차이에 의해 물이 자연스럽게 빠진다. 외이도의 물을 빼기 위해 면봉을 사용하는 경우는 가급적 삼가는 것이 좋다. 자연스럽게 빠지지 않으면 이비인후과 진료가 필요하다. 외이도의 귀지 또한 자연스럽게 떨어져 나가므로 불편할 경우는 무리하게 파는 것보다 이비인후과 진료를 권장한다.

외이도의 주요 역할로 소리의 공명을 담당한다. 외이도의 길이로 인하여 소리의 전달 과정에서 공명현상이 나타난다. 관악기를 예로 들어 보자. 관악기의 길이가 길수록 저음(저주파수) 생성이 용이하다. 반면, 관악기의 길이가 짧을수록 고음(고주파수)이 생성된다. 외이도의 길이에 따라서 공명이 잘되는 주파수가 있다. 외이도는 길이의 특성상 2,000Hz에서 4,000Hz에서는 주파수 공명이 잘 나타난다. 나이가 들면서 청력에 문제가 되는 노인성 난청은 주파수 대역이 4,000Hz에서 잘 나타나는데, 외이도의 공명현상과 관련성이 높다. 외이도에서의 음의 증폭은 약 10~15dB인데, 고막으로 소리를 전달하기 위한 에너지 역할과 관련된다. 외이도를 통해 전달된 소리는 고막에 도달한다.

고막은 가로 9~10mm, 세로 8~9mm, 두께 0.1mm이므로 타원형이다. 고막은 3개의 겹으로 구성되어 있다. 외이도의 바깥쪽으로부터 피부층, 섬유층 그리고 점막층으로 명명된다. 고막은 100mmHg(130dB)까지의 압력에 견딜 수 있으며, 진줏빛 타원형의 반투명이므로 검이경으로 고막과 중이의 상태를 확인할 수 있다. 고막은 해부학적으로 두 부분으로 구분된다. 긴장부와 이완부이다. 긴장부에는 아교 성분이 두꺼운 반면, 이완부에는 아교 성분이 덜 조직화되어 있으며 얇게 분포되어 있다. 이완부에는 리비누스 노치(Rivinus Notch)가 접합되어 있다. 고막으로 전달된 소리를 중이로 전달하는 역할이 노치에 의해 수행된다. 이는 깔때기 효과로 설명된다. 외이도를 통해 입력된 소리가 진동하면서 고막에 전달되면 상대적으로 유연한 노치로 음이 집약된다. 노치로 입력되는 소리에 적극적으로 반응하는 것은 긴장부에 비하여 상대적으로 유연성이 높은 구조로 설명된다. 노치에서 약 6~9.5dB의 음압 증폭이 나타나는 깔때기 효과는 고막의 집음 및 복원으로 나타난다. 노치의 상단에 중이의 추골 뿌리가 붙어 있다. 소리의 진동에 대한 노치의 반응은 중이의 추골로 전달된다.

2) 중이

중이는 이소골, 이내근 그리고 이관 등으로 구성된다. 이소골은 추골, 침골, 등골로 구성되어 있으며, 약 8개의 인대로 중이강의 벽에 붙어 있다. 고막에 부착된 추골의 뿌리는 음의 진동에 반응하면서 침골에 소리를 전달한다. 침골은 다시 등골에 소리를 전달하게 된다. 즉, 이소골(추골, 침골, 등골)은 음을 전달하는 '전음' 역할을 담당한다. 음의 주파수 변환을 담당하는 것은 아니다. 음의 주파수(Hz) 변환 없이 단순히 크기(dB)만을 전달한다. 그래서 이소골이 전음 기관을 대표한다고 설명된다. 중이의 이소골은 [그림 2-2]와 같다.

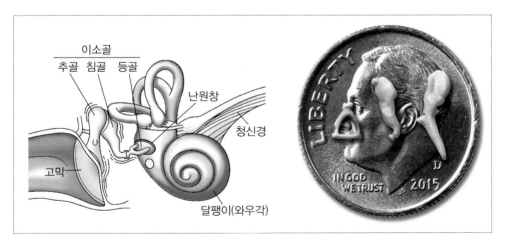

[그림 2-2] 이소골과 이소골의 크기

출처: 곽호완 외(2018), p. 366, 377.

한편, 고막에서 전달된 소리가 결과적으로 등골을 통해 난원창으로 입력된다. 이때 고막의 면적과 등골판의 면적에 대한 차이를 고려해야 한다. 고막의 면적은

85~90mm²이지만, 노치에 의한 소리에 대한 반응으로 나타나는 유효면적은 약 55mm²으로 설명된다. 등골판의 면적이 3.2mm²이므로 차이가 약 17(17.19)배가 된다. 면적의 차이에 따른 음압의 변화는 20log(55/3.2)=20×log17=20×1.23=24.6이다. 그래서 고막진동의 유효면적과 등골판의 면적비에 의한 음의 증폭은 약 25dB이 된다.

중이에서의 음압 증폭현상은 추골과 침골의 길이로 설명된다. 놀이기구 시소를 예로 들어 본다. 시소에 앉는 위치에 따라서 균형이 달라짐을 알 수 있다. 아르키메데스의 지렛대 원리로 설명되기도 한다. 추골의 암(arm) 길이가 침골에 비하여 1.3배 길다. 등골에 전달되는 힘은 고막의 압력에 비하여 1.3배가 된다. 역시 20log(1.3/1.0)=20log1.3=20×0.11=2.2dB이다. 그래서 중이의 추골과 침골의 길이 차이에 따른 지렛대 효과로 인하여 2~3dB의 증폭이 일어난다.

중이에서 일어나는 음의 증폭은 다음과 같이 요약된다.

- 고막에서의 집음에 따른 깔때기 효과: 6~9.5dB 증폭
- 고막진동의 유효면적과 등골판의 면적비의 차이: 25dB 증폭
- 추골과 침골의 지렛대 효과: 2~3dB 증폭

집음으로 발생하는 깔때기 효과는 병목현상으로 설명된다. 또는 비행기가 뜰 수 있는 Bernoulli(1700~1782, 스위스의 수학자) 정리로 이해할 수 있다. 외이도를 통하여 고막에 도달한 입력된 소리가 좁은 통로를 거쳐서(깔때기 효과) 진행하기 위해서는 속력이 빨라져야 한다. 속력의 증가는 결과적으로 압력의 세기에 영향을 미치게 된다. [그

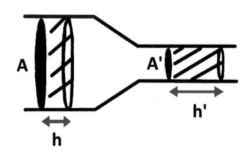

[그림 2-3] Bernoulli 정리

림 2-3]과 같이 설명된다.

 고막진동의 유효면적과 등골판의 면적비의 차이에 대한 이해는 굽이 높은 구두를 연
상해 보면 쉽게 이해된다. 하이힐을 신은 여성의 몸무게에 따라서 뒷굽에 전달되는 압
력에 차이가 난다. 몸무게 60kg인 여성의 하이힐 뒷굽에 전달되는 압력을 소리의 단위
로 계산해 보면, 20log60이다. 20×1.78=35.6dB SPL이 된다. [그림 2-4]는 면적에 대한
압력 차이를 알아보기 위한 참고자료이다.

[그림 2-4] 면적비에 대한 압력의 차이 이해

 추골의 길이가 침골에 비하여 1.3배 길다고 하였다. 가상 축을 기준으로 1.3배의 차
이에 대한 지렛대 효과는 [그림 2-5]와 같다.

[그림 2-5] 지렛대 효과

이내근은 중이에 위치하며 고막장근(tensor tympani muscle)과 등골근(stapedius muscle)으로 구성되어 있다. 큰 소리에 반사적으로 반응하면서 중이의 임피던스(저항)를 증가시켜서 소리가 내이로 전달되는 것을 방지한다. 고막장근의 길이는 약 2cm이며 추골의 자루에 붙어 있다. 고막의 지나친 진동을 방지하기 위해서는 추골을 안쪽으로 당겨서 팽팽하게 만들기도 한다. 등골근은 중이 고실의 벽과 등골을 연결하는 작은 근육으로 큰 소리가 들어오면 등골을 뒤쪽으로 당겨서 진동을 줄이면서 소리에 대한 방어반사로 내이를 보호한다. 이내근에 대한 이해를 위하여 [그림 2-6]에 제시하였다.

중이에는 유스타키오관(Eustachian tube)이 있다. 유스타키오관이라고 불리는 이관은 중이의 압력과 환기를 담당한다. 평소에는 닫혀 있다가 대기의 압력에 따라 조절이 가능하다. 감기가 지속될 경우에 이관이 막히면서 중이에 염증을 일으키는 중이염에 감염될 수 있다. 만성 감기 등으로 이관 협착으로 압력 및 환기에 어려움이 있는 경우는 PE(perforate) 튜브를 고막에 삽입하기도 한다. 이런 경우에 청력손실을 심각하게 걱정할 필요는 없다. 지저장애하생 중에는 만성 감기 또는 중이염으로 이관이 폐쇄되어 고막에 PE 튜브를 삽입한 사례를 종종 볼 수 있다.

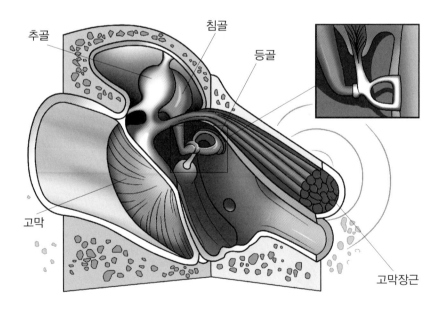

[그림 2-6] 이내근의 구조

3) 내이

내이는 달팽이관(cochlea)으로 이해하는 경우가 많다. 틀린 생각은 아니지만, 정확한 내용은 아니다. 내이는 달팽이관으로 불리는 중간계를 포함하여 전정계 및 고실계를 모두 포함하고 있다. 내이는 세반고리관, 전정, 달팽이관, 고실관으로 구성된다. 내이 및 달팽이관의 구조는 [그림 2-7]과 같다.

전정기관은 감각세포와 평형석을 내포한 2개의 주머니로 구성되어 있다. 일어나면서 잘 넘어지는 경우 또는 어지러움을 자주 경험하는 경우는 내이 전정기관의 이상을 의심해 볼 필요가 있다. 이비인후과의 진단이 요구된다.

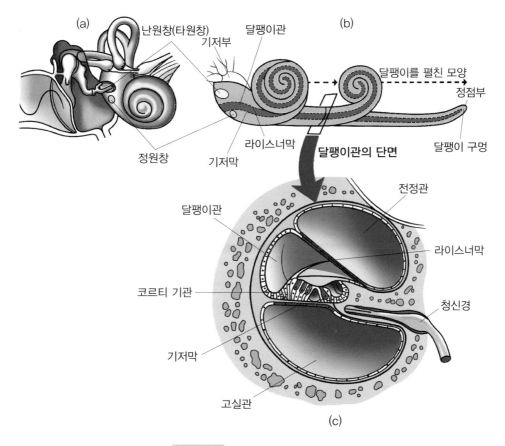

[그림 2-7] 내이 및 달팽이관의 구조

출처: 곽호완 외(2018), p. 368.

몸의 균형과 바른 자세를 인지하는 전정기관의 위쪽에 3개의 고리로 형성된 세반고리관이 있다. 세반고리관은 반고리관 또는 반규관과 동의어이다. 소리와 관계는 없지만, 운동, 회전, 속도를 느끼는 3차원 공간의 운동감각 기관, 즉 X, Y, Z축의 운동감각을 인지할 수 있다. 감음신경성 청각장애학생의 운동감각능력에서 평형대 걷기 또는 양손 벌려 한발(외발)로 서기가 곤란한 경우는 달팽이관과 함께 세반고리관에도 이상이 있는 경우이다.

내이에는 세반고리관, 전정, 달팽이관 그리고 고실관이 있다고 하였다. 달팽이는 달팽이관을 둘러싸고 있다. 와우각 또는 와우로 불리기도 하는 달팽이는 림프액으로 가득한 세 개의 공간으로 구성되어 있다. 림프액은 외부의 충격을 완화시키는 역할을 담당한다. 달팽이의 길이는 약 3cm이며, 약 두 바퀴 반 정도의 회전체 모양으로 감겨져 있다. 껍질 달팽이의 외부 모양과 흡사하여 달팽이로 불린다. 세 개의 공간에 대한 위치와 명칭은 [그림 2-7]과 같다.

달팽이관은 중간계아 동이어이다. 달팽이관의 아랫부분인 바닥파우 코르티 기관이 위치하고 있다. 소리의 전달에 따른 달팽이관에서의 반응에 대한 설명을 간략하게 설명하면 다음과 같다.

고막을 통하여 이소골(추골, 침골, 등골)의 마지막 기관인 등골에 도달한 소리는 난원창을 통하여 전정관을 자극하여 바깥림프에 파동을 발생시킨다. 파동 에너지는 달팽이관의 천장에 있는 루이시너막을 통하여 가운데 림프액에 전달된다. 파동에 의한 유체 에너지는 덮개막을 통하여 코르티 기관에 도달한다. [그림 2-8]의 코르티 기관에는 약 3,500개의 내유모세포와 3열에 각 5,000개로 배열된 약 15,000개의 외유모세포가 포진되어 있다. 털처럼 솟아 있는 유모세포는 파형에 따라 모양을 달리하면서 청신경 융모(부동섬모, stereocilia)에 신경충격을 발생시켜서 전기 생리 에너지로 변환시킨다(곽호완 외, 2018, p. 371). 전기 생리 에너지는 청신경 경로를 통하여 뇌로 정보를 전달한다. 한편, 유체 에너지는 고실계의 바깥림프를 통하여 정원창을 부풀게 하여 빠져나간다.

달팽이관에서의 주파수 생성은 내부의 림프액의 저항에 따라 달라진다. 저주파수와 고주파수의 파형은 다르다. 고주파수는 달팽이관 입구(기저부, base)에서 정점을 보이지만, 저주파수는 달팽이관의 정점부인 막다름(apex)의 끝까지 진행하는 파형을 보인다. 달팽이관에서의 소리에 대한 부호화는 최대 전위가 일어나는 위치에 따라 달라진

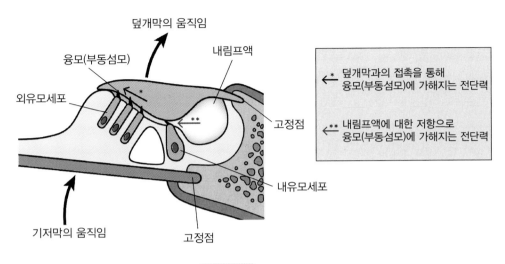

[그림 2-8] 코르티 기관

다. 두 바퀴 반 정도 말려져 있는 달팽이관을 평평하게 폈다고 가정하면, 최대 전위가 나타나는 위치는 등골로부터의 거리가 가까울수록 고주파수에 해당한다. 등골로부터 깊숙한 곳에 최대 전위가 나타나기 위해서는 상대적으로 높은 에너지를 보유해야 한다. 그래서 음성이 발성될 때, 저주파수에 해당하는 모음의 음압이 전체의 95%를 차지하고 있다.

달팽이관에서의 소리에 대한 반응은 세 이론으로 설명된다.

(1) 장소론

달팽이관의 청신경 유모세포의 위치에 따라서 소리를 인지하는 주파수가 다르다. 약 3cm의 달팽이관에 약 20,000개의 청신경 유모세포가 포진되어 있다. 난원창과 가까운 곳에 위치한 유모세포가 고주파수를 담당하게 되고, 안쪽으로 진행할수록 저주파수를 담당하게 된다. 난원창에서 가장 가까운 곳에 위치한 유모세포는 20,000Hz를 감지하고, 안쪽의 정점부인 막다름에서는 20Hz를 감지한다. 20,000Hz-20Hz=19,980Hz이다. 3cm/19,980Hz=0.0015mm/Hz=1.5μm/Hz이다. 따라서 유모세포가 주파수 차이를 인지하기 위해서는 약 1.5μm[참고: μ(micro)=10^{-6}; 1.5μm=0.0015mm]의 간격으로 자극이 제공되어야 함을 알 수 있다. 달팽이관의 특정 부위에 손상을 입게 되면 담당 주파수의 최대 전위에 반응하지 못하고, 결과적으로 전기 생리 에너지 변환이 발생할 수 없다. 또한 달팽이관에서 소리에 대한 주파수 감지는 유모세포의 길이와 관련된다. 난원창에서 정점부로 진행할수록 유모세포의 길이가 길어진다. 저주파수에 해당하는 모음은 정점부까지 도달해야 하므로 높은 에너지를 소유하고 있다.

(2) 연사론(연발법칙)

외림프액의 파동으로 내림프액에서 파형이 발생한다. 좌우로 흔들리는 유모세포는 파형의 크기에 영향을 받는다. 고주파수 파형이 저주파수에 비하여 영향력이 높으므로 주변의 유모세포도 함께 흔들리게 된다. 이와 같은 현상을 연사론이라고 한다. 주변의 유모세포도 함께 진동하여 칼슘(Ca)과 칼륨 이온(potassium ion)을 발생시키면서 청신경 융모(부동섬모, stereocilia)의 시냅스로 전기신호를 전달한다.

1,000Hz의 주파수에 대한 연사는 1,000개의 유모세포에 영향을 미치게 된다. 4,000Hz의 소리는 유모세포 4,000개의 흔들림을 제공하여 1,000Hz보다 상대적으로 높은 전기 에너지의 발생을 유도한다. 달팽이관에 입력되는 주파수가 높을수록 상대적으로 많은 수의 유모세포를 자극하여 전기 에너지 발생을 증폭시키는 결과가 나타난다.

감음신경성 난청의 경우, 고주파수로 갈수록 음의 왜곡 현상이 발생하는 것을 공학적으로는 에일리어싱(aliasing) 현상이라고 한다. 유모세포의 흔들림은 유모세포 상단에 자리한 융모가 반응하여 소리를 감지하게 된다. 1개의 유모세포에 약 50개의 융모가 달려 있는데, 융모 손상은 감음성 청각장애와 직결된다. 손상된 유모세포와 융모는 재생이 불가하다.

감음신경성 청각장애는 저주파수보다 고주파수로 갈수록 감지력이 낮아진다. 이와 같은 이유는 연사론으로 설명된다. 저주파수에 비하여 상대적으로 많은 유모세포의 협응이 필요하다. 유모세포 또는 융모의 손상은 협응을 저해시키므로 전기 에너지 변환에 어려움을 제공하는 원인이 된다. 감음신경성 청각장애학생이 모음보다 자음을 인지하는 데 어려움을 보이는 이유가 연사론의 한계로 설명된다(최성규 외, 2015). 참고로 융모는 이온 채널을 열게 하여 소리의 특성을 유모세포로 전달한다(곽호완 외, 2018).

(3) 복합론

달팽이관에서 진동이 일어나는 위치(장소론)와 주변의 유모세포가 협응(연사론)으로 전기 에너지를 발생시켜 8개의 청신경 경로를 통하여 대뇌에 소리를 전달한다. 사람의 청각정보 처리에 대한 이론은 장소론과 연사론이 함께 작용하는 복합론(complex theory)으로 설명된다. 참고로 휴대폰은 연사론으로 소리를 전달하고 있으며, 인공와우 기계는 장소론으로 음성신호를 처리하고 있다. 인공와우를 착용해도 0dB이 아닌, 약 30dB에서 40dB의 청력손실이 존재하는 이유가 여기에 있다. 장소론으로 음성신호를 함께 처리할 수 없는 한계 때문이다. 인공와우 기계가 장소론과 연사론으로 음성신호를 처리할 수 있는 공학적 지원이 가능하다면, 인공와우 착용으로 정상적인 0dB 수준에서 소리를 인지할 수 있을 것이다.

4) 청신경 기관

신경계는 중추신경계와 말초신경계로 설명된다. 말초신경계는 중추신경계에서 뻗어 나와 신체의 조직과 기관으로 연결되어 있다. 또한 말초신경계는 12쌍의 뇌신경과 31쌍의 척수신경으로 구분할 수 있지만, 청각정보처리는 12쌍의 뇌신경 중에서 8번 신경이 담당한다. 청각정보를 처리하는 방향과 기능 등에 따라서 신경은 구심성과 원심성으로 구분된다. 구심성 신경은 청각적 정보가 발생시킨 신경계의 흥분을 전달하는 시냅스에 의해 수행되는 감각신경이다. 반면, 원심성 신경은 운동신경으로 이해된다. 시냅스는 각 세포에 배당되어 정보의 전달, 기억 및 사고, 대기, 차단 등을 결정할 수 있다(고은, 2021). 내이의 달팽이관에 위치한 코르티 기관에서 대뇌피질로 청각정보를 직접적으로 전달할 수 없다. 한 기관에서 다른 기관으로 청각정보를 전달하기 위해서는 3개 또는 4개의 시냅스 절차가 요구된다. 단, 시냅스의 정보전달은 단방향이다. 구심성 시냅스는 원심성 시냅스를 통하여 말초신경으로 돌아간다. 청각정보를 처리하는 경로는 8개로 요약된다. 어떠한 신경섬유도 코르티 기관에서 대뇌피질로 연결되어 있지 않다. 와우각에서 대뇌피질까지의 정보전달을 위해서는 여러 경로를 거쳐야 한다. 청각경로의 주요 구조는 [그림 2-9]와 같이 ① 와우각의 유모세포를 통해, ② 신경섬유, ③ 와우핵, ④ 능형체, ⑤ 상 올리브 복합체, ⑥ 외측모대, ⑦ 하구체, ⑧ 내측 슬상체 등이다. 이러한 경로를 통해 소리는 대뇌의 청각피질이라고 불리는 뇌의 측두엽 영역에 전달된다. 청각신경 경로는 [그림 2-9]와 같다. 청각경로는 각 부위로 연결되는 시냅스를 통해 그 기능을 수행한다. 청각경로의 부위별 특징을 요약하면 다음과 같다(Katz, Medwetsky, Burkard, & Hood, 2009).

① **와우각 유모세포**(hair cell): 음을 신경섬유로 전달한다.
② **청신경 섬유**(auditory nerve fibers) : 와우각의 정보 전달을 위하여 중추신경계와 처음으로 연결된다. 각 섬유질은 약 100개의 세포를 가지고 있다.
③ **와우핵**(cochlear nucleus): 나선 신경절의 약 3배에 달하는 세포를 가지고 있으며, 와우핵의 신경세포는 시냅스로 다음 연결부위로 전달된다.
④ **능형체**(trapezoid body): 와우핵에서 처음으로 교차가 일어나는 청각경로이다. 능형체의 시냅스는 와우핵으로부터 받은 정보를 상 올리브 복합체로 전달시키고, 또 다른 시냅스는 바로 하구체로 연결시키기도 하다
⑤ **상 올리브 복합체**(superior olivary complex): 양쪽 와우핵으로으로터 온 정보를 같이 받게 된다. 한 짝의 세포에서 처음으로 양측으로부터 들어온 정보를 수용하게 되어 두 귀의 상호작용이 처음 이루어지므로 청각의 방향(localization) 감각이 일어난다고 표현한다.
⑥ **외측모대**(lateral lemniscus): 병행하는 상 올리브 복합체의 연장부로 신경섬유는 반대편의 하구체로 정보를 전달한다.
⑦ **하구체**(inferior colliculus): 여러 병행 신경통로 중의 하나로, 이곳은 중뇌의 청각중추이다.
⑧ **내측 슬상체**(medial geniculate body): 하구체에서 나온 신경섬유는 내측 슬상체로 정보를 전달하고, 내측 슬상체에서 시냅스는 대뇌의 청각피질로 정보를 전달한다. 이 세포덩이는 청각피질 이전의 마지막 중간역이다.

이와 같은 청각경로는 상행체제인 구심성 통로를 이용하여 시냅스한 후 다시 하행체제인 원심성 통로를 이용하여 말초 부위로 돌아가게 된다. 이러한 과정에서 와우각의 바닥에 있는 유모세포에서 시냅스한다. 이러한 구심성과 원심성 기능의 과정에서, ① 전기

적 자극을 통해 구심성 통로의 신경세포의 충격 밀도를 최소화하는 작용으로 이해되고, ② 원심성 기능은 통로의 잡음을 제거하여 음의 명료도를 높이는 역할을 하는 것으로 발표된 연구가 있다.

인간의 대뇌는 두 개로 나눠져서 우반구와 좌반구로 불린다. 주로 언어를 담당하는 뇌는 대뇌의 좌반구이다. 좌반구의 특정 부분이 언어를 담당한다고 연구하고 발표한 사람의 이름을 따서 불리게 된 브로카(Broca) 또는 베르니케(Wernicke) 영역에서 음의 정보처리가 이루어진다. 이러한 언어의 인지가 뇌에서 이루어지고, 다시 뇌의 지시로 언어의 생성이 이루어진다. 언어 인지와 뇌의 역할에 관한 청신경과 뇌 피질의 역할과 같은 보다 상세한 정보를 알려면 생리학, 감각과 지각 등의 저서를 참고하면 된다.

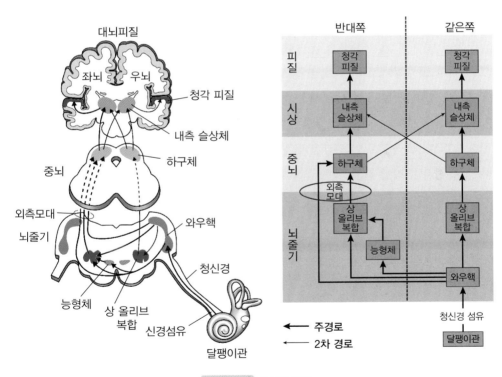

[그림 2-9] 청신경 경로

출처: 곽호완 외(2018), p. 395.

3. 전음성과 감음신경성 청각장애의 이해

전음성과 감음신경성 청각장애의 구분은 청력손실 부위, 청력손실 정도, 보청기 착용효과, 어음변별력 및 명료도, 수술 및 약물치료, 중이검사(tympanometry) 등에서 차별성이 있다.

1) 청력손실 부위

청각기관은 외이, 중이, 내이 및 청신경 경로로 구분된다고 하였다. 청각장애의 원인을 제공하는 청력손실 부위가 외이와 중이에 문제가 있는 경우는 전음성(전도성) 청각장애 또는 전음성 난청이라고 한다. 전음성 청각장애의 청각장애 부위는 외이보다 중이에서의 문제가 일반적이다. 소리를 전달하는 기능의 문제점이라는 의미에서 '전음성'이라고 한다. 반면, 내이 및 청신경에 문제가 있는 경우는 감음신경성 청각장애 또는 감음신경성 난청이다. 감음신경성은 '감음'과 '신경성'의 합성어이다. 감음은 내이, 특히 달팽이관의 문제이고 신경성은 청신경 경로에서의 정보처리의 어려움으로 설명된다. 그러나 교육적으로는 감음과 신경성의 구분 없이 감음신경성으로 사용하고 있다. 감음성은 소리를 감지하는 데 한계가 있다는 의미이다. 달팽이관에서 일어나는 전기 생리 에너지의 변환과정에서 청신경 유모세포의 손상 또는 낮은 활성도 등이 원인이 되어 주파수 변환에 어려움을 제공하여 음성언어를 감지하는 데 한계를 보인다.

한편, 전음성과 감음신경성 난청이 함께 나타나는 경우는 혼합성 난청으로 명명한다. 그리고 중추청각처리장애가 있다. 입력된 청각 정보가 청신경 경로를 통하여 정보가 전달되는 과정에 특정 주파수가 증폭되는 현상이다. 청각신경 또는 청각피질의 문제점에 기인한 중추청각처리장애(central auditory processing disorder: CAPD)는 정보처리 과정의 문제점으로 자폐성 장애의 특성으로 이해되기도 한다. 중추청각처리장애의 진단 · 평가는 다양한 검사에 근거하여 이비인후과에서 진행된다. 중추청각처리장애에 대한 특성 및 진단 · 평가 방법, 지도 방법을 교육적으로 제안하기에는 어려움이 있다. 아울러 편측성 난청이 있다. 두 귀의 청력손실 정도의 차이가 심하게 나타나는 난청이다. 한쪽 귀는 0dB의 정상적인 청력임에도 불구하고, 다른 귀의 청력손실이 90dB

을 초과하는 경우도 있다. 편측성 난청을 위한 보청기 착용에 대한 설명은 다음에 서술할 것이다.

2) 청력손실 정도

전음성과 감음신경성 청각장애의 또 다른 구분은 청력손실 정도에서 차별적이다. 전음성 청각장애만으로는 65dB에서 70dB을 초과하지 않는다. 전음성 청각장애는 정상의 범위를 벗어난 26dB부터 70dB의 범위에 해당한다. 반면, 감음신경선 난청은 26dB부터 110dB 이상의 청력손실 정도를 광범위하게 나타낸다. 청력손실 정도가 60dB인 경우는 전음성 또는 감음신경성 청각장애일 가능성이 있다. 또한 혼합성 청각장애도 예상해야 한다. 혼합성 청각장애는 전음성과 감음신경성 청각장애가 함께 나타나는 경우인데, 외이 및 중이 또는 내이 및 청신경 부위에서 청각장애가 함께 나타날 수 있음을 의미한다.

청력손실 정도가 60dB로 진단된 경우, 세 가지 경우를 생각할 수 있다.

- 전음성 청각장애: 가능
- 감음신경성 청각장애: 가능
- 혼합성 청각장애: 가능

청력손실 정도가 90dB로 진단된 경우, 세 가지 경우를 생각할 수 있다.

- 전음성 청각장애: 불가능(전음성 난청만으로는 90dB이 나타날 수 없다.)
- 감음신경성 청각장애: 가능
- 혼합성 청각장애: 가능

전음성 난청만으로는 90dB로 진단될 수 없다는 것이다. 또한 60dB의 청력손실 정도가 있는 경우는 전음성 청각장애뿐만이 아니라, 감음신경성만으로도 가능하고, 혼합성도 나타날 수 있음을 알아야 한다.

3) 보청기 착용효과

보청기는 소리를 들을 수 있도록 도와주는 장치이다. 특히 dB의 증폭과 관련된다. 주파수(Hz) 변위를 결정하는 것은 아니다. 전음성 난청의 경우는 보청기의 증폭이 소리 인지에 도움을 준다. 그러나 내이, 즉 달팽이관에 문제가 있는 경우는 주파수(Hz)의 문제이므로 보청기 착용으로 소리를 인지하는 데 한계가 있다. 큰 소리로 증폭하여도 주파수 변환이 일어나는 내이의 기능을 대신할 수 없다. 달팽이관에서는 전기 생리 에너지로 변환된다.

전음성 청각장애는 보청기 착용 효과가 좋다. 반면, 감음신경성 청각장애는 청력손실 정도가 70dB을 초과하면서 내이에서 음의 왜곡현상(에일리어싱 현상)이 발생하므로 보청기를 통한 소리의 감지는 가능하지만, 음성신호에 대한 정보처리에 어려움을 보인다. 소리를 듣는 것과 들은 음성에 대한 의미 파악은 별개의 기능이다. 보청기를 통하여 소리를 들을 수 있지만, 무슨 소리인지에 대한 이해는 다른 차원이다. 감음신경성 청각장애에게 나타나는 이와 같은 현상은 연사론의 표본화 부족으로 설명된다. 1,000Hz의 음성신호에 대한 이해는 1,000개 이상의 유모세포 협응이 전제되어야 한다. 청신경 유모세포기 1,000개보다 부족하면 표본화 수치에 도달하지 못하여 음의 왜곡현상에 노출된다. 청신경 유모세포가 표본화 처리를 위한 역할을 담당한다. 적절한 표본화가 전제되어야 음성신호에 대한 정확한 감지가 가능하다.

4) 어음변별력 및 명료도

어음변별력은 말소리, 즉 음성신호를 듣고 그 의미를 감지하고 이해하는 능력이다. 어음명료도는 들은 소리를 또렷하게 발성하는 능력이다. 어음변별력은 음성언어 수용이며, 어음명료도는 음성언어의 발성, 즉 표현으로 이해된다. 청각장애는 듣는 능력을 담당하는 청각기관의 문제로 시작되지만, 발성에도 어려움이 연계된다.

보청기를 착용하고 음량을 높이면 소리가 커지므로 전음성 청각장애학생의 어음변별력은 향상된다(정승희, 박비주, 김하니, 2015). 그러나 감음신경성 청각장애는 소리를 크게 하면 소리의 유무를 인지하는 데 도움이 되지만, 음성신호에 대한 이해는 음의 왜곡으로 변별력에서 한계를 보인다.

어음변별력은 어음명료도와 상관관계가 높다. 어음변별력에 따라서 어음명료도의 수준은 달라진다. 그러나 조기교육에서 어음변별력과 어음명료도 향상을 위한 청능훈련 및 청각자극을 받았던 경험이 있는 감음신경성 청각장애학생은 상대적으로 높은 어음변별력과 명료도를 보인다.

5) 수술 및 약물치료

전음성 청각장애는 보청기 착용효과가 뛰어나다. 수술 또는 약물치료의 필요성이 거의 없다. 만성중이염 또는 액체가 유출되어 보청기 착용이 어려운 경우에는 수술이 필요하다. 그러나 감음신경성 청각장애는 수술 또는 약물치료를 통하여 청신경 유모세포 또는 융모를 재생시킬 수 없다. 수술 또는 약물치료를 통한 치료는 불가능하다. 다만, 청신경 경로에 종양이 생긴 경우는 수술 또는 약물치료가 외과적으로 가능하다. 감음신경성 청각장애의 경우는 유모세포 재생을 위한 수술은 불가하고, 인공와우 시술을 선택하는 경우가 일반적이다.

6) 임피던스 청력검사

중이검사는 중이의 기능을 측정하는 검사이다. 혼합성 청각장애 또는 전음성 청각장애의 경우는 중이검사에서 이상이 있는 것으로 나타날 수 있다. 즉, 전음성 청각장애는 중이기관에 문제가 있으므로 중이검사에서 이상이 나타날 수 있음을 알아야 한다. 혼합성 청각장애가 아닌 감음신경성 청각장애만 있는 경우는 중이에 이상이 없으므로 중이검사에서 정상으로 진단된다. 고막운동성검사(tympanometry)로 불리기도 한다. 자세한 내용은 제8장에서 설명될 것이다.

□ 확인학습

1. 소리의 전달 경로에 대하여 이해하고 있다.

2. 중이의 이소골에 대하여 설명할 수 있다.

3. 중이에서 일어나는 소리의 증폭 현상 세 가지에 대하여 설명할 수 있다.

4. 달팽이관에서 소리를 인지하는 세 가지 이론을 알고 있다. 특히 연사론에 대하여 간결하게 설명할 수 있다.

5. 전음성과 감음신경성 청각장애의 차이에 대하여 구분할 수 있다.

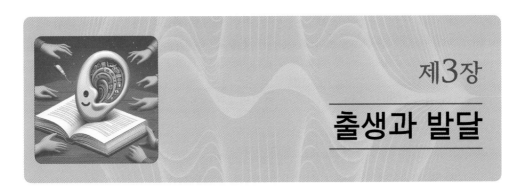

제3장

출생과 발달

청각장애는 숨은 장애이다. 청각장애의 원인이 선천성 또는 유전성보다 후천성이 대부분이라는 이유도 있지만, 출생 시 청각장애로 진단ㆍ평가되는 경우가 드물며 청각장애의 진단ㆍ평가 시기가 음성언어 발달이 일어나는 만 2세경이 되어야 가능하다는 것이 일반적이다. 말이 늦은 아이라는 판단! 또는 음성언어 발달이 느리게 진행된다는 생각으로 진단ㆍ평가를 미루는 사례가 흔하다. 청각장애 유ㆍ아동의 정서, 인성, 인지 및 지능, 도덕성발달에 관하여 이 장에서 다루고자 한다. 청각장애아동의 언어발달은 다음 장에서 서술하고자 한다.

1. 청각장애의 출현율

전 세계 인구의 5%에 해당하는 약 4억 6,600만 명이 청각장애로 진단되며, 그중에서 3,400만 명이 아동으로 집계된다. 2050년까지 약 9억 명 이상(10명당 1명)의 인구가 청각장애를 가지게 될 것으로 추정한다. 청각장애는 유전적, 출생 시 합병증, 전염병, 만성적인 청각기관의 감염, 특정 약물 사용, 과도한 소음 노출 및 노화 등으로 발생할 수 있다. 유ㆍ아동의 청각장애의 약 60%는 예방이 가능하다. 특히 휴대전화 및 전자기기의 과도한 사용 등으로 11억 명의 청소년 및 청년(12~35세)들이 청력손실의 위험에 처해 있는 것으로 보고되고 있다. 청각장애를 경제적으로 지원하기 위한 글로벌 비용은 연간 7,500억 달러나 된다. 청각장애인의 대부분은 저소득 또는 개발도상국 이하의 저개발국가에 분포되어 있으며, 특히 65세 이상의 1/3 정도는 청각장애의 위험에 노출되어 있다(WHO, 2020).

청각장애의 출현율에 대한 보고는 설문조사 방법 등에 따라서 수치적 오차를 보인다. 지금까지 청각장애의 출현율은 약 0.5~0.6%로 1,000명당 5~6명인 것으로 보고되었다. 2001년 국립특수교육원의 장애인 실태조사에서 6~11세 특수교육지원대상자의 2.71% 중에서 청각장애의 출현율은 전체 아동의 0.06%로 보고되었다. 참고로 2023년 기준으로 우리나라 학령기 장애학생 10만 9,703명 중에서 청각장애학생은 2,907명(2.65%)으로 보고되고 있다(교육부, 2023).

미국의 국가차원의 연구결과에 의하면 신생아 중에서 청각장애의 출현율은 약 0.6~0.7%로 보고되었다(Cone-Wesson et al., 2000). 구체적으로 살펴보면 청각장애가 될 고위험군은 신생아 10명당 1명이고, 200명당 1명은 여러 형태의 청각장애가 될 수 있다. 특히 1,000명당 1명은 두 귀가 모두 고도 이상의 청각장애로 태어난다(U.S. Department of Education, 2021)고 하였다. 신생아를 대상으로 연구가 수행된 자료인 만큼, 원인불명 또는 고열 등과 같은 후천성 청각장애가 합산되면 청각장애의 출현율은 더욱 높아질 것으로 예상된다.

2. 청각장애의 원인 및 시기

청각장애는 청각기관의 손상으로 나타난다. 청각기관의 손상에 영향을 미치는 원인은 선천성과 후천성으로 구분할 수 있다. 선천성과 후천성은 대조적인 용어이다. 선천성은 산모의 태내에서 청각장애가 일어나는 출생 전의 유전성, 성병, 산모의 약물중독, RH 혈액형 불일치, Cytomegalovirus(CMV) 바이러스 감염, 임신 합병증 등이 있다. 후천성은 청각장애의 원인이 출생 시 또는 출생 후에 일어나는 경우이다. 출생 시의 겸자분만(forceps delivery) 및 8시간 이상의 산고로 인한 산소결핍 증세 등이 원인으로 작용한다. 출생 후의 원인은 신생아의 질병과 관련되므로 신생아 황달, 경기, 고열, 중이염 등과 같이 다양하다.

그러나 선천성과 유전성은 별개의 개념이다. 선천성은 산모의 태내에서 청각장애가 나타나므로 선천성에 유전성이 포함될 수 있지만, 선천성은 유전인자에 의한 유전성만이 아니라, 질병과 약물중독 그리고 낙상 등과 같은 원인도 함께 포함된다. 특히 유전인자가 원인이 된 경우라도 청각장애가 발생하는 시기는 선천성만이 아니라, 후천성으로도 나타날 수 있다.

유전성 청각장애는 유전인자가 원인을 제공하여 청각장애를 발생시키는 경우인데, 청각장애에 대한 일차적 영향보다 다른 장애를 일으키면서 청각장애도 함께 수반하는 경우가 많다. 안면기형에 영향을 미치면서 청각장애를 동반시키는 Treacher-Collins 증후군, 평형기능 및 머리카락 색깔에 영향을 미치면서 청각장애도 함께 나타나는 Waardenburg 증후군, 지적장애 또는 망막색소에 변형을 제공하면서 청각장애도 나타나는 Usher 증후군 그리고 갑상선 기능의 문제점과 청각장애가 동반하는 Pendred 증후군 등이 있다.

그러나 청각장애의 원인 중에서 가장 높은 비율을 차지하는 것은 고열과 원인불명이다. 부모는 자녀의 고열을 모르고 지나가는 경우가 많으므로 부모가 생각하는 원인불명 중에는 고열도 상당수 포함되어 있을 것으로 예상된다. 통계처리 방법에 따라서 청각장애의 원인불명에 대한 수치는 25~40%로 편차가 크게 나타난다. 따라서 고열과 원인불명이 후천성 청각장애의 주요 원인임을 알 수 있다.

청각장애학생의 원인과 시기에 관한 질문은 일반적으로 이비인후과 또는 청각장애학생의 교육기관에 의해 이루어진다. 청각장애학생의 원인과 시기에 관해 수집된 정보는 청각장애학생을 진단·판별한 의사의 소견을 들었던 청각장애학생 부모의 진술에 의존하는 경우가 대부분이다. 그러나 청각장애자녀가 학교에 입학할 때 대부분의 부모는 이미 몇 년이 지난 관계로 청각장애의 원인과 시기 등에 관한 기억이 명확하지 않을 수 있다. 또한 청각장애의 원인이 의사에 의해 명확하게 진단·평가되어 구체적인 설명을 들은 부모는 쉽게 기억하지만, 정확한 원인을 잘 모르는 부모의 경우나 예전의 기억에 의존하여 나름대로 판단하는 경우는 신뢰도에 문제가 있을 수 있다. 그러나 교육기관에서 수집하는 청각장애의 원인과 시기 등에 관한 정보도 여전히 부모의 기억이나 경험에 의존하는 수밖에 없다.

우리나라에서 청각장애학생의 원인과 발견 시기 등에 관한 연구는 최성규(1999)에 의해 실시되었다. 전국 청각장애학교에 재학하는 청각장애유아 286명의 어머니를 대상으로 설문 조사한 결과에 기초하여 서술하고자 한다.

1) 청력손실 원인

선행연구에 따르면 청각장애의 출현은 매우 큰 차이가 있다. 국가, 조사 시기 및 방법 등에 따라서 수치의 차이가 큰 폭으로 차이를 보인다. 또한 청각장애의 원인도 다양하지만, 일반적으로 높은 열(고열)이 원인이다. 연구에 따라서 원인불명이 가장 높게 제시되기도 하지만, 원인불명 역시 고열로 인한 청각장애의 원인이었을 가능성이 있다. 청력손실의 주요 원인은 원인불명(47.2%) 또는 고열(14.7%)이 약 62%에 해당한다. 가장 높은 빈도를 보이는 원인불명은 청각장애 영유아의 부모가 인지하지 못한 사이에 고열로 인한 이소골(추골, 침골, 등골) 또는 청신경 손상이 나타났을 가능성이 있다. 2개 이상의 원인으로 청각장애가 되었다고 생각하는 부모는 전체의 11.2%였다. 선천성은 3.1%를 응답하였다. 그리고 출산 이상, 임신 중 사고, 신생아 황달, 중이염, 놀람(경기), 아동 약물중독, 근친상간, 뇌막염, 풍진 등의 순으로 나타났다.

2) 청력손실 시기

청각장애 영유아의 청력손실 의심은 부모에 의해 시작된다. 부모가 유아의 음성 발성이 지체 또는 전혀 나타나지 않는 시기와 관련된다. 청각장애 영유아도 만 3개월이 되면 옹알이를 시작한다. 만 10개월경이 되면 /맘마/ /빠빠/ 등도 발성한다. 부모가 자녀의 청각장애를 의심할 이유가 없다. 참고로 옹알이와 /맘마/ /빠빠/ 등의 발성은 모든 유기체, 즉 모든 유아가 청각장애와 상관없이 동일하게 나타나는 발달 특성이다. 그러나 부모의 반응에 대하여 청각장애유아의 반응이 음성언어 발달로 진행되지 않으면서 혹시 하는 생각을 가지게 된다. 부모가 청각장애로 의심하게 된 시기, 그리고 확신하게 된 배경과 진단 기관 등으로 구분할 수 있다.

자녀의 청각기관에 문제가 있을 것으로 의심하게 된 시기는 만 1세에서 만 2세 사이가 가장 높다(35%). 다음으로 만 2세에서 만 3세 사이이다(25%). 청각장애자녀가 청각기관에 이상이 있을 수 있다는 생각을 하는 것은 부모의 약 80%가 자녀의 나이 만 3세 미만임을 알 수 있다. 만 3세와 만 4세 사이에 의심하는 부모는 전체의 15.4%였다.

청각장애를 의심하게 되었던 배경은 음성언어의 발성 지연이 전체의 50% 이상이다. 음성언어의 팽창기 또는 폭발기라고 할 수 있는 연령대에서 음성언어를 통한 상호 작용의 한계가 부모의 청각장애에 대한 의심의 배경으로 작용한다. 그리고 행동 이상 (15.7%), 병원 진단(11.2%)의 순으로 나타났다.

청각장애로 진단한 기관은 병원이 가장 높다(74.1%). 병원에 이어서 청각장애학교 (12.6%), 조기교육기관(3.8%) 등의 순으로 나타났다. 신생아 청력검사를 무상 의무화하여 생후 6개월 이전에 진단·평가가 가능하여 조기교육 시작 시점을 당겨서 지원의 효율성을 보장할 수 있어야 할 것이다.

청각장애로 의심이 되면, 병원에서 ABR(auditory brainstem responses) 검사를 받으면 된다. 뇌파로 청각기관의 이상을 알 수 있는 검사로 신생아부터 적용할 수 있다. 참고로 청각장애와는 달리 자폐성 영·유아의 무발어는 ABR 검사에서 뇌파가 반응하는 것으로 나타난다. ABR 검사는 청각장애 또는 자폐성 장애의 유형을 명확하게 구분할 수 있다. 지적장애의 무발어는 지능지수 IQ 30 이하의 언어발달 특성에 해당하므로 ABR 검사를 필요로 하지 않는다.

3. 정서 및 인성발달

1) 정서발달

영유아의 정서발달을 알아보기 위하여 Bowlby(1958)의 애착발달 단계와 Ainsworth (1979)의 애착특성에 대하여 간략하게 설명하고자 한다. 영유아의 정서적 유대 관계를 Bowlby는 애착발달 단계를 전 애착 단계(출생 후 3개월), 애착형성 단계(생후 3~7개월), 애착 단계(생후 7~24개월) 그리고 상호관계의 형성 단계(만 2~3세)로 구분하고 있다. 애착발달은 유아 개인에게는 생존과 관련된 생리적 본능이며, 보호자와의 기본적 관계의 근접성을 구축하는 과정이다. 나아가 자아와 타인에 대한 내적으로 형성되는 인지적 표상으로 대변된다. 그러나 청각장애유아의 청력손실 의심 시기가 만 1세에서 만 2세경이며, 확신한 시기 또한 만 1세에서 만 2세 사이라는 사실에 주목해야 한다. 청각장애유아가 자신의 청각장애가 애착유형에 부정적인 원인으로 작용하기보다 부모에 의한, 즉 보호자 또는 타인에 의한 상호작용이 청각장애유아의 내적 작동 모델에 부정적인 영향을 미칠 가능성이 높다. 따라서 자녀의 청력손실을 아직 확신하지 못하는 부모의 양육태도는 '청각장애'가 원인으로 제공하는 부정적인 영향은 나타나지 않을 가능성이 높다. 청각장애로 인한 보호자의 차별적 인식이 나타나지 않으므로 상호작용에 어려움은 없을 것이다.

Ainsworth는 낯선 상황 실험에서 유아의 애착유형을 안정애착, 회피애착, 저항애착 그리고 혼란애착으로 구분하였다. 연구의 목적은 유아의 낯선 사람에 대한 반응, 어머니가 방을 나갔을 때의 반응 그리고 어머니가 다시 방으로 돌아왔을 때의 반응을 알아보기 위함이었다. 어머니에 대한 안정애착을 보이는 경우는 전체 대상의 약 65%로 낯선 사람과 어머니를 구분하고 있었다. 이와 같은 안정애착이 청각장애가 원인으로 작용하지는 않는다. Bowlby(1958)의 이론적 틀에 기초한 청각장애유아의 애착특성은 어머니의 유아에 대한 상호작용에 따라서 달라질 수 있음을 제안하였다(Greenberg & Marvin, 1983). 청각장애유아의 애착발달 단계 및 애착유형의 특성이 청각장애라는 청력손실에 기인하는 것이 아니라, 어머니의 의사소통 방법에 따라서 달리 나타났다. 청각장애자녀와 어머니의 의사소통 능력, 즉 의사소통의 상호성이 청각장애유아의 정서발달에 영향을 미치는 주요 요인이라는 점이다(오혜정, 2013).

2) 인성발달

Bowlby(1958)와 Ainsworth(1979)의 이론은 영유아기에 초점을 두고 있지만, Erikson(1959)은 인생의 전반을 연령별로 구분하여 인성발달 단계를 제시하였다. 연령별에 따른 명칭과 특성을 정리하면 〈표 3-1〉과 같다.

〈표 3-1〉 Erikson의 인성발달 단계

명칭	연령	특성
신뢰감 대 불신감	영아기 (출생 후~18개월)	• 영아의 정서적 · 신체적 욕구를 민감하게 보살펴 주는 시기로 3쾌에 초점을 둠 • 청각장애에 대한 진단평가가 이루어지지 않았음
자율성 대 수치감	유아기 (18개월~만 3세)	• 자아의 발달과 함께 의존성은 유지됨 • 언어발달의 팽창기임 • 난폭한 두 살배기로 자율성 출현 • 청각장애가 있음을 알게 됨 • 야단을 들으면서 성장하지만, 청각장애유아는 의사소통에 어려움
주도성 대 죄책감	아동기 (만 3~5세)	• 자율성의 지속과 주도적 생활을 고집 • 왕성한 에너지와 새로움에 대한 도전 • 자아와 초자아의 갈등 경험은 성인이 되어 가는 부분이며 조절의 필요성 • 부모와 동일시 • 청각장애아동의 의사소통에 대한 초자아 형성은 부정적으로 인식되기 쉬움
근면성 대 열등감	학령기 (초등학교)	• 자신의 환경(문화)에 적응하는 기술을 익힘 • 노는 것과 함께 학업 등을 통한 생산성 발달 • 학업과 교우관계의 적절한 비중의 중요성 • 인지발달의 급성장 • 청각장애학생을 지도하는 교사의 영향이 중요한 시기 • 청각장애와 가청의 구분과 편견이 일어날 수 있음
정체감 대 역할혼미	청소년기 (중 · 고등학교)	• 급격한 신체적 발달과 성인기에 대한 의문이 많음 • 나는 누구인가? • 나는 왜 청각장애가 되었는가? • 타인과 친밀해지면서 사고와 감정을 공유하고 정체감 형성 • 농사회와 농문화에 관심이 높아짐 • 기숙제 학교 입학 선호 및 종교에 몰입

친밀감 대 고립감	청년기	• 자신의 존재 및 미래에 대한 심도 있는 고민과 타인을 의식 • 자아정체감의 존재가 중요함. 사회화 과정에서 주체적 행동과 책임감 함양 • 자아발달은 교육의 중심 화두임 • 정체감 혼돈은 사회성 발달에 어려움 제공 • 긍정적 자아인식과 자아정체감 형성을 위한 배려가 요구됨
생산성 대 자기침체	장년기	• 자녀 양육 및 사회 기여도 증가 • 사회적 의미와 윤리성 공감을 위한 인간 교육의 필요성 • 가정생활, 인간관계, 부부 및 자녀와 부모에 대한 태도의 중요성 교육 • 청각장애인의 직장 및 결혼생활 • 자녀의 90% 이상은 가청이므로 문화적·언어적 이질감 • 청각장애자녀를 출산할 경우는 하나의 문화 및 언어
자아통정 대 절망	노년기	• 내재인 자기투쟁으로 표현되는 시기 • 노후의 인생 문제 • 개체와 환경 간의 균형을 잃게 되면 좌절 등의 부정적 상태로 발달 • 가청노인에 비해 청각장애노인의 부적응은 보다 심각할 것으로 예상되지만, 실증적 자료는 제한적임

Erikson의 인성발달 단계의 명칭에서 왼쪽은 긍정적 인성발달 궤적을 의미하고 있는 반면, 오른쪽은 부정적 인성발달 궤적에 해당한다. 그러나 청각장애가 있으므로 부정적 인성발달 궤적을 보일 것이라는 예상은 금물이다. 청각장애라는 청력손실보다 부모 및 가족, 그리고 학교와 사회 등에서의 상호작용에 대한 청각장애학생의 인식이 인성발달에 영향을 미치는 결정적 요인임을 알아야 한다. Erikson의 인성발달 단계에서 제안하고 있는 긍정적 인성발달의 심리적 궤적이 청각장애학생에게 지배적으로 발현되기 위해서는 '청각장애'가 원인이 아니라, 환경적 지원의 문제에 초점을 두어야 한다. 환경적 지원의 어려움 또는 한계는 부적 인성발달 궤적으로 발전될 가능성이 증가한다.

청각장애학생의 인성은 두 가지 시각에서 접근할 수 있다. 첫째는 청각장애라는 청력손실 자체가 인성에 영향을 미친다는 것이다. 지적능력이 학업성취에 영향을 미치는 것과 같이 청력손실이 인성발달에 부적 영향을 제공하는 원인으로 생각하였다. 따라서 여러 선행연구에서는 청각장애학생의 인성발달에서 나타나는 정서적 불안, 내성적 또는 충동성 성격, 열등감, 자기중심적, 사회성 결여 등이 청각장애가 원인으로 작용한 것이라고 제안하였다. 그러나 청각장애학생의 성장기에 나타나는 인성발달의 부적 특성은 형식적 조작기로 접어들면서 소거된다는 점에서 이와 같은 주장은 더 이상 수용되지 않는다. 청각장애학교에 재학하고 있는 초등학교 1학년부터 6학년까지의 청각장애학생 728명 중에서 정서·행동장애를 부가장애로 가지고 있는 학생은 13명이었다. 6년의 세월이 지난 다음에 그때의 초등학생이 중학교 1학년에서 고등학교 3학년으로 진급하였다. 동일한 청각장애학생을 대상으로 6년 전에 13명이었던 정서·행동장애가 3명으로 보고하였다. 의사소통의 어려움으로 정서·행동장애로 오인된 결과이다. 교육적 지원의 효과로도 예상된다. 그러나 청력손실이 인성발달의 원인이 된다는 주장은 수용하기가 어렵다.

둘째는 청각장애가 직접적인 원인은 아니지만, 청력손실로 인한 음성언어를 통한 의사소통 능력, 타인과의 상호작용 능력 등이 사회화 과정에서 문제를 제공할 수 있다는 시각이다. 둘째의 주장에 기초할 때, 청각장애학생의 인성발달은 사회적 인식과 지원의 한계로 접근된다. 청각장애학생의 인성발달에 영향을 미치는 인지유형의 장독립성과 장의존적 특성에 대한 설명으로 사리분별성 및 충동성, 그리고 인지유형 등에 대한 특성을 대변하고자 한다.

(1) 장의존성

청각장애학생의 95% 이상은 가청부모에게 양육된다. 가청부모의 청각장애자녀 양육은 청각장애의 특성보다 부모의 양육태도가 우선적으로 작용한다. 또한 가청부모는 자녀에게 청각장애가 있으므로 듣지 못함을 이미 인지하고 있다. 그래서 음성적 상호작용보다 면대면 지시 또는 신체적 접촉에 의존하는 경향이 높은데, 특히 청각장애자녀의 연령이 어릴수록 부모는 음성언어보다 신체적 의사소통에 치중하는 경향이 높다. 청각장애자녀와 음성언어를 통한 상호작용이 가능하다는 가청부모의 주관적 태도가 형성되면서 천천히 말을 하고자 하는 행동이 증가한다. 또한 부모의 양육태도는 직접적 지시에 의존한다. 청각장애자녀는 부모의 직접적 지시에 내포된 의사에 따라 행동하면서 성장한다. 장의존적이다.

가청부모의 청각장애자녀 양육은 결과적으로 청각장애학생의 장의존적 특성을 증가시키는 원인을 제공한다. 자신의 자녀를 훌륭하게 양육하고 싶은 부모의 바람과 자녀의 미래를 걱정하면서 자녀에 대한 직접적 지시가 유지·강화된다. 가청부모의 일반적인 양육태도이다.

이와 같은 부모의 직접적 지시는 청각장애자녀의 인지유형을 장의존적으로 고착시킨다. 청각장애자녀는 자신이 모르는 것을 부모에게 물어보거나 포기하면 되고, 부모가 시키는 일만 하면서 성장한다.

(2) 장독립성

인지 양식은 개인의 정보처리 특성이다. 청각장애학생의 정보처리에서 선호하는 시각적 접근은 개인의 능력보다 특성으로 이해된다. 정보처리를 시각에 의존하고 있다는 것이다. 그러나 인지 양식이 인성발달에 영향을 미친다는 것은 인지 특성을 통하여 정보를 분석·종합·재구성하여 초인지 전략에 영향을 미치고 자신의 주변 환경을 통제할 수 있다.

청각장애자녀가 환경을 통제하면서 성장하는 것이 바람직하다. 청각장애자녀를 둔 청각장애부모(DCDP)는 자녀에게 직접적 지시보다 자녀와 상호작용할 기회를 기다린다. 부모의 기다림(인내)에서 자녀는 환경을 통제해야 하는 필요성을 인지한다. 청각장애자녀는 혼자서 놀이하면서, 또는 타인과 상호작용하면서 주변 환경의 변화에 능동적으로 대처하기 위한 행동이 고착된다. 청각장애자녀의 장독립성 발달은 인지 및 인성에 영향을 미치고, 나아가 읽기 및 쓰기 등의 언어발달에 또한 긍정적 결과를 제공한다. 청각장애학생이 성장하면서 직면할 다양한 사회정서적 반응 및 정체성 형성 등에도 결정적이며 긍정적 영향을 제공한다는 점에서 장독립성은 자아발달에 중요한 요인임을 알 수 있다.

4. 인지 및 지능 발달

인지는 지능과 함께 인간발달의 대명사로 이해된다. 그러나 인지와 지능을 구분하기 위한 많은 논쟁이 있었다. Gagne 등은 교수방법에서 학습자의 내적 조건에 지능과 인지, 언어적 정보, 운동 그리고 태도로 제시하면서 지능과 인지는 별개의 요인으로 접근하였다(Gagne, Briggs, & Wager, 1992). 반면, 인지와 지능은 별개의 분리된 개체라는 시각도 있으며, 인지와 지능은 동의어로 보아야 한다는 주장도 있다. 또한 지능은 인지의 한 관점이라는 주장도 있다. 따라서 인지와 지능에 대한 구분이 쉽지 않음을 알 수 있다.

1) 인지발달

인지에 대한 정의는 간단하지 않다. 다만 인지는 지식의 활동으로 설명된다. 즉, 지식의 습득(과정), 조직(구성) 그리고 사용(산출)으로 설명되는 '지식 활동'이 인지이다. 그래서 인지는 전략으로 접근하는 경우가 많다. 인지발달에 대한 다양한 이론이 제안되었지만, 학령기 학생의 교육적 지원이라는 차원에서 Piaget 인지발달 이론의 조작적 특성에 한정하여 설명하고자 한다. Piaget의 인지발달 단계에 대한 네 가지 조작적 특성을 요약해 보면 〈표 3-2〉와 같다.

Piaget의 이론적 배경에 기초하여 청각장애학생의 조작적 특성을 알아보기 위한 연구가 국내에서 수행되었다(최성규, 윤은희, 1991). 만 3세부터 13세까지의 청각장애학생 78명과 가청학생 60명을 대상으로 분류개념, 서열개념 그리고 보존개념에 대한 조작적 특성을 비교하였다. 연구결과를 요약하면 다음과 같다.

첫째, 청각장애학생의 인지발달은 단계별로 전이될 때 인지조작 능력도 향상된다. 그러나 전조작기에서 구체적 조작기로 전이될 때의 발달 속도에 비하면, 구체적 조작기에서 형식적 조작기로 전이될 때는 상대적으로 느리다.

둘째, 청각장애학생과 가청학생의 인지발달 특성은 다음과 같이 요약된다. 두 집단은 연령별 인지발달 단계에 따라서 인지과제의 성취수준은 차별적으로 발달한다. 그러나 청각장애학생의 인지발달은 가청학생에 비하여 조금 느린 것으로 나타났다. 청각장애학생의 분류개념 및 서열개념에서는 가청학생과 유사한 발달을 보이지만, 보존개념

〈표 3-2〉 Piaget의 네 가지 조작적 특성

인지발달 단계	특 성
감각운동기 (출생~만 2세)	반사적(0~1개월) • 반사적 본능에 반응 • 자신과 환경의 구분이 되지 않음
	1차 순환 반응(1~4개월) • 반사적 행동이 감소하면서 모방행동이 나타남 • 사물의 움직임에 시각 이동의 수동성 및 손의 펴고 쥐는 반복적 행동으로 조절능력이 발달
	2차적 순환 반응(4~9개월) • 사물에 집중하지만 반계획적임 • 사물의 많고 적음에 대한 차별성보다 일반화된 행동을 보임
	도식의 협응(9~12개월) • 계획된 행동의 초기 단계로 발달 • 사물의 특성을 알고 오랫동안 기억함
	3차적 순환 반응(12~18개월) • 새로운 것에 흥미를 보임 • 사물에 대한 개인의 감정보다 특성에 순응하는 조절능력을 보임
	새로운 수단의 중재(18~24개월) • 목표 달성을 위해 정신적으로 새로운 수단을 고안 • 놀이에서 성인을 모방하고 지적 기능을 보임
전 조작기 (만 2~7세)	2~3세 • 행동의 완급에 대한 개념을 가짐 • 신체부위 및 사물의 크기와 차이를 인식함
	3~4세 • 어제와 오늘 등과 같은 시제를 이해함 • 공간적 개념을 이해하고, 수 10까지 기계적으로 헤아림
	4~5세 • 어제와 오늘 등의 단어를 이해함 • 장단 및 높낮이 등을 이해하고 수 0의 개념을 이해함
	5~7세 • 시제 및 요일, 읽기 쓰기의 방향성을 알고 있음 • 부피와 숫자의 크기를 알 수 있음

구체적 조작기 (만 7~11세)	정신적으로 조작이 가능함 • 수 1의 의미를 알고 수와 물건의 일대일 대응을 앎 • 가역적 사고 및 보존개념이 가능함 • 색깔, 모양, 크기에 따라 사물을 분류할 수 있음
형식적 조작기 (만 11~15세)	추상적 개념 및 연역적 사고가 발달함 • 합리적 사고를 도출하고 사용할 수 있음 • 조작적 사고를 언어로 표현할 수 있음 • 내적 가치 및 도덕적 판단의 기준이 발달함

출처: Paul & Jackson (1993), pp. 96-99.

에서 지체되는 현상을 보이는데, 특히 무게와 부피 개념에서 어려움을 보인다.

결론적으로 청각장애학생의 인지발달은 구체적 조작기에서 다소 지체되는 특성이 있지만, 형식적 조작기에 접어들게 되면 가청학생과의 차별성은 해소된다. 인지발달은 학령기 연령에 한정하는 특성이 있기 때문이다. 다만 인지는 사고와 관련되고, 사고는 언어와 상호작용한다. 형식적 조작기의 특성에서 나타나는 고등사고 기능을 문자로 표현하기 위한 언어적 도구의 사용에서 어려움은 계속된다.

2) 지능발달

지능에 대한 학습 조건은 신호, 자극/반응, 연쇄, 언어 연상, 변별, 개념, 원리 그리고 문제해결 능력 등과 같은 여덟 가지로 구분한다. 그러나 청각장애학생의 지능과 관련된 선행연구는 가청학생과의 차이점에 천착하였다. 지능검사를 통한 지능지수에 관심을 가지면서 지능지수의 차이점을 알아보기 위한 연구에 집중하였다.

① 청각장애학생의 지능에 대한 1단계 연구

지능검사는 언어성과 동작성(비언어성)으로 구분할 수 있다. 문장 또는 음성언어로 제시하는 언어성 검사는 청각장애학생의 지능지수를 낮추는 결과를 초래하였다. 청각장애학생의 지능연구를 위한 1단계 또는 초기단계로 설명된다. 청각장애학생의 지능은 가청학생에 비하여 열악하다는 주장이다. 청각장애학생의 지적능력의 저하는 언어적 능력의 결함에서 원인을 찾았다(Pintner, Elsenson, & Stanton, 1941). 언어의 부호화를 중요시하는 관점에서 청각장애학생은 언어를 부호화할 수 없다는 결론에 도달하게 되었지만, 오늘날 이 이론은 더 이상 받아들여지지 않는다.

② 청각장애학생의 지능에 대한 2단계 연구

청각장애학생의 지능에 대한 2단계 연구는 Myklebust(1960, 1964)가 주장한 언어의 내면화 이론이 청각장애학생에게 적용하기에 무리가 있다는 주장이다. 다만 지능검사에서 언어성 검사와 비언어성 검사를 차별적으로 적용하고 해석했다는 점에서 '구체적 청각장애'로 명명된다. 즉, 지적으로는 정상이지만, 추상적 사고에는 어려움이 있는 것으로 해석된다. 비언어성 검사에서 평균 이상을 보이는 청각장애학생의 학업성취 수준이 평균 수준보다 지체된다는 의문은 결과적으로 언어의 내면화에 문제가 있다고 Myklebust(1960, 1964)는 설명하였다. 그러나 Myklebust의 음성언어에 기초한 언어의 내면화가 중요하다는 주장은 1단계 연구와 큰 차별성을 제안하지는 못하였다.

③ 청각장애학생의 지능에 대한 3단계 연구

청각장애학생의 지능에 대한 3단계 연구는 Furth(1966, 1971) 또는 Vernon(1967a, b) 등의 연구에서 찾아볼 수 있다. 3단계 연구는 청각장애학생의 낮은 학업성취 수준이 청력손실보다 문화적, 언어적 그리고 교육적 경험 등의 차별성에 기인한다는 시각이다. Furth(1966, 1971)와 Vernon(1967a, b)은 청각장애학생의 언어능력과 지능검사의 언어영역은 높은 상관관계가 있음을 주장하였다. 언어능력과 지능검사의 언어영역 상관관계가 청각장애학생과 가청학생이 유사하다는 점에서 3단계는 '지적으로 정상인 청각장애'로 명명된다. 특히 Ray(1979)는 청각장애학생에게 지능검사를 실시하기 전에 미리 검사방법을 연습시키는 보충교재의 적용은 가청학생과 유사한 결과에 도달하고 있음을 주장하였다. 또한 Sisco와 Anderson(1980)은 농부모의 농자녀(Deaf Children of Deaf Parents: DCDP)와 청인부모의 농자녀(Deaf Children of Hearing Parents: DCHP)를 대상으로 집단 내의 차별성을 알아보기 위한 연구를 수행하였다. 지능검사에서 DCDP가 DCHP에 비하여 높은 수행능력을 보이고 있음을 입증하였다.

④ **청각장애학생의 지능에 대한 4단계 연구**

청각장애학생의 지능에 대한 4단계는 과정지향검사의 영향으로 이해된다. Ray(1979)의 보충교재 적용과 동일한 시각은 Vygotsky(1962, 1978)의 이론에 기초한 검사-교수(중재)-검사방법에서 찾아볼 수 있다(Feuerstein, Rand, & Hoffman, 1979). 검사의 결과에 치중하는 것보다 학습의 중요성, 즉 과정을 강조하는 방안이다. 1번 문항의 정답또는 오답의 결과보다 차후에는 정답으로 인지할 수 있는 정보처리 패러다임의 중요성이 필요하다. 청각장애학생의 지능에 대한 4단계는 '지적으로도 정상이지만, 언어적으로도 정상이다'는 결론에 도달한다. 청각장애학생의 지능지수 또는 지능검사에 문제는 검사방법에 기인한다는 점이 부각되었다.

결론적으로 청각장애학생의 지능발달은 연령별 단계에서 차별성을 보일 수 있지만, 발달과정의 종착점은 가청학생과 동일하다. 청각장애학생의 지능발달에 대한 오해는 다음과 같은 사안으로 이해된다.

첫째, 검사자의 청각장애학생과의 의사소통 능력 부재에 있다. 검사방법을 인지하지 못하는 청각장애학생에게 실행방법의 설명보다는 실행 자체에 초점을 두는 경우이다.

둘째, 검사자의 검사 결과에 대한 언어적 편견이다. 음성언어를 이용하여 '사과'를 지칭하라고 하면, 음성언어에 대한 이해 부족임에도 불구하고 '사과'를 인지하지 못하는 능력으로 오해한다. 듣기검사가 아닌, 인지검사라는 점을 검사자는 숙고해야 한다.

셋째, 검사 결과의 관점보다 발달 단계에 집중해야 한다. 과정지향 또는 처리지향검사의 중요성에 천착해야 한다. 언어성 또는 비언어성 지능검사는 지능을 나타내는 부분에 불과하다는 점을 인식하고 학습에 영향을 미치는 요인을 분석해야 한다. 결과에 치중하면 학업성취 수준의 미래지향적 예측에서 제한적이다.

넷째, 검사자의 전문성이다. 청각장애학생의 특성을 알고 검사 결과에 미치는 요인을 분석 또는 사전에 인지할 수 있어야 한다. 청각장애학생의 문화적 및 언어적 특성에 민감한 전문성이 전제될 때 검사과정과 결과에 대한 해석이 교육적으로 유용한 자료로 활용될 수 있다.

5. 도덕성발달

Kohlberg(1984)는 Piaget의 인지발달 이론에 기초하여 도덕성발달 단계를 제안하였다. Kohlberg의 도덕성발달 이론에서 제시하는 3개의 기본적 개념은 구조적 조직, 발달의 계열성 그리고 상호작용주의이다. 도덕성발달의 기본적 개념이 Piaget의 인지발달에 대한 이론적 배경과 흡사함을 알 수 있다.

1) 기본적 개념

(1) 구조적 조직
인지구조의 조직은 개인생활과 사회생활 등에서 임의의 결정을 내리는 방식이다.

(2) 발달의 계열성
인지발달에서 낮은 계열의 발달이 보장될 때 상위 계열로 발달이 전개된다.
영유아기의 옹알이, 낯가림, 대상영속성, 모방, 놀잇감 사용 능력 등은 인지기술을 습득하는 단계를 예측할 수 있디.

(3) 상호작용주의
도덕성발달은 인간과 환경의 관계라는 상호성에 기초한다.
사회적 관계형성을 위해서 지켜야 하는 규칙과 기다림, 적절한 표현방법 등의 긍정적 기술을 필요로 한다.

2) 도덕성발달 단계

Kohlberg의 도덕성발달 단계는 3개의 수준으로 구분하고 있다. 각 수준에서는 2개의 단계를 포함하고 있다. 도덕성발달의 6단계에 대한 구분과 특성은 〈표 3-3〉과 같이 정리된다.

〈표 3-3〉 Kohlberg의 도덕성발달 단계

수 준	단 계	하인즈 이야기의 특성
제1수준 (인습 이전의 수준)	1단계: 벌과 복종의 단계	남편의 훔치는 행동은 나쁘므로 경찰이 잡아간다.
	2단계: 도구적 목적과 교환의 단계	아내를 사랑하므로 약을 훔칠 수도 있다.
제2수준 (인습 수준)	3단계: 착한 아이 지향의 단계	아내를 살리려는 남편의 의도는 착함이므로 훔칠 수 있다.
	4단계: 사회질서 및 권위 유지의 단계	사회질서 차원에서 훔치는 행동은 나쁘다.
제3수준 (인습 이후의 수준)	5단계: 민주적으로 용인된 법의 단계	법과 도덕성은 사회의 민주적 유용성과 합의에 따라 수정될 수 있다.
	6단계: 보편적 원리의 단계	도덕적 원리에 따라 선택한 양심적 행동에 대한 판단은 상황에 따라 달라질 수 있다.

청각장애학생의 도덕성발달에 대한 연구는 다음과 같이 요약된다. 윤은희(2018)는 청각장애학생의 도덕성발달 특성을 알아보기 위하여 한국판 DIT(Defining Issues Test)를 적용하였다. 청각장애학교에 재학 중인 청각장애학생 131명과 가청학생 118명을 연구대상으로 적용하였다. 청각장애학생의 도덕성발달은 가청학생과 차별적이었다. 집단에 대한 차이는 나타났지만, 학년에 대한 차이는 없는 것으로 나타났다. 이와 같은 결과는 청각장애학생의 도덕성발달도 발달이라는 차원에서 접근해야 함을 알 수 있다. 청각장애학생의 도덕성발달에 대한 가청학생과의 차별성은 시각기능에 의존하는 직관적 사고 및 문장에 대한 이해력 부족 등이 주요 원인이었다. 청각장애학생의 직관적 사고는 잘못에 대한 이해보다 범죄로 인식하는 도덕성발달로 연계된다. 아내를 위해 약을 훔치는 '남편의 고민' 문항과 '탈옥수'에 대한 행동 선택 문항은 절도와 탈옥이라는 범죄가 지배적으로 작동되는 구조이다. 반면, '환자의 애원' 문항은 도덕적으로 나쁨보다 아픔이라는 구조가 우선되는 문항의 특성으로 이해된다. 문항의 특성에 따라서 청각장애학생의 도덕성발달 특성이 달라진다. 청각장애학생의 장애 정체성이 확립될수록 도덕성발달 특성 또한 고착되는데, 사회의 규범과 법 준수의 의무감도 높아진다. 청각장애학생의 성별, 통합교육 경험 등의 배경 변인별에 따라서 차별성이 있는 경우도 있지만,

인습 이후 수준에서의 도덕 판단력은 차별성이 없다. 인지발달의 연령별 특성이 학령기에 초점을 두고 있는 Piaget의 인지발달 단계와 유사한 특성임을 알 수 있다.

6. 가족 지원

청각장애학생의 성장배경에 가청부모가 있다. 우리나라 청각장애학생 중에서 부모가 모두 청각장애인 경우는 약 1.5%에 불과하다. 어머니 또는 아버지가 청각장애인 경우는 각각 4.6%와 5.3%에 해당한다. 따라서 청각장애학생의 약 95%는 가청부모에 의해 양육된다고 할 수 있다(최성규, 2020).

가청부모의 청각장애자녀 양육은 다른 별에서 온 자녀를 지구의 부모가 양육한다고 비유된다. 지구의 부모는 우주의 텔레파시를 인지하지 못하고, 우주인은 지구의 말을 알아듣지 못한다. 청각장애학생의 가족 지원은 의사소통의 중요성에 천착해야 하는 당위성이다.

청각장애자녀를 양육하는 부모의 의사소통 유형에서 수화언어 사용은 약 5%에 불과하다. 따라서 청각장애자녀 또는 가족이 사용하는 의사소통은 음성언어에 의존하고 있음을 알 수 있다. 비록 음성언어에 의존하는 가족 환경이라고 하더라도 어머니 및 아버지 역할의 중요성이 강조되어야 한다. 어머니의 애정과 얼굴표정은 청각장애자녀의 사회정서적 발달에 영향을 미친다는 것은 이미 서술하였다. 아버지 역시 청각장애자녀와의 놀이 또는 신체적 접촉을 통한 반응 양식은 어머니의 역할과 함께 발육에 긍정적인 영향을 미친다. 아버지의 자녀에 대한 긍정적 인식 및 상호작용 빈도 등은 신체적 발육뿐만 아니라, 자아 및 성적 역할의 인지에도 긍정적 영향을 제공한다(오혜정, 2016).

오늘날 우리의 가족 구성원은 단순화되고 있다. 부모 및 1명의 자녀 또는 3명 이하의 형제자매가 대부분이다. 청각장애학생 중에서 형 또는 오빠가 1명(21%) 또는 없는 경우(79%)이다. 남동생이 1명(39.7%), 2명(0.8%) 그리고 없는 경우(60%)로 요약된다. 언니 또는 누나가 1명인 경우(81.7%), 2명인 경우(0.8%) 그리고 없는 경우(81.7%)로 정리된다. 여동생이 1명인 경우(18.3%)와 없는 경우(81.7%)이다. 조부모와 함께 생활하는 청각장애학생은 3.1%에 불과하였다. 따라서 청각장애학생의 가족 구성원도 사회의 변화에 따라서 핵가족화가 되어 있음을 알 수 있다.

우리나라의 자녀 양육에 대한 주 역할은 어머니 몫으로 인식된다. 아버지는 경제적 지원을 책임지는 사람으로 간주되기 쉽다. 어머니의 정서적 및 아버지의 경제적 지원의 중요성도 필요하지만, 부모에 의한 청각장애자녀를 위한 양육의 중요성은 아무리 강조해도 지나치지 않다. 부모로부터 인식되는 성인지 및 정체성, 개인 및 사회적 상호작용의 중요성 인지, 자기효능감 증진 등과 같은 다양한 요소는 성장기 및 사춘기에 영향을 미친다. 부모의 청각장애자녀에 대한 가족에서의 믿음과 사랑은 청각장애자녀의 전인적 성장을 위한 원동력이다(정승희, 2011).

형제자매가 있는 경우, 그들의 역할 또한 중요하다. 부모는 형제자매의 청각장애자녀에 대한 긍정적 인식 및 지원의 필요성을 인지시킬 필요가 있다. 손위 형제자매의 청각장애 동생에 대한 긍정적 인식은 청각장애학생의 전인적 발달에 바람직한 영향을 제공한다. 반면, 부정적 인식이 강할수록 가족 중재가 어렵다고 여러 선행연구에서는 강조한다. 청각장애학생은 부모 및 형제자매와의 원만한 상호작용을 통하여 정보를 공유하고 자신의 생각을 표현할 수 있는 기회를 받는다. 반면, 부정적 환경에 노출될 경우, 자신이 참여할 수 있는 기회박탈 또는 형제자매와의 충돌 등은 사회적 고립감을 가속시키는 계기로 작용한다.

다음은 청각장애자녀를 위한 부모 및 형제자매를 위한 가족 지원에서 실질적으로 적용할 수 있는 의사소통 방법에 대하여 설명하고자 한다. 청각장애학생을 위한 가족 지원의 해답은 부모 및 형제자매의 인내와 기다림이다. 장독립적 인성발달을 견인할 수 있는 자산으로 작용한다. 청각장애자녀는 물론이고 부모 및 형제자매 모두의 전인적 발달 및 부정적 스트레스 해소에 도움이 된다.

다음과 같은 시나리오를 예상해 본다.

(사례 1)

상황 설명: 청각장애학생의 이름은 민수다. 민수가 거실에서 혼자 놀고 있다. 어머니는 수화언어를 구사하지 못하는 가청인이며, 주방에서 설거지를 하고 있는 중이다. 어머니가 민수를 불러서 국어 숙제를 했는지 확인하고 싶어 한다.

> 어머니: (민수야! 라고 부르면 소리를 들을 수 없지! 그래서 어머니는 민수가 있는 거실로 걸어간다.) 민수야! 하고 부르면서 손으로 어깨를 친다.
>
> 민수: 어머니를 쳐다본다.
>
> 어머니: 국어 숙제했어?(몸짓 또는 음성언어로 의사소통한다.)
>
> 민수: (고개를 저으면서) 아니!(라고 반응한다.)
>
> 어머니: (민수의 손을 잡고 책상으로 가서 국어 숙제를 하도록 지시한다.)
>
> 민수: (어머니의 의도에 따라서 국어 숙제를 한다.)

일상적인 의사소통 방법이다. 그러나 민수는 어머니의 의도에 따라 수동적인 행동만 수행했음을 알아야 한다. 민수가 능동적으로 숙제를 할 수 있도록 해야 한다. 유사한 상황에서 다음과 같은 시나리오도 있다.

> (사례 2)
>
> 어머니: 주방에서 몇 걸음 나아가서 거실에서 블록 놀이를 하고 있는 민수를 볼 수 있는 곳까지 이동한다.
>
> 어머니: 민수를 쳐다보면서 기다린다. 민수와 어머니가 눈이 마주친다. 이때 어머니는 민수에게 웃음으로 반응한다.
>
> 민수: 어머니의 웃음을 보면서 의도를 알아챈다.
>
> 어머니: (만약 민수가 어머니의 의도를 모를 때는 어머니는 계속해서 웃음으로 기다린다.) 도저히 인지하지 못할 경우에는 어머니가 책상으로 혼자 이동한다.
>
> (계속해서 인지하지 못할 경우, 국어책을 어머니가 펼치면서 웃음으로 요구한다.)

형제자매도 청각장애학생이 그들의 의도를 알아차릴 때까지 인내와 기다림이 필요하다고 가르쳐야 한다. 인내와 기다림을 통하여 가청 형제자매와 청각장애학생의 인성 발달 및 가족의 필요성에 대한 공감대를 형성할 수 있다. 모두에게 사회적 상호작용 방법을 지도할 수 있으며, 부모의 스트레스 완화에 도움을 제공하는 결과로 회귀된다.

☐ 확인학습

1. 청각장애학생의 출현율, 원인 및 청력손실 시기 등에 대한 통계의 차이가 심한 이유에 대하여 이해할 수 있다.

2. 청각장애학생의 선천성과 유전성의 차이에 대하여 설명할 수 있다.

3. 청각장애자녀의 정서 및 인성발달에서 부정적인 영향이 최소화되는 이유에 대하여 설명할 수 있다.

4. 청각장애학생의 인성발달에서 나타나는 장의존성과 장독립성의 형성 원인에 대하여 설명할 수 있다.

5. 청각장애학생의 지능에 대한 4단계 연구에 영향을 미치는 주요 배경은 무엇인지 설명할 수 있다.

6. 청각장애학생을 위한 가족 지원에서 요구되는 부모와 형제자매의 덕목에 대하여 설명할 수 있다.

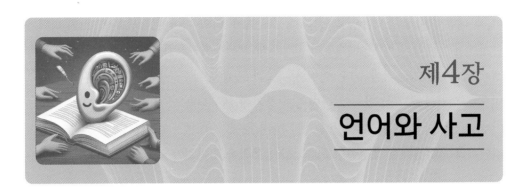

제4장
언어와 사고

언어와 사고는 상호작용한다. 언어발달 이론은 행동주의, 언어습득장치 중심의 생득론, 인지발달 이론, 사회적 상호작용 등과 같이 자신의 학문적 배경에 기초한다. 그러나 언어와 사고는 상호작용한다는 원리에 대해서는 모든 언어학자가 동의한다. 언어학에서 설명되는 언어와 사고의 보편적 원리는 다음과 같다.

첫째, 언어와 사고는 상호작용한다.

둘째, 듣지 못한 의미 있는 발성은 말로 표현할 수 없다.

셋째, 보지 못한 의미 있는 문자는 글로 쓸 수 없다.

위의 세 가지 원리의 공통점은 의미 있는 상호작용이다. 부모와 유아동의 언어와 사고의 상호작용, 듣고 말하기의 상호작용, 보고 쓰기의 상호작용 등이 있다. '사고와 언어'와 '언어와 사고'는 동의어지만, 이 책에서는 언어 중심의 사고라는 관점에서 '언어와 사고'라는 용어를 사용하고자 한다.

1. 언어와 사고의 이해

인간은 출생할 때 언어와 사고의 영역이 구분되어 있다. 즉, 언어와 사고는 독립적이다. 아베롱의 야생 소년(The wild boy Aveyrom) 빅터의 이야기를 생각해 보면, 빅터가 야생에서 늑대와 함께 만 10세까지 건강하게 성장할 수 있었던 것은 건강한 신체로 야생에 버려졌을 가능성이 높다. 언어와 사고가 독립적으로 구분된 뇌를 가진 건강한 소년으로 성장하였지만, 언어의 폭발적 팽창기에 해당되는 만 2~3세경에 늑대 부모는 야생 소년에게 언어적 상호작용을 제공하지 못했다. 아베롱의 야생 소년 빅터는 늑대 집단이라는 환경에서 음성언어를 습득할 상호작용의 기회가 없었던 것이다.

1) 계통발생학과 개체발생학의 이해

언어는 계통발생학과 개체발생학으로 구분하여 설명할 수 있지만, 환경의 영향이 지배적이라는 차원에서 개체발생학적 특성이 강하다. 사고 또한 개체발생학과 계통발생학 영역으로 구분하여 설명할 수 있지만, 언어와 함께 설명할 때 사고는 계통발생학적 성향이 지배적이다.

계통발생학적 차원에서 사고 이전의 언어는 옹알이와 /맘마/ 등과 같은 발성이 해당된다. 사고 이후의 언어는 문법적 구조에 맞추어 언어를 사용하는 능력이다. 개체발생학적 차원에서 언어 이전의 사고는 울음으로 설명될 수 있으며, 언어 이후의 사고는 논리적 사고로 설명할 수 있다. 다음의 〈표 4-1〉과 같이 설명된다.

〈표 4-1〉 계통발생학과 개체발생학 차원의 사고와 언어의 관계

계통발생학		개체발생학	
사고 이전의 언어	옹알이, /맘마/ 발성	언어 이전의 사고	울음
사고 이후의 언어	문법적 언어	언어 이후의 사고	논리적 사고

계통발생학과 개체발생학 영역은 서로 독립적으로 발달하다가 어느 시점이 되면 중첩되기 시작하면서 사고는 사회에서 통용되는 말(언어)과 상호작용한다.

2) 컴퓨터를 통한 언어와 사고의 이해

한국, 미국, 일본에서 성장한 아동은 각각 한국어, 영어, 일본어를 사용한다. 사고는 유사하게 발달했지만, 각자 다른 언어를 사용한다. 이와 같은 상황을 컴퓨터에 적용해 보면 컴퓨터의 사양과 하드웨어의 용량이 같은 세 대의 컴퓨터가 있을 때 세 대의 컴퓨터에 각각 한글, 영어, 일본어 프로그램을 셋업(setup, 입력)했다고 가정한다. 이때 세 대의 컴퓨터는 각 국가의 언어와 상호작용하게 되므로 한국어를 입력한 컴퓨터에서는 일본어로 과제를 수행할 수 없다.

언어(소프트웨어)는 개체발생학적으로 환경적 요인에 영향을 받는다. 사고(하드웨어)는 셋업된 소프트웨어에 의해 작동된다. 그러나 사고(하드웨어)가 제대로 작동하지 않으면 언어(소프트웨어)는 무용지물이 된다. 즉, 언어와 사고는 상호작용해야 한다.

하드웨어에 프로그램을 셋업할 때, 먼저 디스크 운영 체제(Disk Operating System: DOS)를 작동시켜야 한다. 하드웨어에 프로그램을 셋업시키기 위한 작동 프로그램이다. 언어와 사고의 공통된 영역에서 상호작용할 수 있는 DOS의 역할을 담당하는 영역이 있어야 한다. 언어발달에서 /맘마/ 등의 발성이 언어와 사고를 상호작용시키는 DOS 역할을 담당한다.

컴퓨터에서 한글로 '청각장애학생의 언어와 사고' 과제를 작성하여 저장했다고 가정한다. 한글로 작성된 내용은 '언어'에 해당하고, '청각장애 과제'라는 이름으로 저장된 정보는 '사고'에 해당한다. 다음 날 컴퓨터에서 '청각장애 과제'를 확장했다. 하드웨어, 즉 사고에서 언어를 불러낸 것이다. 과제를 컴퓨터에서 반복해서 불러낼 때마다. 회상되는 속도는 점점 빨라진다. 자주 사용한 정보는 빨리 인출된다. 학습의 반복 효과이다. 그런데 컴퓨터의 하드웨어에 문제가 생기면 저장된 과제를 불러올 수 없다. 다양한 정보의 양과 횟수 등을 다양화하고 자주 회상할 수 있다면, 저장한 정보를 쉽게 인출할 수 있으면서 하드웨어, 즉 사고를 활성화할 수 있다. 또한 하드웨어 용량이 아주 크다고 하더라도 언어라는 한글 프로그램을 셋업하지 않으면 한글을 사용할 수 없다. 언어와 사고의 관계는 일방적이 아닌 상호보완적이다. 사고가 있어야 언어가 있고, 언어가 있어야 사고가 활성화된다. 사고의 발달은 언어에 의해 지속된다.

3) 유아와 성인의 언어와 사고

유아의 언어와 사고는 독립적으로 발달한다. 그러나 성인의 언어와 사고는 영역을 구분하기가 쉽지 않다. 사고할 수 있으므로 언어로 표현할 수 있고, 언어가 저장되어 있기에 정보를 인출하여 사고할 수 있다. 우리는 언어와 사고를 구분하기보다 동시에 작동시킨다. 사고가 있기에 언어가 있고, 언어가 있기에 사고할 수 있다.

인간의 뇌는 성장하면서 계통발생학과 개체발생학으로 구분되었던 영역이 점점 일치하는 변화과정을 거친다. 물론 순수한 언어 영역과 고유의 사고 영역이 존재하는 것을 부정하는 것은 아니다. 사고영역(하드웨어)에는 언어영역(소프트웨어)을 포함한 다른 영역(소프트웨어)도 함께 존재한다. 마치 컴퓨터의 하드웨어에 한글만이 아니라, SPSS 통계, 오피스 프로그램도 함께 셋업되어 있는 것처럼 사고의 영역이 언어의 용량보다 훨씬 크다.

계통발생학과 개체발생학의 영역이 점점 하나로 중첩되기 시작하는 시기는 생후 10개월이 지나면서 발성하는 /맘마/와 관련이 깊다. 부모는 /맘마/를 /엄마/ 또는 /밥/ 등으로 연계시키고, 점차 확장시킨다. /맘마/는 언어와 사고를 상호작용시키는 DOS 역할을 담당한다. 유아는 확장되는 말에 반응하면서 부모와 음성을 통한 언어적 상호작용을 시작한다. 계통발생학과 개체발생학의 구분된 특성이 점차 하나로 합쳐지는 과정으로 진행된다. 다음의 [그림 4-1]은 언어와 사고의 유아기와 성인기를 구분된 특성을 설명하고 있다.

[그림 4-1] 유아와 성인의 언어와 사고의 구분

유아의 언어와 사고의 관계에서 조금이나마 겹치는 부분이 있다. 앞에서 설명한 컴퓨터의 하드웨어와 소프트웨어를 연결하는 DOS의 역할을 담당한다. /맘마/ 발성을 기점으로 언어와 사고는 점차 왕성한 상호작용을 수행한다. 유아가 성장하면서 언어와 사고의 영역이 점점 일치하는 변화를 맞이한다. 언어가 발달하고 사고로 투영이 많아지면서 급기야 하나의 모습으로 인식된다. 언어가 있기에 사고가 가능하고, 사고가 가능하기에 언어를 사용할 수 있는 단계이다.

2. 청각장애아동의 언어와 사고의 이해

1) 가청아동과 청각장애아동의 부모와 상호작용

유아는 태어나면서 부모와 상호작용을 하며 보고 듣고 말한다. 특히 듣고 말하기는 청자와 화자로 구분되는데, 영유아기에는 부모가 화자, 유아는 청자의 입장에서 상호작용이 시작된다. 그리고 만 1세경부터 유아도 청자의 입장뿐만 아니라 화자의 역할도 의미 있게 담당할 수 있게 된다. 유아와 부모의 본격적인 상호작용이 시작되는 것이다. 언어적 상호작용의 누적은 급기야 만 2세경의 언어의 팽창기로 진행된다. 그리고 만 3세의 일대일 대응, 만 5세의 연상력 발달 등은 읽고 쓰기의 기초로 작동한다. 그러나 청각장애아동과 가청부모의 화자와 청자의 역할에서 가청유아의 경우와는 차별적이다. 결정적 차이점은 청각장애유아가 부모의 음성적 의도를 인지하지 못한다는 점이다. 화자의 의도가 청자에게 전달되지 않으면 상호작용은 기대할 수 없다.

부모와 유아의 음성적 상호작용에서 시간적 과정이 필요하며, 음성언어를 이해하는 데는 약 6,000시간이 필요하다(최성규, 2011). 부모와 유아의 음성적 상호작용에서 하루에 약 8시간 정도 상호작용한다고 가정하면 만 2년이라는 시간이 요구된다. 그러나 청각장애유아가 부모의 음성을 입력할 수 없으면, 양질의 6,000시간을 충족할 수 없다. 인지발달을 위한 성장의 관점으로도 설명할 수 있는데, Piaget의 인지발달 단계에 따른 조작적 특성의 차별성이다. 언어와 사고의 상호작용이 전제될 때 연령별 조작적 특성을 기대할 수 있다. 따라서 청각장애유아의 언어발달 지체는 발달 단계별 조작적 특성의 지체로 연계될 수 있음을 알 수 있다.

가청부모와 가청유아의 상호작용과 가청부모와 청각장애유아의 상호작용에서 나타나는 결정적 차이점은 화자의 음성적 의도가 청자에게 명확하게 또는 전혀 전달되지 않았다는 점이다. Skinner는 그의 저서『언어행동(Verbal Behavior)』에서 음성언어를 통한 행동에 초점을 두고 있다. 음성언어를 간접행위, 행동을 직접행위로 지칭하면서 언어발달은 화자가 아닌 청자 중심에서 분석되어야 한다고 주장하였다(최성규, 2011). 부모 입장에서는 화자의 역할을 담당했지만, 청각장애유아 중심에서 이해가 되지 않으면 음성을 통한 청각장애유아의 행동을 유도할 수 없다. 부모는 화자로 정보를 제공했지만, 청각장애유아는 청자의 기능을 수행할 수 없다. 이와 같은 화자와 청자의 음성언어를 통한 정보전달의 불일치는 지속된다. 가청부모와 청각장애유아의 상호작용에서 나타나는 근본적 문제를 먼저 일대일 대응과 연상력 발달에서 살펴보자.

2) 일대일 대응

일대일 대응은 음성과 문자의 음절을 각각 하나씩 대응하는 것으로 설명된다. 일반적으로 가청유아의 일대일 대응도 다음과 같은 오류 과정을 경험한다.

먼저, 발성의 음절과 문자의 음절이 일대일로 대응하기 전에 가청유아는 인지적 갈등을 경험한다. /바나나/의 3음절 발성이 문자의 {바}{나}{나}와 일치되는 것을 처음부터 인지하지 못한다. 문자는 모음과 자음으로 합성되어 있다. 그러나 자음과 모음을 각각 하나의 음절로 이해하는 인지적 갈등에 노출된다. 문자 {바}는 자음 {ㅂ}과 모음 {ㅏ}의 합성인데, 이를 합성이 아닌, 각각 하나의 독립된 음절로 이해하게 된다. 즉, {어}를 2음절로 인지한다. 발성 /바나나/에 대한 문자의 {바나나}가 일대일 대응을 이해하기 위해서는 음절이라는 개념을 알아야 하는 인지발달이 전제되어야 한다. '바나나'에 대한 문자와 발성에서 일대일 대응이 나타나기 전의 오류를 '끝말 흐리기'로 설명한다. 유아의 시각에서는 발성을 하면서 인지한 문장에서 /바나나/가 발성된 다음에서 여전히 {ㅏ 나}의 문자가 남아 있다는 점이 이해되지 않는 부분이다. 다음의 〈표 4-2〉는 문자와 발성의 일대일 대응에서 나타나는 끝말 흐리기의 '바나나'에 대한 예를 제시하고 있다.

〈표 4-2〉 바나나에 대한 문자와 발성의 일대일 대응에 대한 끝말 흐리기의 예시

문자	ㅂ	ㅏ	ㄴ	ㅏ	ㄴ	ㅏ
	↑	↑	↑	?	?	?
발성	바	나	나	~	~	~

일대일 대응에서 나타나는 끝말 흐리기 단계는 오랫동안 지속되지 않는다. 모음과 자음의 결합이라는 언어적 용어를 거창하게 사용하지 않아도 된다. 인지적 갈등이라는 인지발달을 통하여 음성과 문자의 일대일 대응을 쉽게 인지하게 된다. 그러나 인지적 갈등이 유아 발달 단계에서 나타나는 하나의 특성으로 발현되는 것을 전제한다. 지적 장애의 특성으로 일대일 대응의 문제점이 지속되는 것은 별개의 설명이다.

인지적 갈등은 다음 발전을 위한 발달 단계의 특성이다. Vygotsky는 인지적 갈등을 자발적 개념(spontaneous concept) 또는 일상적 개념(daily concept)으로 설명하고 있다. 유아의 주관적 특성으로 나타나는 일상적 개념을 통하여 잘못된 지식을 스스로 터득해 갈 수 있다. 물론 교사나 부모의 도움으로 일상적 개념이 과학적 개념으로 전이되는 수도 있지만, 일상적 개념 없이는 과학적 개념을 지도하기가 쉽지 않다(최성규, 2009).

일대일 대응의 발달에는 상호작용이라는 원리적 조건이 대입되고 있다. 일대일 대응에서 상호작용이라는 원리가 적용되기 위해서는 일차적으로 어머니 또는 보호자의 음성적 촉구가 전제된다. 어머니의 음성적 촉구는 유아에게 청각적으로 인지되어야 하지만, 청각장애유아는 청력손실로 인하여 화자의 의미를 인지하는 데 어려움을 가질 수 있다. 즉, 청각장애유아는 음성적 정보를 수용하는 것에 대한 상호작용의 어려움을 가지는 것을 알 수 있다. 상호작용이 일어날 수 있는 환경이 아니다. 청각장애유아의 부모 또는 환경과의 상호작용은 화자의 의도가 입력(input)되는 조건이 우선되어야 함을 알 수 있다.

학교 교육 현장에서도 유사한 사례가 관찰된다. 교사, 즉 화자가 청각장애유아에게 음성적 정보를 전달했음에도 불구하고, 청자, 즉 청각장애유아는 아무런 반응도 보이지 않는다. 상호작용이 일어날 수 있는 언어적 의사소통은 화자의 입장에서 이해해야 한다는 Skinner의 주장을 언어발달 관점에서 조망해야 한다.

3) 연상력

만 5세경이 되면 읽고 쓰기가 가능하다. 조기교육의 영향으로 만 4세가 되어도 읽고 쓰기가 가능한 유아가 늘어나고 있다. 문자를 보면서 다른 문자를 생각할 수 있는 능력을 연상력이라고 한다. 연상력은 학교 교육에서 받아쓰기와 밀접하게 관련된다.

연상력이 발달하기 전의 쓰기는 끼적이기(긁적이기), 글자처럼 보이는 문자를 쓰는 창안단계, 그리고 발음대로 쓰는 단계 등이 선행된다. 연상력에 대한 이해는 문자지도를 위한 전제 조건이다.

연상력이 발달하지 않아도 문자를 쓸 수 있다. 시각적 훈련 또는 반복적 쓰기로도 문자를 쓸 수 있다. 연상력이 인지적으로 발달하지 않은 유아도 {어머니} {아버지} 등과 같은 '통문자'를 쓸 수 있다. 지속적인 훈련으로 가능한 일이다. 그러나 통문자는 쓸 수 있지만, 낱문자는 쓸 수 없다면 연상력 발달이 진행되지 않았음을 알아야 한다.

'ㄴ' 자로 시각하는 말(문자)은 나무, 나비, 나사, 나팔 등이 있다. 'ㅁ' 자로 시작하는 말(문자)은 모자, 모기, 모래, 모빌 등이 있다. 학습지에서 많이 사용하고 있는 읽기 또는 쓰기지도 전략이다. 연상력 발달을 위한 교수 방법이다.

연상력은 쓰기와 함께 읽기에도 영향을 미친다. 그러므로 그림을 보고 읽기를 배우는 유아는 먼저 그림과 어휘의 일대일 관계에 의존한다. 그림 없이는 독자적으로 글자를 읽지 못한다. {사슴}과 {노루}는 똑같이 2음절이다. 노루와 사슴을 그림만으로 인지할 수 있는 나이가 아니므로 두 어휘에 대한 구분에 어려움이 있다. 이때 그림이 유사하면 글자의 개수가 같은 것으로 파악하게 되어 오류가 나타나고, 이러한 오류 현상이 나타나면 아직은 문자 인식을 위한 연상력 발달이 이루어지지 않은 것으로 볼 수 있다.

연상력 발달은 음성과 문자의 관련성을 나타낸 일대일 대응의 연속적 영향임을 알아야 한다. '김나미'라는 친구의 이름을 보게 되면, 문자에 대한 연상력이 발동된다. '김'은 '김밥'의 '김'이네! '나'는 '나비' 할 때 '나'구나! '미'는 '미술' 할 때 '미'네! 각각의 문자에 대한 의미 있는 단어(어휘)와 연결하는 능력이 연상력이다. 연상력이 발달하지 않으면 받아쓰기가 어렵다. 지적장애학생 중에서 통문자는 쓸 수 있으나, 낱문자를 쓰지 못하는 학생의 경우는 정신연령이 만 5세경이 되지 않았음을 알 수 있다(최성규, 2011). 물론 정신연령은 {정신연령(MA)/생활연령(CA)} × 100 = IQ로 산출하는 숫자를 의미하는 것은 아니다. (MA/CA) × 100 = IQ 수치는 지적장애학생의 정신연령을 산출하는 공식으로 사용하면 안된다(최성규, 황석윤, 2009). 1912년 독일의 심리학자 Stern이 이 공식을 제안하면서, 지적장애학생에게 적용하기에는 적합하지 않다고 하였다. 정상적인 발달을 보이는 아동에게 적용할 수 있는 공식을 특수교육에서 여과 없이 사용한 것으로 이해된다. 지적장애학생의 정신연령에 적합한 언어발달 연령 및 특성을 알아보기 위한 공식은 최성규와 황석윤(2009)의 연구를 참고할 수도 있다.

일대일 대응과 연상력 발달이 전제되지 않은 청각장애아동에게 받아쓰기를 기대하는 것은 불가능한 과제이다. 음성과 문자의 관계를 이해하지 못하기 때문이다. 교사의 정확한 발음에 대한 입력(input)이 전제되어도 발음과 문자의 관계를 인지하는 단계 또는 수준에 따라서 받아쓰기 역량은 심한 개인차를 보인다. 입력이라는 어휘를 input이라는 영어와 함께 계속해서 반복적으로 제시하는 것은 입력 이상의 의미를 내포함을 강조하기 위함이다.

아베롱의 야생 소년을 상상해 보자. 건강한 신체를 가지고 있음에도 불구하고 말을 할 수 없었던 이유는 타고난 건강(계통발생학)이 아닌, 부모 또는 보호자의 음성을 통한 상호작용(개체발생학)의 중요성이 원인으로 전제된다. 청각장애유아의 음성을 통한 부모와의 상호작용에서 정보의 입력(input)이 전제되는 조건임을 알아야 한다. 늑대 가족은 음성언어를 사용할 수 없었지만, 가청부모의 음성언어는 청각장애유아에게 입력되지 않았다는 점에서 언어와 사고의 상호작용이 일어나지 않았다는 점은 구조적으로 유사하다.

3. 정보처리 모형

정보는 환경에서 입력된다. 수집된 정보는 ① 감각기관을 통해 인지되고, ② 작동기억과 단기기억을 통해, ③ 장기기억에 저장된다. 장기기억의 정보는 다시 감각기관을 통해 표현되는 순환모형이다. 순환모형을 통하여 정보의 수정 또는 보완이 수행되면서 다시 장기기억에 저장된다.

수정 또는 보완된 새로운 정보는 과거에 입력된 정보와 함께 공존한다는 것이 흥미롭다. 잘못된 정보를 새로운 정보가 덮어쓰기로 없어지는 것이 아니다. 새로운 지식(과학적 개념)을 지도할 때, 이전의 지식(자발적 개념)을 활용한다. 교수학습에서 동기부여가 되지 않는 경우는 ① 교사의 흥미 있는 주제 선정 미비, ② 교사의 학습자를 위한 자발적 개념의 활용 미비, ③ 학습자의 자발적 개념 미비 등이 있다. Vygotsky는 교수법에서 잘못된 지식의 활용은 과학적 지식을 전달하는 비계설정의 발판으로 작용한다고 하였다(최성규, 2009). 청각장애학생의 교수학습에서 낮은 학업 성취 수준이 경험의 한계로 자주 언급된다(최성규, 2008). 국어와는 달리 수학 또는 과학 등과 같은 인지가 적용되는 교과에서 청각장애학생의 낮은 성취 수준을 경험의 부재가 주요 원인으로 지적된다. 청각장애학생의 인지 및 지능은 가청학생과 유사한 수준임에도 불구하고 수학과 과학에서도 국어와 유사하게 낮은 성취 수준을 나타낸다. 수학교과에서 분리수거방법, 옷 가게에서의 할인 등과 같은 내용을 쉽게 이해하지 못하는 이유, 과학교과에서일교차, 빛의 역할, 고구마 순의 성장 속도의 차이 등을 설명하기 어려운 이유 등이 가정에서 누적된 경험의 부재가 주요 원인이다.

정보처리 모형은 청각장애학생의 언어적 정보를 기억, 저장, 인출, 재구성하는 과정을 이해할 수 있는 알고리즘이다. 청각장애학생의 정보처리 모형도 가청학생과 동일하다. 다만 청각장애학생의 정보처리 모형에서 보편성과 특수성을 살펴보면, 언어와 사고의 상호작용 및 교수학습의 차별적 전략의 필요성 등을 쉽게 이해할 수 있을 것이다.

1) 감각기관의 정보처리

동물은 오감을 통하여 정보를 수집한다. 촉각, 후각, 미각으로 입력된 감각정보를 처리하기 위해서는 1~2초의 시간이 필요할 뿐이다. 자동차 열쇠를 손바닥 위에 올려 두면 눈을 감고도 1초 만에 자동차 열쇠의 실체를 인지할 수 있다. 만약 특이한 모양의 자동차 열쇠를 손바닥 위에 두게 되면 10초가 지난 후에도 맞추지 못할 수 있다. 눈을 뜨고 "아! 자동차 열쇠구나! 그런데 참으로 이상한 모양이다. 이런 모양의 자동차 열쇠도 있구나!"라고 인지하면서 새로운 정보를 단기기억을 통하여 장기기억에 저장하게 된다. 다음에는 그 이상한 모양의 자동차 열쇠를 눈을 감고 손바닥에 올려 두면 1초 만에 실체를 인지할 수 있다. 정보가 저장된 결과이다. 청각장애학생의 촉각, 후각, 미각도

가청학생과 동일한 정보처리 절차를 가진다.

　청각정보는 청력손실정도에 따라 인지에 대한 양질의 차이를 보인다. 시각정보는 선택적 집중의 유무와 정도에 따라 달라진다. 단순히 시각적으로 보이는 것과 관심의 정도와 집중의 필요에 따라 정보처리의 모드는 달라진다. 그러나 분명한 것은 감각기관 정보처리는 독자적으로 수행되기도 하고, 단기기억과 장기기억이 연동되기도 한다.

　정보처리에 대한 독자적 처리는 시냅스(synapse)에 의해 결정된다. 시냅스는 세포를 둘러싸고 있는 신경처리망으로 2~3개의 정보처리 정거장이 있다. 정보처리 정거장에서는 전달되는 정보의 수준과 내용에 따라서 정보를 무시하여 소멸시키기도 하고, 필요에 따라서 다음 정거장으로 정보를 전달하기도 한다. 감각기관으로 전달되는 정보는 시냅스에 의해 소멸하거나 다음 정거장으로 전달된 정보는 필요에 따라 최종적으로 대뇌의 지시로 임의의 결과가 수행된다.

2) 작업기억

　작업기억은 기억을 담당하지만, 능동적으로 정보를 처리할 수 있는 특성을 간과해서는 안 된다. 또한 입력된 정보의 처리과정을 자체적으로 결정할 수 있다. 입력된 정보를 일시적으로 보관할 수도 있으며, 다음의 단계를 기획하고 순서를 결정하여 기능을 수행하도록 정보를 처리하는 단기기억의 일종이다. 물론 과거에는 작업기억을 단기기억과 동의어로 사용되기도 하였지만, 오늘날 다양한 연구에 기초하여 단기기억 수행의 영역으로 이해되기도 한다. 다만 작업기억이 단기기억과 동일 또는 유사하게 이해되는 특성은 처리할 수 있는 정보의 용량이 상대적으로 작다는 것과 저장 시간의 지속성이 상대적으로 짧다는 점이다. 용량과 지속성이라는 특성이 단기기억의 특성과 유사하지만, 오늘날 작업기억의 고유 특성이 조명되고 있다.

　작업기억은 조음루프, 시공간 스케치판 그리고 중앙집행기의 세 가지 성분으로 구성된다. 세 가지 성분의 특성을 요약하면서 청각장애학생의 시공간 감각에 대한 시사점을 함께 제시하고자 한다.

(1) 조음루프

조음루프는 시각적 또는 청각적 단어와 정보를 저장하는 역할을 담당한다. 조음루프는 두 가지 하위 성분이 있다. 하나는 음운저장고이고, 다른 하나는 조음통제과정이다.

음운저장고는 2초 이내의 짧은 시간 동안 언어정보를 저장하는 역할을 담당한다. 저장된 언어정보를 계속해서 시연하지 않으면 소멸한다.

조음통제과정은 두 가지의 주요 기능을 가지고 있다. 하나의 기능은 입력된 시각정보를 음성언어 기반의 부호로 번역(음운 부호화)하여 음운저장고에 전달하는 역할이다. 또 다른 하나의 기능은 시연이다. 음운저장고에서 2초 이내에 소멸될 수 있는 정보를 유지할 수 있도록 시연을 담당한다. 조음통제과정은 입으로 소리를 내어 말하는 시연과 유사하게 하위 음성적 시연을 통제할 수 있다.

청각장애학생의 수어, 즉 시각적 정보도 조음통제과정에서 음운부호화로 변환되면서 음운저장고에 저장될 수 있다. 물론 2초 이내에 소멸될 수도 있다. 수어를 통한 정보처리가 진행되는 동안 정보의 저장을 유지하기 위하여 음성언어에 기반한 표상으로 부호화하여 음운저장고에 전달한다. 수어의 형태소에 해당하는 수위, 수동, 수형 등의 유사성을 구분할 수 있는 능력 등은 조음루프의 특성을 대변한다(Mac Sweeney, Campbell, & Donlan, 1996; Campbell, Mac Sweeney, & Waters, 2008).

(2) 시공간 스케치판

시공간 스케치판은 문자 그대로 시각정보와 공간정보를 동시에 저장하는 역할로 설명된다. 청각적 정보를 입력하면서도 시각화할 수 있다. 예를 들면, 친구가 집을 알려주는 설명(약도)을 들으면서 공간적으로 회상할 수 있다. 또는 전화번호를 외우면서도 운전을 할 수 있다. 주차장에 대한 시공간 정보를 인지할 수 있는 능력은 눈으로 보지 않아도 시각적 및 공간적 정보를 회상하는, 즉 시공간 스케치판의 역할로 설명된다.

청각장애학생의 수어에 대한 관점은 두 가지 차원에서 접근할 수 있다. 하나는 언어적 자질을 가지는 것이고, 다른 하나는 시공간적 자질로 설명된다. 언어적 자질 또는 시공간적 자질로 설명되어도 수어는 시공간 스케치판에서 동시에 저장되고 처리될 수 있다(Andin, Fransson, Dahlström, Rönnberg, & Rudner, 2019). 다만 수어가 언어로 설명되지 않는 경우가 있다. 단순히 몸동작으로 전달되는 의사소통에 한정할 때도 있다. 단순한 몸동작은 음운 부호화를 가질 수 없으므로 시공간적 자질에 의한 정보전달 체제만 작동될 뿐이다. 입력된 정보에 대한 단순 처리는 위계적 과정으로 연계되지 않는다는 점에서 다음의 중앙집행기와 상보적 역할을 기대하기 어렵다. 부호화의 한계는 장기기억의 정보전달과 인출에서의 호환이 어렵다는 점에서 언어적 자질이 가지는 장점인 고등사고 기능의 촉진에 한계로 작용할 수 있다.

(3) 중앙집행기

신호등이 꺼진 교차로에서 교통을 정리하는 교통경찰이 중앙집행기의 역할로 비유된다. 중앙집행기는 조음루프와 시공간 스케치판의 정보만이 아니라, 장기기억으로의 정보전달 또는 장기기억의 정보를 인출하는 역할을 담당한다. 중앙집행기의 역할에는 정보의 인출, 적용, 분산 또는 무관련 정보의 억제 등도 있다. 해야 할 일과 하지 말아야 할 일을 구분하기도 하고, 조음루프와 시공간 스케치판의 정보처리 과정을 조정하기도 한다. 다만 중앙집행기는 조음루프와 시공간 스케치판과는 달리 정보의 통합과 처리과정에는 관여하지만, 정보를 저장하지는 않는다.

수어는 시공간에서 언어정보를 전달하는 의사소통 방법이다. 시각적으로 입력된 정보를 조음루프에서 언어적 정보에 대한 음운 부호화를 생성하지만, 동시에 시공간 스케치판에서 시공간적 정보를 저장한다. 조음루프와 시공간 스케치판의 조정을 통하여 음운부호화와 시공간 표상을 함께 통제하고 활용 또는 호환시킬 수 있다(McCullough & Emmorey, 2021). 청각장애학생의 수어가 언어라는 관점에서는 조음루프의 영향을 받고 시공간적 관점에서는 시공간 스케치판의 역할이 전제됨을 알 수 있다. 특히 수어의 시공간적 언어를 음운 부호화로 접근시키지 않아도, 중앙집행기는 수어를 언어로 인식하게 됨으로써 조음루프와 시공간 스케치판의 호환으로 언어 자질이 형성되고 장기기억으로 정보 전달이 가능해진다.

3) 단기기억

단기기억과 작업기억은 동의어로 보는 것이 일상적 이론이지만, 단기기억의 역할에서 작업기억의 특성을 앞에서 따로 설명하였다. 이 교재에서는 작업기억과 단기기억의 동질성 또는 이질성보다는 각 기억의 특성에 대하여 설명하고자 한다. 단기기억의 특성은 세 가지로 설명할 수 있다.

첫째, 능동적이다. 감각기관으로 입력된 정보를 저장하고, 정보의 성격에 따라 장기기억으로 정보를 전달한다. 단기기억에 입력된 정보는 20~30초 정도 머문다. 저장할 수 있는 정보의 양도 제한적이다. 시각적 정보는 4(±2)군 단위(unit), 청각적 정보는 7(±2)군 단위로 저장할 수 있다. 그러나 군 단위에서 연합(chunk)을 사용하면 기억의 궁전으로 비유할 수 있는 많은 정보를 수월하게 저장할 수 있다.

둘째, 제약성이다. 정보의 저장에서 용량과 시간의 제약이 있는 것과 같이 인출할 때에도 제약적 특성에 영향을 받는다. 정보의 인출은 직렬식(serial, 연속적)으로 처리한다. 한꺼번에 모든 정보를 병렬식(parallel, 동시적)으로 인출할 수 없다. 전화번호를 기억하면서 전화기 버튼을 작동시킬 때, 마지막 부분의 숫자를 기억하지 못했던 경험이 있었을 것이다.

셋째, 차별성이다. 단기기억의 유지 시연과 정교화 시연의 정보저장 전략은 차별적이다. 유지 시연은 새로운 전화번호로 전화를 걸기 위하여 계속해서 그 번호를 되새기는 방법으로 설명된다. 전화를 걸고 나면 그 번호는 기억하지 못한다. 정교화 시연은 정보의 의미를 분류하고 조직하는 전략이다. 정교화 시연은 정보처리를 위한 시간의 양이 많아서 장기기억의 유사 정보와 연결할 수 있다. 중간고사 시험을 준비할 때 사용한 정교화 시연의 효과는 시간의 양에 따라서 결정된다. 중간고사를 마치고 나서도 기억된 정보의 유지가 가능하다. 정보 유지를 위한 노력의 양에 따라 기억은 오랫동안 유지될 수 있다.

4) 장기기억

장기기억은 단기기억과는 달리 수동적이다. 단기기억에서 정교화 시연으로 학습한 정보는 장기기억으로 전이된다. 장기기억의 특성은 두 가지로 요약된다.

첫째는 정보인출의 용이성이다. 자주 회상하거나 중요한 정보는 영구적으로 저장된다. 오랫동안 사용하지 않아도 주민등록번호는 장기기억에 저장되어 인출이 수월하다.

둘째는 도식화로 설명된다. 감각기관과 단기기억으로 입력된 정보를 저장(수용), 조직(처리), 인출(적용)하는 특성과 함께 새로운 정보를 다시 저장하고 조직하는 과정에는 경험이 있다. 경험이라는 사고는 장기기억에 목록을 작성한다. 새로 입력되는 정보를 기존의 목록에 저장할 수 있도록 도식을 재구성하거나, 기존에 목록이 없을 경우는 새로운 목록을 구성한다.

장기기억에 저장되는 기억 유형은 일화적(episodic) 기억과 의미적(semantic) 기억으로 구분된다. 일화적 기억과 의미적 기억의 공통점은 동화가 가능하다는 점이다. 학습하거나 기억한 내용을 자기의 생각으로 융통성 있게 전달할 수 있으며, 다른 기억을 연상할 수 있다. 그러나 일화적 기억은 안내견의 착함과 예쁨, 내가 좋아하는 개라는 인식이 형성된 지식인 반면, 의미적 기억은 안내견이 되기 위한 선별과정과 훈련과정 등의 객관적 내용에 해당한다. 일화적 기억은 반복적일 때는 특정 기억이 약화되지만, 의미적 기억은 반복 경험으로 기억이 강화되는 특성이 있다. 내가 좋아하는 사탕을 계속해서 보게 되면, 단순히 사탕으로만 인식하는 것이 일화적 기억이다. 수학 및 물리 공식과 응용, 언어의 사용, 운동기능 및 사회성 지식 등이 의미적 기억에 해당한다. 의미적 지식을 구성하는 통합 과정을 알아보는 방안 중에는 의미망 또는 마인드맵 등과 같은 방법을 사용하기도 한다. 인공지능의 롤모델이 빅데이터라는 방대한 경험에 기반하고 있다는 점에서 교수학습에서 기억을 활용한다.

동기부여는 입력될 정보에 대한 기억 활성화에 도움이 된다. 의미 없이 단순히 노출된 정보는 기억에 영향을 제공하지 못한다. 사전지식 또는 배경지식은 교수학습 설계에 응용하는 주요 전략이다. 기억을 자극할 수 있는 사건이 생겼을 때, 즉 정보저장에 깊은 영향을 제공한 정보의 저장과 인출은 활발하게 수행된다.

5) 대뇌

사람의 대뇌에 대한 정보는 청각장애교육에서 세 가지로 구분하여 설명할 수 있다.

첫째, 뇌의 영역화(localization)이다. 대뇌는 우뇌와 좌뇌로 구분된다. 우뇌와 좌뇌의 영역화는 청각장애교육에서 흥미로운 주제이다. 사람의 우뇌는 시공간적 정보, 감성, 음악과 유머 감각 등의 정보를 처리하고, 좌뇌는 언어적 정보, 논리, 이성, 기호의 이해 등의 정보를 담당하기에 특화되어 있다. 정보처리 방식에서 좌뇌는 순차적(serial) 또는 직렬적이며, 우뇌는 동시적(parallel) 또는 병렬적이다.

수어는 시공간적 정보이므로 청각장애학생은 우뇌 중심의 사고에 의존할 수 있다는 가설이 우세한 적도 있었다. 그러나 청각장애학생도 가청학생과 동일하게 언어적 정보는 좌뇌에서 처리한다는 것을 MRI 등의 촬영기법을 통해 증명되었다(McCullough & Emmorey, 2021). 앞서 설명한 작업기억에서 시각적 또는 음성적 정보를 음운과 문법적 구조로 전환할 때 수어와 음성은 언어적 차원에서 동일하게 처리되고 있음을 알게 되었다.

둘째, 뇌의 부위는 전뇌, 중뇌, 후뇌로 구분된다. 전뇌는 시상, 시상하부, 대뇌반구, 두뇌 피질로 구성되고, 중뇌는 다른 부위가 없이 그냥 중뇌로 설명된다. 후뇌는 연수, 소뇌, 뇌교가 있다.

셋째, 전뇌의 두뇌 피질은 부위에 따라서 전두엽(frontal lobe), 두정엽(parietal lobe), 측두엽(occipital lobe), 후두엽(temporal lobe)으로 구분된다. 두뇌 피질의 부위가 담당하는 역할과 함께 손상이 일어날 때 예상되는 특성을 정리하면 다음과 같다.

- 전두엽 : 기억, 운동, 말의 생성 등의 역할이며, 실행증을 수반하는 원인이 된다.
- 두정엽 : 공간적 지각, 신체의 감각적 정보 등을 조절하고, 난독증의 원인이 된다.
- 측두엽 : 음성의 듣고 말하기를 담당하며, 실어증이 나타나는 원인이 된다.
- 후두엽 : 시감각과 관련되므로 시각장애의 원인이 된다.

대뇌에는 망상체가 있다. 연수에서 시상까지의 전 뇌간에 분포되어 있다. 특히 중뇌에서 망상체의 발달이 현저하며 정보의 처리와 차단, 집중과 각성을 담당한다. 영유아, 지적장애 또는 언어적 정보의 저장에 한계가 있는 청각장애학생 등의 망상체는 비포장 도로와 같이 정보전달의 용이성이 낮아진다. 2차선보다 4차선 또는 8차선 도로가 보다 많은 정보를 운반할 수 있다. 망상체 발달은 학습을 통해서 다양한 정보가 운반되면서 확장 공사가 자연스럽게 진행되는 특성을 보인다.

6) 시각정보와 청각정보

농인의 언어적 정보는 시각정보에 의존하지만, 언어적 변환을 통해 좌뇌에서 처리된다(Leybaert & D'Hondt, 2003; Campbell, Mac Sweeney, & Waters, 2008; Kubicek & Quandt, 2021). '문을 열어 달라'는 의미의 '손가락 가르침'과 {문}+{열다}의 수어는 언어적 정보 처리에서 차이가 있다. 손가락 가르침은 동작의 개념으로 언어와 상호작용하는 과정을 가진다. 즉, 우뇌가 인지하여 좌뇌와 연결되는 과정을 거친다. 반면, 수어는 언어적 정보로 좌뇌에서 인지하여 우뇌와 상호작용한다. 간단한 의사표현은 언어적 변화의 유무와 관계없이 몸동작이나 언어적 자질에서 결과적으로 동일하지만, 복잡한 표현에서는 몸동작으로는 한계가 있다. 또한 새로운 정보를 수집하는 과정에서는 큰 차이가 있다. 물론 '문을 열어 달라.'는 언어적 의미가 내면화된 경우에 문을 손가락으로 지칭하는 언어행동(verbal behavior)은 언어적 표현의 다른 차원으로 설명된다. 구두행동을 PDF 파일로 설명하는 것은 아니다.

4. Vygotsky의 언어와 사고

언어와 사고, 또는 사고와 언어를 설명하기 위해서는 Vygotsky(1896-1934)의 업적이 인용된다. Vygotsky는 구소련의 심리학자이다. 청각장애의 언어와 사고, 지적장애의 근접발달대 그리고 난민들의 이중언어 발달 등에 관한 연구가 대부분이며 저자는 개인적으로 Vygotsky를 특수교육학자로 명하고 있다. Vygotsky는 청각장애학생의 이중언어 이중문화(2Bi) 접근법의 타당성을 연구기반으로 강조하였다. 그리고 오늘날 러시아의 청각장애교육에서 미국과 유럽보다 먼저 2Bi 접근법을 적용하는 계기를 제공하였다.

Vygotsky의 이론적 틀은 사회적 상호작용이다. 연구 업적으로는 계통발생학과 개체발생학에서의 언어와 사고의 구분, 사회적 상호작용을 통해 발달한 인간의 정신 기능이 차후의 사회발전 중재, 언어의 부호화 등이 있다. 다음은 Vygotsky의 이론 중에서 몇 개를 요약해 보았다(최성규, 2011, p. 55). Vygotsky의 이론이 청각장애교육에 시사하는 바를 제안하고자 한다.

유아의 초기 사회적 언어는 자기중심적 언어에서 시작된다. 2세부터 3세의 아동에게서 관찰되며, 아동은 자신의 행동을 포함한 사물과 사건에 대해서 설명한다. 그들은 본래 자신에게 이야기하고 있다. 실제로 다른 사람과 의사소통하려는 의향은 없다.

자기중심적 언어가 타인과 소통하는 사회화로 진행되기 위해서는 의미 있는 상호작용이 요구된다. 의미 있는 상호작용은 '언어'를 매개로 한다. 청각장애아동과 가청아동의 자기중심적 언어는 발달 특성에서 유사하지만, 또한 이 시기부터 궤도를 달리하게 된다. 가청부모의 청각장애유아와 의미 있는 상호작용은 면대면의 초기 언어가 사회화되는 문법적 언어로 발달한다는 점을 잘 나타내고 있다. 가청부모의 질적 의사소통 노력이 전제되지 않으면, 청각장애유아는 다른 사람과 의사소통하려는 의향이 없었던 관계로 사회화 언어를 학습하지 못한다.

Vygotsky는 사고와 언어가 상호작용한다는 것을 믿었지만, 그는 사고발달과 언어발달 간에 상대적인 관련성은 없다고 주장하였다.

사고발달이 독자적으로 일어나지 않고, 언어발달 또한 언어 자체로는 발달하지 않는다. 사고와 언어는 상호작용한다. 그러나 Vygotsky의 "사고발달과 언어발달 간에 상대적인 관련성이 없다."라는 주장은 서로 독립적으로 상관없이 발전하지만, 필요에 따라서 상호작용한다는 것을 설명하기 위함이다. 사고와 언어의 상호작용은 사고의 중재를 위한 언어의 중요성이 강조되는 부분이다. 청각장애아동의 언어가 사고를 중재한다는 것은 언어의 의미 있는 발달이 가능했던 결과이다.

사고와 언어의 관계는 생동하는 과정이다. 사고는 언어에 의해 생성된다. 사고가 없는 언어는 죽은 것이며, 그리고 언어를 구현하지 않는 사고는 그림자(shadow)로 남는다.

[그림 4-2]는 2007년 태안 바다의 기름 유출 사고로 생태계 변화를 상징하는 사진이

다. 바다가 오염 없이 맑은 물을 가지고 있으면, 햇볕이 물속 깊이 투영할 수 있다. 태안 기름 유출은 햇볕의 바닷물 투영을 불가하게 만들었다. 언어가 사고를 투영한다는 것은 정보전달이 가능하다는 것이다. 청각장애로 인한 청각적 정보가 사고로 투영하지 못하면, 기름띠를 걷어 내는 작업 또는 다른 방법을 모색해야 한다. 청각장애아동의 사고가 언어에 의해 투영되지 못하면, 사고는 언어를 수용할 수 없고, 상위 계통의 언어발달 또한 기대할 수 없다. 또한 언어는 사고를 중재할 수 없다.

[그림 4-2] 햇볕이 투영하지 못하는 바다

□ 확인학습

1. 언어와 사고의 관계를 컴퓨터를 예로 들어서 설명할 수 있다.
2. 작업기억에서 수어와 음성의 정보처리에 대한 이해에 대하여 설명할 수 있다.
3. 청각장애학생의 언어발달을 설명하기 위하여 '언어와 사고'에 대한 지식이 전제되어야 하는 이유에 대하여 안다.

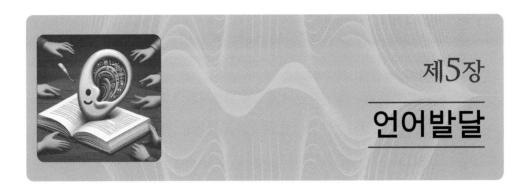

제5장

언어발달

청각장애유아도 생후 4개월이 되면 옹알이를 시작하고 만 1세경에는 /맘마/ /빠빠/ 와 같은 발성도 나타난다. 언어발달은 연속성 또는 연계성을 가진다. 그러나 청각장애 유아의 언어발달은 가청유아와 비교하였을 때 만 2~3세 이후부터 지체되는 특성을 보인다. 청각장애학생의 언어발달에 대한 연령별 특성, 발달 지체의 원인과 배경 그리고 해결 방안 등에 관하여 서술하고자 한다.

1. 청각장애아동의 언어발달: 연령별 특성

언어발달은 연속적이다. 정상 언어발달의 연속성과 청각장애유아의 연령별 언어발달 특성에 대하여 설명하고자 한다. 연령별 발달 단계에 근거하여 전 언어 단계, 단 단어 단계, 초기 단어 복합 단계, 복합 단어 결합 단계, 문법적 발달 단계, 유사 성인 언어발달 단계 순으로 특성을 요약하였다.

1) 전 언어 단계(0~12개월)

(1) 가청유아(0~6개월)

① **수용 언어**: 친숙하지 않은 목소리에 주의를 기울이고, 민감한 촉감을 보인다.

② **표현 언어**: 하나의 모음에서 다양한 모음이 결합되는 옹알이의 질적 변화가 나타난다.

(2) 가청유아(6~12개월)

① **수용 언어**: 자신의 이름과 친숙한 사물에 대한 요구와 물음에 반응하고, 율동에 재미를 가진다.

② **표현 언어**: 자음과 단·장모음의 옹알이가 나타나고, 성인의 단어 운율과 유사하지만, 의미가 없는 자곤(Jargon)으로 이해된다.

(3) 청각장애유아(0~12개월)

① **촉각을 이용한 의사소통**: 촉각(손잡기, 가벼운 어깨치기, 흔들기, 신체접촉 놀이, 등 토닥이기 등)을 이용한 부모와의 놀이와 상호작용은 언어발달에 중요한 영향을 제공한다. DCDP(Deaf Children of Deaf Parents)는 촉각을 이용한 상호작용에서 질적으로 긍정적인 편이다. 가청인 부모의 촉각은 발성의 수단인 반면, DCDP 부모는 주의집중, 시선 맞추기, 몸짓을 통해 의사를 전달하고, 정서적 안정을 목적으로 촉각을 사용하는 차별성이 있다.

② **유아어(motherese)**: 어머니가 유아 수준의 톤으로 반응 또는 발성하는 것으로 유아와 상호작용하기 위해 간단한 구조의 반복, 명확한 발음, 높은 톤, 운율적인 발성, 오랫동안 느리게 발화하는 등의 수정된 언어로 발화한다. DCDP 부모는 수어를 사용할 때 손과 얼굴 전체를 아동이 볼 수 있는 방향과 위치를 변화시키면서 같은 동작을 반복하여 수어의 노출시간을 증가시킨다.

③ **옹알이**: 초기옹알이는 가청유아와 유사한 형태로 발생하지만, 청각적 피드백의 부재는 음성언어 발달로 연계되지 않는다. 반면, 옹알이 대신에 손의 율동적인 활동(mabbling)이 나타나는데, 이는 가청유아에게도 발견된다. 가청유아의 옹알이

(babbling)가 언어발달로 연계되는 것과 같이 DCDP의 mabbling은 시각적 피드백으로 초기 수어발달로 연계된다(Marschark, Lang, & Albertini, 2002).

2) 단 단어 단계(12~18개월)

(1) 가청유아(12~18개월)

① **수용 언어**: 간단한 의사소통 상황에서 이해하고 반응한다.

② **표현 언어**: 자음과 모음이 합성된 음절이 반복되는 형태의 단어(first word: 최초 단어)를 발성한다. 성인의 억양 패턴을 모방하는 단계이며 자곤(Jargon)은 지속된다.

(2) 청각장애유아

① **최초 단어 발성**: 12개월의 DCDP는 최초 단어를 수어로 표현한다. 최초 단어가 아동의 언어 행동을 촉진하도록 조력해야 하고, 이 단계에서는, 첫째, 계획적 의사소통, 둘째 지시적이고 상징적인 몸동작(제스처)이 나타난다.

② **지시 몸동작**: 복합어를 표현하기 위하여 지시 몸동작이 2개로 형성된다. 첫 번째 몸동작은 예측할 수 있으나, 두 번째 몸동작은 예측이 어렵다. 마치 주축어(pivot word)와 개방어(open word)의 특성과 같다. 가청유아는 아빠, 엄마 등의 주축어와 함께 쉬, 이뻐 등과 같은 개방어를 사용한다. DCDP가 수어를 습득하면서 단일 수어를 결합하여 복합 수어로 발달하는 과정에서 정확한 의사 표현을 위해 사물을 지시하는 몸동작이 나타난다.

③ **지문자**: DCDP는 의사소통에서 자연스럽게 지문자 사용이 가능하다. 청각장애유아의 언어발달에서 중요한 요소로 문해력 발달과 밀접한 관련이 있다.

④ **어휘발달 전략**: DCHP(Deaf Children of Hearing Parents)의 어휘발달은 가청유아와 비교하여 점진적 지체현상이 시작된다. DCDP의 경우는 어휘에 대한 의미 확장과 급진적 어휘 학습전략의 사용이 발견된다. 의미 확장은 매핑(mapping) 과정으로 단서가 없어도 새로운 사물과 연관 지을 수 있는 능력이며, 급진적 어휘 학습전략(rapid word learning strategy)은 어휘 확장이 급속히 발전하는 특성이다. 가청유아도 이 시기에는 같은 전략을 사용한다.

3) 초기 단어 결합 단계(18~24개월)

(1) 가청유아

① **수용 언어**: 신체 부위의 이름을 듣고 지칭할 수 있다. 간단한 이야기, 리듬, 노래 듣기 등의 활동에서 간단한 질문을 이해하고 요구에 반응하는 행동이 가능하다.

② **표현 언어**: 어휘 습득이 가속화된다. 두 개의 단어를 결합하여 간단한 문장이나 질문을 만드는 평균 발화 길이(mean length of utterance: MLU)가 나타난다. 즉, 두 개의 단어를 결합하여 통사론과 의미론 발달이 시작된다.

(2) 청각장애유아

DCDP도 두 개의 단일 수어 어휘를 결합하여 사용할 수 있다. 가청유아와 동일한 수준의 MLU 발달을 보인다. 가청유아의 두 단어 결합이 문법적 구조와 일치하지 않는 것처럼 DCDP의 수어도 형태론 변화를 고려하지 않고 사용한다. DCHP는 유사한 언어발달을 보이지만 지체 현상이 현저하게 나타난다. 청각장애유아의 언어발달에 긍정적인 영향을 미치는 인형 놀이 같은 행동 놀이가 요구된다. 행동 놀이는 상징적 대체물 놀이와 연속적 상징 놀이가 있다. 상징적 대체물 놀이는 특정 사물을 표현하기 위해 다른 사물을 활용하는 것이며, 연속적 상징 놀이는 연속되는 행동이 필요한 놀이로 인형의 기저귀 갈기 등이 있다. 행동 놀이는 청각장애유아가 주변 환경을 탐색하고 사물의 상호관련성을 이해할 수 있는 장독립적 심리 궤적에 도움을 제공한다.

4) 복합 단어 결합 단계(만 2~3세)

(1) 가청유아

① **수용 언어**: 두 가지 이상의 요구를 포함한 복잡한 문장의 이해가 가능하다. 반의어도 이해할 수 있다. 언어활동을 담당하는 좌뇌가 활성화되고 재구조화되는 시기이다.

② **표현 언어**: 어휘의 폭발적인 증가가 나타나는데, 하루에 2~4개의 새로운 단어를 습득한다. 복합적인 단어로 구성된 비논리적인 문장을 발화하지만, 부모는 이해

할 수 있다. 명사를 수식하는 상징어를 사용하고, 자곤이 사라진다. 화용론적 측면에서 주어-동사-목적어의 순서체계를 확고히 하는 주부-서술부 관계 체계를 형성한다.

(2) 청각장애유아

가청유아는 영어를 기준으로 한정사, 부정문, 의문문 등의 통사구조가 18개월~36세 사이에 발달하고, 이 시기에 자신이 배운 간단한 문법을 과잉 일반화시키는 경향이 자연스럽게 관찰된다. 예를 들면, 복수명사는 명사+-s(명사+-es는 나타나지 않음), 과거는 동사+-ed(불규칙 동사가 없음) 등으로 일반화시킨다. 이러한 오류는 자연스럽게 나타나고, 또한 불규칙 동사의 문법 구조도 자연스럽게 인식하게 된다. 우리나라 유아도 "안 세수할 거야."의 '안' 부정문이 "세수 안 할 거야."로 수정되는 현상을 나타낸다. 반면, 청각장애유아의 문법 형태소에서 과잉 일반화 현상은 나타나지 않는다. 이는 음성언어와 수어언어의 문법적 차이에 기인한다. 청각장애유아의 과잉 일반화에 대한 원인의 차이점은 있다. 즉, DCDP는 수어 문법에 기초한 통사론 구조를 인지하게 되지만, DCHP는 불충분한 언어 환경으로 통사론 발달에 현저한 지체를 보인다.

5) 문법적 발달 단계(만 3~4세)

(1) 가청유아
① **수용 언어**: '왜'라는 의문문 사용이 빈번하게 나타난다. 통사론 구조가 복잡한 언어형식을 이해할 수 있다.
② **표현 언어**: 복잡하고 긴 문장을 사용하여 질문한다. 문장의 90%는 문법적으로 적절하고, 의미론 발달에 있어서는 유치원 등에서 경험한 일에 대한 의미와 미래를 예측하는 이야기 능력이 발달한다.

(2) 청각장애유아
DCHP는 놀이 상황에서 어휘 사용의 빈도가 낮다. 사물을 비교하기 위해서는 이전에 사용한 어휘를 알아야 하는데, 어휘 범주화 능력이 취약하다. 상대의 의도 또는 의미를 인지하지 못할 경우는 질문보다는 이해하지 못한 채로 다음 단계로 넘어간다. 이해 부족이 지속적으로 누적되어 의사소통에 어려움을 보인다. DCDP는 '왜' 또는 '무엇'에 대한 상호작용과 질문이 가능하고, 성인의 문법적 구조를 사용하는 차별성을 보인다.

6) 유사 성인 언어발달 단계(만 5세 이후)

(1) 가청유아
① **수용 언어**: 광범위한 어휘와 복잡한 통사구조 체계를 습득하여 성인 수준의 문법적 구조를 보인다. 우리나라 유아는 "나는 동생한테 인형에게 옷을 입히라고 했다." 등의 사동문에 대한 이해는 만 6세가 되어야 가능하다.
② **표현 언어**: 성인과 유사한 문법 구조를 사용하여 긴 이야기의 발화가 가능하다. 환상적이고 터무니없는 이야기를 하며 제삼자를 대화에 끌어들이는 능력도 보인다.

(2) 청각장애유아
가청유아는 5세부터 모든 형태(부정문, 한정사, 의문문, 명사구, 동사구, 부사구, 형용사 등)의 문장구조를 사용하기 시작하고, 언어능력이 광범위하게 발전한다. 가청유아의 통사론, 의미론, 화용론의 발달은 상호보완적이며 읽기와 쓰기 능력으로 연계된다. 초등학교 시기의 기본적인 문해능력 발달에 영향을 미친다. 반면, 청각장애유아는 또래 유아에 비해 현저히 지체된 능력을 나타낸다. 즉, 주어나 동사가 생략되거나 간단한 문장만을 사용한다. 언어 환경의 결핍(언어 매체의 노출 또는 유창한 대화자와의 대화 기회) 등이 원인으로 지적된다. 언어의 선택(구어 또는 수어)에 상관없이 자신이 사용하는 언어구조를 명확하게 습득한 아동은 읽기 능력을 향상시킬 수 있다. 또한 가청아동의 화용능력은 유아기 초기에 시작해서 거의 8~10세에 완성되지만, 청각장애아동은 8~17세 사이에 화용론적 담화 기술이 생긴다(Jeanes et al., 2000). 8세에서 17세라는 넓은 스펙트럼은 청각장애아동의 개인차가 심함을 의미하며 다양한 변인으로 언어발달의 연속성에 문제가 되었거나 지체되는 특성이 존재함을 알 수 있다.

2. 청각장애아동의 초기 언어발달의 이해

언식력(기초 문해력)의 중요성은 학교 입학 후 문해 학습을 위한 읽고 쓰는 기술이 학습과 관련된다는 점에 있다. 특히 모든 아동의 생후 초기 5년의 경험은 언어 및 문해력 발달의 결정적 시기로 작용한다. 청각장애아동의 초기 언어발달은 가청아동과 유사하게 발달한다. 단, 초기 언어발달은 면대면(face-to-face)으로 습득하는 언어를 의미한다.

① 초기 문해발달에서 청각장애아동과 가청아동은 유사한 경향을 보인다. 청각장애아동의 읽기 능력은 가청아동의 발달 순서와 유사하다. 청각장애아동의 쓰기 능력도 가청아동의 쓰기발달과 유사한 경향을 보인다(Mayer & Trezek, 2023).

그러나 다음과 같은 연구결과도 있다.

② 중학교를 졸업한 청각장애학생의 약 50%는 4학년 이하 수준의 읽기 능력을 보이고 (Traxler, 2000), 청각장애학생의 약 30%는 기능적인 문해 능력을 전혀 습득하지 못하고 학교를 졸업한다(Marschark, Lang, & Albertini, 2002).

①과 ②의 연구결과는 차이가 있다. 따라서 다음과 같은 의문점을 가지게 된다.

첫째, 청각장애아동과 가청아동의 언어 학습 궤도가 분리되는 시기를 알아야 한다. 그리고 발달의 방향성이 달라지는 원인도 알아보아야 한다.

둘째, 청각장애아동과 가청아동의 초기 문해발달에 대한 표면적 유사성이 심층적으로는 유사하지 않을 수 있다. 유사하다고 인정한 배경과 유사하지 않은 발달 특성에 대하여 알아보아야 한다.

앞에서 제시한 의문점을 알아보기 위하여 청각장애아동과 가청아동의 언어발달 단계에서 나타나는 차이점에 대하여 설명하고자 한다.

1) 초기 언어와 문해발달의 연관성

초기 문해발달은 자신이 사용하는 언어의 발달이다. 언어발달은 계급구조라는 점에서 초기 언어습득과 차후의 문해발달은 높은 연관성을 가진다.

가청아동의 언어발달을 설명하는 언어습득과 그 후의 문해발달은 밀접한 연관성을 가진다. 바람직한 언어 능력을 습득한 상태에서 학교 교육을 시작한 가청아동의 문자 기반 문해발달은 수월함이 보장된다. 초기 언어습득과 문해발달의 연관성은 이해된 어휘, 문장, 담화, 음소 식별 등을 포함한 언어기술의 개념을 학습하면서 광범위한 범위로 확장한다. 초기 언어습득 기술은 초기 문해 능력 습득에 영향을 제공하고, 학교 교육의 긴 시간에서 성공적인 문해력을 발달시키는 기초로 작용한다(Dickinson, Dickinson, McCabe, Anastasopoulos, Peisner-Feinberg, & Poe, 2003).

아동의 문해 능력은 사회에서 말(speech)하는 언어로 쓰인 인쇄물을 접하면서 발달한다. 청각장애아동도 자신이 사용하는 초기 언어와 '학습환경에서 직면할(face-to-face)' 언어 사이에는 연관성을 가진다는 점에서 초기 언어에 관한 이해가 우선되어야 한다. 청각장애아동의 문해발달과 관련될 또는 견인할 구어 또는 수어 발달에 대하여 먼저 관심을 기울여야 한다. 청각장애아동의 언식력(초기 문해 능력)은 구어 또는 수어라는 언어발달의 이해가 전제되어야 한다. 가청아동의 구어와 문해발달의 관계처럼 청각장애아동의 구어 또는 수어와 문해발달의 관계를 동일한 차원에서 고찰해야 한다.

첫째, 청각장애아동의 구어 또는 수어 발달 지체는 문해발달에 부정적 영향을 제공한다. 청력손실 정도가 심할수록 문해 수준은 지체된다. 문해발달이 구어 체제와 관련된다는 사실이 청각장애아동의 문해발달에 부정적인 영향을 제공하는 원인이다. 즉, 청각장애아동의 불완전한 구어발달을 읽기 체계에 적용해야 하는 모순에 직면한다.

둘째, 수어가 모국어인 청각장애아동은 수어 체제를 문해발달에 적용해야 하는 상황에 직면한다. 구어 체제가 없는 수어 체제에 의존하여 구어 체제인 문해를 학습해야 한다.

모국어가 구어이든 또는 수어이든 청각장애아동은 초기 언어와 문해발달을 위한 학습상황에서 두 언어의 공통점을 효율적으로 인식할 수 있도록 '언어적 교량'의 역할이 강조된다. 언어적 교량의 역할이란 ⓐ 양질의 언어 상황에 적당한 노출, ⓑ 접근 가능한 언어적 정보, ⓒ 의미 있는 상호작용, ⓓ 유능한 언어 사용자와의 상호작용 등으로 설명된다. 언어 사용자의 의미 있는 상호작용은 가청아동의 언어습득에 영향을 미치는 최소한의 조건이다. 그러나 청각장애유아와 상호작용하는 언어 사용자의 언어에 대한 전문성과 상호작용의 질적 보장 등은 가청유아와는 별개로 최대한의 조건임을 알아야 한다. 가청아동과 청각장애아동이 사용하는 언어와 문해발달 사이의 연계성을 설명하기 위하여, 첫째, 모국어 언어의 학습, 둘째, 사회적 언어의 내면화, 셋째, 내어의 문해화 등에서 차별적임을 알아야 한다(Mayer & Trezek, 2023). 다음에서 좀 더 구체적인 설명을 하고자 한다.

첫째, 모국어 언어의 학습이다. 모국어는 학습이 아닌 습득이다. 구어 또는 수어를 사용하는 청각장애아동은 언어 환경에서 상호작용하기 위한 도구로써 언어(모국어)를 사용하면서 언어를 습득한다. 상대라는 개체의 가치가 중요하게 작용하지는 않는다. 언어를 습득하기 위한 수단은 언어 그 자체를 사용하는 것이다. 그러나 가청아동의 환경과는 달리 구어를 사용하는 DCHP(Deaf Children of Hearing Parents)는 상호작용의 네 가지 조건(ⓐ 양질의 언어상황에 적당한 노출, ⓑ 접근 가능한 언어적 정보, ⓒ 의미 있는 상호작용, ⓓ 유능한 언어 사용자와의 상호작용)에서 최소 한 가지 이상의 어려움에 직면한다. 양질의 언어 상황, 접근 가능, 의미 있는 상호작용, 유능한 언어 사용자와의 상호작용을 위한 매체에는 인쇄물(printed material)이 있다. 어린 청각장애아동에게 의미 있게 제시될 수 있어야 한다. 그러나 청각장애아동은 가청 부모와의 상호작용에서 양질의 언어적 노출과 의미성에서 어려움을 경험한다.

둘째, 사회적 언어의 내면화이다. 타인과 의사소통하기 위하여 언어를 사용하면서 사고하고 스스로 결정하는 과정으로 이동하는 단계이다. 즉, 언어를 사고의 도구로 사용하기 시작한다(최성규, 2011). '소리를 내면서 사고'한다고 할 수 있는 자기중심적 구어나 자기중심적 수어를 사용한다. 자기중심적 언어는 습득된 모국어를 통해 이루어지며, 아동은 구어나 수어를 사용하여 자신의 생각을 표현할 수 있다. 초기 언어와 사고는 밀접한 연관성이 있다. 아동이 언어 상황에서 사용하는 대화의 질은 구어의 형태를 경험할 수 있으며, 표현하고자 하는 내용에 대해 생각하게 한다. 이를 통해 언어로 생각하는 능력이 길러진다. 언어로 생각하는 능력은 이후에 발달하게 될 읽고 쓰는 문해력을 견인한다.

셋째, 내어의 문해화이다. 아동의 모국어에 기초한 언어발달만이 아니라, 인쇄된 언어를 매개하여 스스로 표현하고, 발달이라는 증축이 일어나는 단계이다. 가청아동과는 달리, 구어를 사용하는 청각장애아동일지라도 임의적으로 형성된 구어 또는 수어 언어와 문해 구조와의 마주침은 불가피한 현상이다. 가청아동은 교과서의 문자 언어 또는 문해발달을 위하여 자신의 모국어(초기 언어)를 언어적 지식으로 활용한다.

청각장애유아도 구어 또는 수어에 대한 언어적 지식을 활용하여 문해 철자에 대한 언어적 공통성을 인식할 수 있어야 한다. 초기 언어와 문해발달의 상호작용은 구어와 구문론 차원에서 숙달된 문해 학습으로 진행된다. 반면, 초기 언어를 문해 지식과 호환하지 못하는 경우는 구어 또는 수어, 구문과의 공통성을 학습하지 못한다. 일대일 대응에서 발성이라는 초기 언어와 문자 언어, 즉 초기 언어가 문해 학습과 관련된다는 점에서 청각장애아동에게는 불리할 수 있음을 알 수 있다. 청각장애아동 중에는 초기 언어가 구어 또는 수어이지만 능숙도에 있어서는 개인차가 심하다. 이러한 불리한 상황에서 청각장애아동의 초기 언어발달이 가청아동과 유사하다는 주장의 근거는 다음과 같이 설명된다.

2) 초기 문자언어발달의 유사성

(1) 문자의 창안 단계

문자를 학습할 때, 문자와 유사하게 보이면서도 여전히 정확한 글자를 쓰지 못하는 단계가 있다. 만 2세경에 나타나는 발달 단계의 특성이다. 그림과 문자의 차이점은 물체의 윤곽 여부이다. 그림은 물체에 대한 윤곽이 있고, 문자는 물체에 대한 윤곽이 요구되지 않는다. 윤곽 여부를 판단하기는 쉽지 않고, 모두 낙서처럼 보인다. 그러나 철자는 임의의 규칙이 있다. 왼쪽에서 오른쪽의 방향성, 횡과 열의 조화, 공간 배치의 구조 등에 대한 글자의 형식을 이해하기 시작한다.

글자 창안 단계, 즉 글자처럼 보이지만 완전한 글자는 아니고, 그렇지만 글자 인식에 도달하기 전의 단계라는 점에서 청각장애아동과 가청아동의 미세한 차이는 큰 의미가 없다. 그러나 두 집단의 무언가를 쓰려고 하는 감각은 초기 언어와 연결하는 능력이 발달하는 단계로 이해된다.

(2) 문자에 대한 인식

아동이 문자를 쓰는 단계로 발음대로 쓰기에서 오류가 나타나기도 한다. 그러나 자기 이름을 쓰거나 간단한 단어 정도는 쓸 수 있다. 문자는 시각적 인지과정을 요구하지만, 문자가 발음과 관련된다는 점에서 청각적 정보도 활용된다. 문자의 창안 단계에서 나타나던 두 집단의 미미한 차이가 문자 인식 단계에서는 양적 질적 차이를 예견하는 특성이 심화되기 시작한다. 문자 쓰기에 대한 아동의 지속적인 노력과 함께 부모와의 상호작용이 가져온 결과이다.

(3) 초기 언어와 문자와의 연결

형식적 글쓰기는 쓰기의 마지막 단계이다. 이 시기에는 두 집단의 학습 궤도가 분리되기 시작하고 쓰기에 대한 강화의 시작과 무관하지 않다. 부모의 칭찬 등과 같은 강화에 이어서 아동의 자발적 강화가 시작된다. 그러므로 부모의 역할이 중요하지만, 일차적으로는 학습자의 초기 언어와 문자의 관련성을 발견하는 즐거움이 보상과 강화로 작용한다.

형식적 글쓰기 단계에서 나타나는 특성은 초기 언어와 문해 능력의 관련성을 인지하는 능력보다는 초기 언어의 언어적 구조를 인지하는 절차가 우선된다. 다음으로 쓰기또는 문해에 대한 지식을 언어적으로 구조화할 수 있다. 이와 같은 과정을 거치면서 초기 언어와 문해발달의 결합이 가능하게 된다.

청각장애아동은 초기 언어와 문자의 관련성 또는 공통성 발견에서 어려움을 경험하고, 부모의 질적 상호작용을 위한 노력 부족은 문해 성취 수준에 부정적인 영향을 제공한다. 반면, DCDP(Deaf Children of Deaf Parents)는 문자언어에 대한 지문자 표현 등에서 오류 과정에 노출되지만, 수어와 문자의 결합 과정에 큰 어려움을 경험하지 않는다. 특히 수형을 통한 문자언어에 대한 연상력 향상은 문해력 학습에 대한 자기강화가 가능함을 알 수 있다(Mayer & Trezek, 2023).

청각장애아동은 음운인식에서 어려움을 경험하기에 문해력이 지체된다는 주장도 있다. 이에 대하여 Moores(2006)는 청각장애아동의 문해 교육에서 음운인식은 중요 전략이지만, 충분조건으로 작용하지 않는다고 주장하였다. 수어를 사용하는 초기 언어 사용자의 문해 학습은 가청아동과 유사한 특성을 보인다. 수어를 통한 언어습득이 별도의 노력 없이 수행되고, 언어의 구조를 이해하면서 쓰기의 구조를 이해하는 상보적 관계를 경험할 수 있다는 점이 가청아동의 발달 특성과 유사함을 알 수 있다.

(4) 문장지도

더 높은 수준의 문해력을 지도하기 위해서는 문장 수준으로 진행한다. 문장지도에서 "개가 고양이를 물다."와 "개가 고양이에게 물리다."의 차이를 지도하기 위한 문법적 차이를 설명하는 것은 좋은 방법이 아니다. 얼굴표정 등으로 두 문장의 의미적 차이를 지도하기 위한 노력이 우선되어야 한다. 의미적 차이는 문해를 요구하는 문장에서 시작되는 것이 아니라, 초기 언어의 구조를 통해 인지한다는 점을 인식해야 하며 학습으로 전이될 수도 있다(Mayer & Trezek, 2023). 문장에서 나타나는 단어 수준의 설명보다는 의미적 해석에 관심을 가져야 한다. 이상의 내용에 기초하여 청각장애아동의 문해발달 지원 방안을 정리하면 다음과 같다.

첫째, 문해 학습환경이 풍성해야 한다.

둘째, 문해 학습의 방향성을 알아야 한다.

셋째, 의미적 해석을 통해 언어의 구조를 이해시킨다.

3. 청각장애학생의 문자언어발달

1) 듣고 말하기, 읽고 쓰기의 연계성

듣고 말하기, 읽기와 쓰기는 모두 연계성을 가지고 있음을 알게 되었다. 청각장애학생의 언어발달은 연계적 특성에 기초할 때 듣는 기능의 어려움, 즉 청력손실이 원인이 되었음을 알 수 있다. 청각장애라는 원인이 언어발달 지체로 연계되는 구조임을 알 수 있다. 가청아동과 청각장애아동의 언어발달의 특성을 〈표 5-1〉에 제시하였다.

〈표 5-1〉 가청아동과 청각장애아동의 언어발달의 특성

	초기 발성	상호작용	일대일 대응	연상력	문자언어발달
가청아동	가능	가능	가능	가능	가능
청각장애아동	가능	제한적 가능	제한적 가능	제한적 가능	지체
언어발달	조사발달	사고발달	어휘발달	문장발달	고등사고 기능

청각장애유아도 생후 2개월이 되면 옹알이를 시작한다. 생후 10개월에서 만 1세경이 되면 /맘마/ /빠빠/ 발성을 한다. 모두 계통발생학적 특성이다. 즉, 인간 유기체의 특성이다. 태어난 국가에 관계없이 모든 인간은 옹알이와 /맘마/ 등과 같은 발성을 시작으로 부모와 상호작용한다. 한국의 부모는 유아의 /맘마/를 {엄마} {빠빠} {아빠} 등으로 연계시키고 점차 문장으로 발달시키기 위하여 노력한다. 청각장애유아를 가진 부모 역시 동일한 노력을 함께 한다. 이때는 청각장애유아에게 청력손실이 있음을 부모는 알지 못하는 경우가 대부분이다.

만 1세에서 만 3세까지는 문자언어보다 음성언어가 주류인 상호작용 단계이다. 특히 만 2세에서 만 3세 사이는 언어발달의 팽창기 또는 폭발기로 명명된다.

한편, 한국어는 알타이어계의 교착어 특성을 가진다. 조사는 행위자의 뒤에 자연스럽게 따라오는 음성적 특성을 보인다. 한국어의 조사 중에서 −은(는) 또는 −가, 그리고 −을(를)은 형태소보다 음운론 특성이 강한 것은 한국어의 교착어 특성 때문이다. 문자에 따라서 자연스럽게 따라오는 발성적 특성이다. /사람−은/ /우리−는/ /사람−을/ /사과−를/ 등과 같이 앞의 어휘에 따라서 은(는)과 을(를)이 자연스럽게 따라온다. 청각장애유아는 듣는 기능의 어려움으로 조사발달이 자연스럽게 습득할 수 없다. 형태소는 세계의 모든 유아가 '오류'라는 특성을 보이면서 발달하지만, 한국어의 조사, 특히 −가, −은(는), −을(를) 등은 한국 유아에게 공통된 오류로 나타나지 않는다는 점에서 형태소와는 발달차원을 달리하는 음운론의 특성으로 발현된다.

가청유아는 부모와 음성을 통한 상호작용이 가능하지만, 청각장애유아는 부모와의

음성적 상호작용에 한계를 보인다. 이 시기에 청각장애유아의 부모는 청각장애가 있음을 병원 진단을 통해 알게 되는 경우가 많다. 부모와 유아의 상호작용은 사고발달의 극대화를 위한 조건을 형성한다. 내어의 발달이 시작되는 시점이 만 2세경이며, 내어의 발달이 정착되는 시기가 만 5세라는 점에서 부모와 유아의 상호작용은 단순히 상호작용 이상의 의미에 노출된다.

만 3세경의 일대일 대응과 만 5세경의 연상력은 어휘발달 환경을 극대화시키면서 문장발달을 위한 기초다지기 단계로 진입한다. 청각장애아동의 듣고 말하기의 어려움, 일대일 대응과 연상력 발달의 한계 등은 읽고 쓰기에서도 양적 및 질적 지체로 연계된다. 가청아동과 같은 초등학교 고학년 단계에서의 논리적 글쓰기와 자신의 주장을 표현하는 일기문 등은 청각장애아동에게는 기대하기 어렵다.

청각장애아동도 자신의 생각을 글로 쓸 수 있다. 그러나 음성언어의 미입력은 LAD(language acquisition device)를 촉진시키는 데 어려움이 있으며, 일대일과 연상력 발달 단계에서의 언어아 상호작용의 한계는 지속적으로 언어발달을 지체시키는 원인으로 작용한다. LAD는 환경, 즉 언어와 상호작용할 수 있는 하드웨어(사고장치)이기 때문이다.

청각장애아동도 초등학교 고학년이 되면서 인지발달 수준이 고등사고 기능으로 전환된다. Piajet는 인지발달의 조작적 특성을 연령별로 구분하고 있는데, 청각장애아동 또한 연령별로 구분했을 때, 초등학교 고학년이 되면 형식적 조작기에 해당하는 것에는 이견이 없다. 다만 언어발달이라는 차원에서 '고등사고 기능에 언어적 도구를 활용할 수 있는 전략의 부재'는 어쩔 수 없는 현상이다.

사고의 기능은 확장되었지만, 이를 표현할 수 있는 언어적 도구가 LAD에서 작동하지 않거나 어려움을 보인다. 그래서 청각장애아동은 초등학교 과정에서 학년이 올라갈수록 문법적 오류가 많이 발생한다는 주장을 쉽게 볼 수 있다. 그러나 정작 오류가 많이 생기는 현상보다 단문 중심에서 복문 중심의 글쓰기로 전환되면서, 즉 고등사고 기능이 발달하면서 자신의 생각을 글로 표현할 수 있는 언어적 전략의 부재가 가져온 누적된 결과로 해석해야 한다. 초등학교 저학년 때는 단문 중심의 글쓰기에서 학년이 올라갈수록 복문 중심의 글쓰기를 시도하다 보니 나타나는 오류로 이해된다.

2) 국어의 문법론 발달

유아의 언어발달에서 나타난 일대일 대응과 연상력 등은 국어 문법론의 하위 구성요인 중에서 음운론(음성론)과 어휘론(형태론)의 관계로 요약된다. 점차 구문론(통사론)에서의 긍정문과 의문문, 능동문과 수동문, 은유법 등에 대한 교수학습으로 진행된다. 또한 의미론과 화용론을 이해하기 위한 내용을 학습해야 한다.

청각장애학생을 위한 교수학습 환경에서 통사론에 해당하는 평서문(긍정문)과 의문문에 대한 설명이 쉽지만은 않다. 특히 의문문을 설명하기 위하여 교사는 '질문'이라는 설명이 요구되며 답변이라는 반응을 필요로 한다.

① 너는 사과를 좋아한다.
② 너는 사과를 좋아하니?

청각장애학생에게 위의 두 문장을 언어적 또는 상향법으로 설명하고 이해시키기가 쉽지는 않다. 일반아동의 경우는 '문법적'으로 설명하기 이전에 벌써 다양한 환경에서 여러 사람과 대화 주고받기가 선행되며, 이 선행경험을 이용하여 문법적으로 평서문과 의문문으로 지칭하는 용어를 수월하게 지도할 수 있다. 가청학생은 앞에서 서술한 조사의 문법적 의미를 파악하고 있지 않아도 사용할 수 있으며, 문법적으로 '조사'를 지칭한다는 것을 쉽게 인지시킬 수 있으므로 선행경험에 의존한 교수학습이 가능하다.

반면, 청각장애학생의 음성언어를 통한 의사소통 경험의 한계 또는 주고받기 대화에서의 기회 제한은 선행경험의 누적된 한계로 작용한다. Vygotsky가 강조한 '잘못된 지식'이라도 인지되어야 하는 자발적 개념의 부재는 과학적 지식으로 지칭할 수 있는 교수학습 목표 달성에 어려움을 제공하는 요인으로 작용한다. 잘못된 지식을 인지시키는 과정과 전혀 지식이 없는 진공상태에서의 동기부여 제공 및 문장의 차이를 설명하는 교수학습은 수월하지 않다. 교수와 학습의 괴리 또는 구성주의 차원에서의 지식 구성에 한계가 있다.

만 5세경의 가청유아는 능동문과 수동문이라는 문법적 설명을 이해하지 못하면서도 사용(use)이 선행되었다. 능동문과 수동문의 사용이 선행되었고, 학교 교육에서 능동문과 수동문에 대한 문법적 이해가 후행되었다. 중학교 영어 수업에서 능동문을 수동문으로 문장구조를 교체하는 내용이 있다. '능동문'과 '수동문'의 의미를 인지하지 못한다고 가정하면, 교사의 설명을 이해하고 수행하는 것이 어려울 수 있다.

의미론에서도 선행학습의 중요성은 계속해서 강조된다. 특히 초기 의미론은 청각적으로 인지되는 초분절적 특성에 의존하여 발달한다. 칭찬의 의미를 가진 '잘했다.'와 비아냥거리는 의미를 내포한 '잘~했다.'는 발성은 초분절적 특성에서 차이를 보인다. 가청유아는 두 의미를 구분하는데, 부모와의 최소한 상호작용과 경험으로 이해할 수 있다. 반면, 청각장애유아는 청각적 의미를 인지하는 정도와 부모의 설명이 첨가되는 과정이 요구된다.

화용론은 상황에 맞는 대화의 내용으로 설명된다. 가청학생은 상황과 상대에 따라서 대화 수준과 방법이 달라지는 자동적 교체가 가능하다. 청각장애학생의 화용론 사용과 이해는 언어발달의 계급구조라는 순차적 특성을 고려할 때 교수학습의 수월성을 보장하기 위한 남다른 노력이 요구됨을 짐작할 수 있다.

3) DCDP(Deaf Children of Deaf Parents)의 국어 문법론 이해

청각장애학생의 사고와 언어에 대한 이해를 설명하기 위하여 국어 문법론에 기초하여 간략하게 설명하였다. 그러나 청각장애학생이 일대일 대응과 연상력 발달 등에 어려움이 있다고 해서 언어를 인지하는 데 어려움이 있다고 단언할 수는 없다. 다음과 같은 경우를 생각해 보자.

첫째, 만학도의 국어 학습이다. 일대일과 연상력이 발달하는 만 3세에서 만 5세경에 국어를 학습하지 못하고, 나이가 들어서 한글을 해독하는 경우가 많다. 일대일 대응과 연상력은 유아기의 발달 단계에 대한 특성으로 설명하고 있다. 일대일 대응과 연상력이 발달할 때, 국어를 학습하지 못했다고 지속적 어려움으로 대변되는 것은 아니다.

청각장애학생도 일대일 대응과 연상력 발달 단계에서 국어를 학습하지 못했다고 해서, 학교 교육에서 국어 학습이 불가한 것은 아니다. 부모의 노력과 교사의 전문성 그리고 학습자의 동기부여 등이 작용하는 개인차 등에 따라서 국어 학습의 결과는 달라질 수 있다.

둘째, DCDP의 언어발달은 차별적이다. 수어를 사용하는 농인 부모의 양육을 받은 청각장애유아는 일대일 대응과 연상력 발달에서 가청부모의 청각장애유아와는 차별적이다. 농부모는 청각장애유아를 양육하면서 수어를 사용한다. 물론 가청부모는 음성언어를 사용한다. 수어는 시각언어라는 점에서 청각장애유아와 상호작용할 수 있는 시각적 채널을 확보하고 있다. 가청부모의 음성언어는 청각장애유아의 청력손실로 인하여 의사소통 효과가 차단 또는 감소된다. 일대일 대응과 연상력 발달이 언어 학습에 절대적인 역할을 담당하지는 않지만, 상호작용은 절대적이다. 수어는 문자의 일대일 대응과 연상력 발달에서 사고와 상호작용하는 언어적 특성을 가진다.

부모와 유아의 대화가 음성언어이든 수어이든 상관없이 상호작용의 의미를 내포할 때, 언어적 의사소통이 가능하다. 특히 농부모의 얼굴표정과 몸짓 등과 같은 비수지신호는 문장의 의미(평서문과 의문문), 능동문과 수동문, 의미론 발달에 영향을 미친다. 학교 교육에서 농부모의 수어는 선행지식을 작동한다는 면에서 DCDP의 언어발달은 DCHP(Deaf Children of Hearing Parents)의 언어발달과 차별적이다.

셋째, DCDP의 언어는 사고를 투영한다. 투영은 통과하는 것을 의미한다. 투영하지 못하는 언어는 죽은 언어이다. 사고와 상호작용할 수 없는 언어는 사고를 촉진시킬 수 없다. 언어적 의사소통은 그야말로 언어가 사고를 투영할 수 있는 에너지원이다. 투영된 언어는 사고에서 의미를 저장하고 인출하는 역할을 담당한다. Vygotsky의 이론적 배경의 틀은 '사회적 상호작용'이다. 부모와 유아의 의사소통은 사회적 상호작용의 단초에 해당한다. 언어적 정보가 청각적으로 입력되어 의미를 인지한다는 것은 투영된 언어가 사고와 상호작용한다는 것으로 해석된다.

수어를 사용하는 농부모의 양육을 받은 청각장애아동의 언어발달 특성을 〈표 5-1〉에 기초하여 비교하면 〈표 5-2〉와 같다.

DCDP의 초기발성은 가청유아와 동일하다. 수어를 통한 부모와의 상호작용도 가능하다. 단, 음성과 문자의 일대일 대응과 음성언어에 대한 연상력이 '음성에 기초할 때' DCDP에게는 나타나지 않는다. 그러나 수어를 통한 부모와의 상호작용에서 일대일 대응과 연상력을 발달시키기 위한 언어적 능력은 발달한다. 수어소에서 수형, 수향, 수동, 수위, 비수지신호 등에서 유사한 의미를 인지할 수 있는 구조로 언어가 발달한다.

밥 먹는 곳(식당), 수영하는 곳(수영장), 영화 보는 곳(극장) 등에 대한 '곳'을 음성이 아닌, 수어의 의미로 인지할 수 있다. 어휘 확장과 관련되지만, 동일한 의미로 구성된 수어의 특성을 이해하는 과정이다. 이와 같은 언어적 이해와 사용은 학교 교육에서 문자언어를 학습할 때, 수어와 문자의 일대일 대응과 연상력이 발달하는 기초로 작동한다. 음성이 아닌, 수어와 문자의 일대일 대응과 연상력지도는 수월하다는 점에서 〈표 5-2〉에서 가능하다고 기재되어 있다.

〈표 5-2〉 DCDP 언어발달의 특성

	초기 발성	상호작용	일대일 대응	연상력	문자언어발달
가청아동	가능	가능	가능	가능	가능
청각장애아동	가능	제한적 가능	제한적 가능	제한적 가능	지체
DCDP	**가능**	**가능**	**가능**	**가능**	**가능**
언어발달	조사발달	사고발달	어휘발달	문장발달	고등사고 기능

4) 수어의 언어적 자질: 한글파일과 PDF파일의 이해

수어가 언어로서의 역할을 담당하는 것을 '수어의 언어적 자질'로 정의하고자 한다. 그러나 몸동작 등과 같은 가정(집)에서 사용하는 수어가 언어적 자질을 가지지 못할 경우는 정보처리에서 차별성이 크다. 언어적 자질은 한글파일로, 언어적 자질을 가지지 못한 몸동작 등은 PDF파일로 설명하고자 한다.

한글파일과 PDF파일을 비교하면 몇 가지 차이가 있다.

첫째, 용량의 차이이다. 한글보다 PDF파일의 용량이 크다. PDF파일은 한글파일에 비해 동일한 정보를 보관하는 데도 상대적으로 많은 용량을 필요로 한다. 그림파일 역시 PDF파일과 유사하게 큰 용량을 필요로 한다.

둘째, 용량의 차이와 유사하게 저장과 인출에서 많은 시간이 소요된다. 정보를 저장하는 데 소요시간과 인출하는 데 소요시간에서 차별적이다.

셋째, 가장 중요한 요인은 동화와 조절의 차이이다. 한글파일은 수정, 보완, 편집이 가능하지만, PDF파일은 상대적으로 어렵다. 특히 정보처리에서 한글파일은 유사 정보에 대한 동화와 정보의 분류를 전제한 조절 등이 가능한 체제인 반면, PDF파일은 정보처리의 융통성이 부족하다. 특히 동화는 내적 정신구조를 외적구조로 확산하는 체제이며, 조절은 외적구조로부터 내적 정신구조를 적응시키는 능력이다. /멍멍이/라는 언어적 자질을 과잉일반화시키는 동화와 /멍멍이/와 /야옹이/를 구분하는 조절에서 한글파일로 설명된 언어와 통째로 보관되고 융통성이 결여된 PDF는 발달이라는 차원에서 차원을 달리한다.

5) 청각장애학생의 일기문 분석

쓰기는 읽기와 병행하여 발달한다. 청각장애학생의 쓰기도 읽기 능력에 영향을 받는다. 청각장애학생의 쓰기발달에 대한 국내 연구는 일기장 분석에 의존하여 특성을 제안하는 데 한정하고 있다(강창욱, 1994). 쓰기발달의 특성 또는 방향성보다 일기장에 나타난 문장 분석에 치중하고 있다. 국어와 수어의 차이 또는 청각장애학생의 쓰기 특성을 알고 쓰기를 지도할 수 있는 시사점을 알아볼 수 있다. 청각장애학생의 일기장에 나타난 문장의 성격에 기초한 쓰기발달의 특성을 정리하면 다음과 같다.

첫째, 단문 중심의 발달이 선행된다. 읽기와 같이 주어+목적어+서술어(예: 나는 밥을 먹었다.) 또는 주어+장소+서술어(예: 나는 학교에 갔다.) 중심의 문장이 먼저 발달한다. 초등학교 고학년이 되면서 형식적 조작기에 입문하므로 단문에서 점차 복문 중심의 문장 사용이 증가하는 변화가 나타나며, 사고의 발달과 관련된다. 그러나 고등사고 기능을 문장으로 표현할 수 있는 언어적 도구 사용의 한계로 복문 구조의 표현에 어려움이 나타난다. 복문 구조에서도 어휘의 순서 및 조사 사용의 제한 또는 생략 등으로 실사구조로 표현하므로 문장의 의미를 파악하는 데 어려움이 따른다.

청각장애학생은 학년이 올라갈수록 문장에서 쓰기 오류가 많이 나타난다는 연구결과가 많으므로 결과 해석에 유의해야 한다. 초등학교 저학년과 중학년에서는 단문 중심의 쓰기를 하므로 문법적 오류가 많이 나타나지 않는다. 초등학교 고학년이 되면서 사고의 발달에 따른 문장 표현이 복문 중심으로 바뀌면서 오류가 많이 발견되는 것이다. 자칫 청각장애학생은 학년이 올라갈수록 쓰기발달이 퇴화되는 것으로 해석되는 오해가 없어야 한다. 청각장애학생의 사고 발달에 따른 쓰기지도 방법의 연계성이 요구됨과 동시에 고등사고 기능을 표현할 수 있는 언어적 도구 사용이 병행되는 지도 방법의 질적 변화 또한 요구된다.

둘째, 접속사를 사용하여 사건의 연결을 설명한다. 대등문의 접속사 사용은 시간의 경과에 기초한 사건 중심으로 나열하기 위해 사용된다. 특히 {~고}를 사용하여 문장을 연결하는데, 사건 중심의 열거 또는 시간 경과의 순서에 의존하고 있는 특성을 보인다(예: 나는 세수하고 밥을 먹고 가방을 준비하고 학교 버스를 탔다). 대등 접속사 {~고}를 사용하는 특성은 생각의 연결을 표현하기 위한 방법으로 이해되지만, 문장을 한 개 또는 두 개로 각각 나타내면서 표현할 수 있는 방안을 지도하면 다양한 방법으로 쓸 수 있다는 것을 인식시킬 수 있다[나는 세수하고 밥을 먹었다. 가방을 준비하고(~여) 학교에 갔다 등].

대등 접속사와 함께 연결어미 {~어서, 아서, 여서}의 사용도 높은 빈도를 보인다. 앞 문장의 사건과 뒤 문장의 내용이 순차적으로 일어나는 것을 설명하기 위한 연결 어미의 사용이 번번하게 나타난다(예: 아침에 늦어서 택시를 탔다). 연결 어미 {-어서}는 행동의 원인과 결과를 의미하는 문장이므로 청각장애학생의 쓰기지도에서 어렵지 않게 접근할 수 있다. 연결 어미는 {~때문에}라는 인과관계를 내포하므로 지도가 비교적 용이하다. [아침에 늦었기 때문에 택시를 탔다.]로 문장을 바꾸어 쓸 수 있도록 지도하는 것은 어렵지 않다. 그러나 가끔 원인과 결과를 나타내는 문장에서 결과를 먼저 제시하기도 한다. [밥을 먹지 못했다. 시간이 바빠서.] 등과 같이 문장이 도치되기도 한다. 그리고 앞 문장의 내용에 대한 원인이나 이유를 뒤 문장에서 설명할 때 문장을 이어 주는 부사 {왜} 또는 {왜냐하면} 등과 같은 어휘를 먼저 제시하고 원인을 제공한 이유를 설명하기 위한 문장이 먼저 나타나기도 한다(예: 왜냐하면 시간이 바빠서 밥을 먹지 못했다).

문장의 도치 또는 {왜냐하면}의 사용은 수어로 표현할 때 의미 전달에는 어려움이 없다. 즉, 수어의 의미 전달 방법을 국어의 문장으로 동일하게 쓰는 특성이다. 수어의 표현과 국어의 문법적 정문이 서로 차이가 있음을 지도해야 한다. 틀린 문장으로 이해하기보다 수어의 특성으로 인식할 때 쓰기지도가 용이하다. {-어서}는 이유 또는 시간의 경과를 나타내는 특성이 있음을 청각장애학생이 인지할 때 굳이 {왜냐하면}을 문장에서 사용하지 않아도 된다는 것을 알게 된다.

셋째, 동사를 변형하는 명사의 내포문 사용 빈도가 높다. 명사의 내포문은 동사를 {~기}로 중화시키는 경향이 높다. 명사의 내포문에는 {~임} {~음} {~함} 등이 있지만,

{~기}가 대표적으로 사용된다. {먹다}는 {먹기}, {보다}는 {보기}, {듣다}는 {듣기}, {차다}는 {차기} 등으로 표현한다. {먹다}와 {먹기}는 문법적으로 타동사와 명사로 구분된다. 그러나 수어에서 두 어휘는 동일한 수형(손 모양)을 가진다는 점에서 명사의 내포문으로 쉽게 표현될 수 있을 것이다.

넷째, 의미 전달에 초점을 두는 특성이 두드러진다. 대표적인 어휘가 {개구쟁이}이다. {개구쟁이}는 '철없이 짓궂은 장난을 즐기는 아이'의 의미이지만, 수어에서는 다양한 의미를 내포한다. 철없이 뛰어놀던 그 시절이 그립다는 의미로 추억이 많고 많은 사건이 존재하는 현상 등을 함께 포함하는 특성으로 나타나므로 명사보다 동사와 형용사 등을 함축하고 있음을 알아야 한다. 수어의 특성에 따른 의미 중심의 표현이다. 예를 들면, [선생님과 개구쟁이 참 재미있었다.]는 단순히 개구쟁이가 아닌, 선생님과 함께 철없이 뛰어놀던 그 시절이 참 좋았음을 표현하기 위한 문장으로 이해된다.

개구쟁이와 함께 {마치다}와 {하다}, 그리고 {있다}와 {없다}의 표현도 의미 중심의 수어 표현이 문장의 쓰기로 나타나는 특성이다. {마치다}는 행위의 종결을 의미한다. 문장에서 {마침}을 표현하기보다 행위의 종결이라는 의미는 내포한다. [밥을 먹었니?]라는 문장을 수어로 표현하면 {밥}+{마치다}이다. {마치다} 또는 {끝}은 행위의 종결을 의미한다. 밥 먹는 것을 마쳤는가에 대한 수어 표현을 한글의 쓰기로 표현한 것이다.

{하다}는 행위의 책임 또는 진행을 의미한다. {마치다}와 유사하게 사용된다. [그림을 하고 버스를 탔다.]의 문장에서 사용된 {하고}는 그림을 그린 행위의 종결 또는 본인의 행위를 설명하는 책임이 내포된 수어 표현이다.

{있다}와 {없다}는 행위의 존재 또는 현상에 대한 유무 또는 미래의 사건이 일어날 가능성의 유무를 나타내는 특성이 강하다. [청소 있다.] [소풍 없다.] 등과 같은 문장은 청소라는 행위 또는 소풍이라는 사건이 일어날 가능성에 대한 표현으로 이해된다.

청각장애학생의 쓰기발달은 수어의 표현이 국어 문장으로 전이되는 변형문법의 생성이 생략된 특성으로 이해된다. 청각장애학생의 수어의 특성을 이해하면 쓰기지도에서 쉽게 접근할 수 있다. 틀린 문장이 아니라, 다른 문장을 사용하고 있음을 먼저 인지해야 한다. 수어의 특성에는 얼굴표정 등으로 문법적 특성을 표현하는 비수지신호가 있다. 얼굴표정 등을 포함한 비수지신호를 이용한 쓰기지도에 대한 내용은 수어발달에서 설명하고자 한다.

6) 청각장애학생의 언어발달 지원 방안

청각장애학생이 직면한 언어발달의 문제점은 청력손실 자체에 있다. 청력손실을 보상할 수 있는 보청기 및 인공와우 착용 또는 수어지도 등과 같은 방법론의 대체가 없다면 다음과 같은 사안을 고려해야 한다. 물론 보청기와 인공와우의 착용, 수어 사용의 유무와는 상관없이 고려해야 할 사안이기도 하다.

첫째, 정보전달의 명확성이다. 교사와 부모, 즉 화자의 주관적 시각에서 청각장애학생을 청자의 입장을 고려하면 안 된다. 청자의 입장에서 정보를 정확하게 인지했는가에 대한 평가가 우선되어야 한다.

둘째, 정보전달의 재구성이다. 교사 또는 부모의 정보가 정확하게 전달했음에도 불구하고 청각장애학생이 이해할 수 없는 것은 전달된 정보 내용의 수준이다. 학습자의 특성에 맞도록 정보의 내용을 재구성해야 한다. 교과내용 등과 같은 정보를 전달하기 전에 청각장애학생의 개인차를 고려하여 구상 또는 설계할 수 있어야 한다. 어휘 또는 구문을 달리하는 '말(수어) 또는 문장 바꾸기 전략'(switch)에 익숙해야 한다. 학습자의 언어적 특성 및 이해의 정도 등을 고려하여 학습자 중심의 말 바꾸기 전략을 사용해야 한다.

셋째, 민감성 개발이다. 학습자의 반응에 대한 교사의 민감성은 다양하다. 무관심, 반응 속도의 차이, 엉뚱한 반응 등으로 나타난다. 가장 바람직한 교사의 민감성은 학습자의 자극에 대한 반응을 예측할 수 있어야 한다. 반면, 학습자의 정보처리 자체에 어려움이 있음을 예견하여 대처하고 switch를 준비하는 교사도 많다. 민감성은 자극에 대한 반응의 빠르기로 정의되는 것과 같이 학습 과제 또는 발문을 자극으로 제공했을 때, 즉 청각장애학생의 자극에 대한 교사의 반응이 정확할수록 교사와 학생의 상호작용은 수월하다. 나아가 청각장애학생은 교사에 대한 신뢰성을 구축한다.

넷째, 언어와 사고의 상관성을 고려한다. 지도할 내용 또는 대화를 진행하는 언어적 주제가 사고와 상호작용할 수 있어야 한다. 사고와 상호작용하지 못하는 언어적 발문은 단순 지식에 불구하든지 또는 개방형이 아닌 폐쇄형 질문이다. 폐쇄형 질문은 사고의 촉진을 방해하는 원인으로 작용한다.

다섯째, 반응의 이유에 근거하여 지속적으로 상호작용한다. 교사의 수업 내용 또는 질문에 대한 학생의 반응은 다양하게 나타난다. 학습자의 발문에 기초하여 눈높이를 설정, 즉 학습자의 발문 내용을 비계설정의 질문거리로 (재)구성하여 학습자 중심의 상호작용을 지속한다. 학생의 발문을 정답과 오답의 진위보다 그렇게 생각하는 이유에 초점을 두면 상호작용을 통한 교수학습의 과정에서 바람직한 결과가 예상된다. 고등사고 기능은 단순히 시간의 흐름으로 대변되는 사고의 발달이 아니다. 단위시간에서의 양질의 상호작용과 노력의 결실이다.

여섯째, 교사의 얼굴표정은 전달하고자 하는 의미를 대변한다. 긍정문과 의문문, 수동문과 능동문, 의미적 문장 등을 표현할 때 언어적으로 설명하기에 어려움이 있는 경우도 얼굴표정으로 이해시킬 수 있다. 이는 사고에 의존하는 언어지도 방법에 해당한다. 읽기지도에서 사용하는 하향법 또한 인지 또는 사고에 의존하는 방법으로 이해된다. 교사의 일관된 그리고 언어적 의미를 내포한 얼굴표정은 사고를 투영하는 언어적 자질임을 알아야 한다.

스웨덴의 청각장애학생을 위한 언어발달 지원

1) 스웨덴 국회가 1981년 청각장애학생의 가정, 학교, 사회에서 성공적으로 적응하도록 이중언어를 승인한다. 1언어는 스웨덴 수어이며, 2언어는 스웨덴어이다.
2) 이중언어지도는 단계별 성취수준, 사회 전반의 참여, 청각장애 공동체 및 가정에서 사용하는 것이며, 현재는 진단·평가와 함께 수어에 노출된다.
3) 가청부모와 모든 교사는 수어를 사용함. 물론 가청부모 본인의 의사에 따라서 수어를 학습하지 않아도 된다.
4) 텔레비전의 어린이 프로그램에서 수어를 보면서 성장하고, 학교에 입학한다.
5) 학교 교육과정에 수어는 교과목으로 지정하고 있다.
6) 졸업시험을 모두 기대 이상의 성과를 보이면서 통과한다.
7) 스웨덴의 청각장애학교 교사는 모두 수어가 가능함. 교사 양성 과정에서 수어지도 방법을 이수한다.

출처: Mahshie (1997).

□ 확인학습

1. 가청유아의 Babbling과 청각장애유아의 Mabbling의 공통점에 대하여 설명할 수 있다.
2. DCDP의 Mabbling이 언어발달로 연계되는 구조에 대하여 안다.
3. 청각장애아동과 가청아동의 언어 학습 궤도가 분리되는 시기와 방향성 차이의 원인에 대하여 설명할 수 있다.
4. 초기 언어는 무엇이고, 초기 언어가 문해 학습으로 연계될 때의 역할에 대하여 설명할 수 있다.
5. 수어의 언어적 자질에서 한글파일과 PDF파일을 예로 제시하는 이유에 대하여 설명할 수 있다.

제6장
언어교육방법론

청각장애교육의 역사는 언어교육방법론의 논쟁이라고 해도 과언이 아니다. 구어교육은 병리적 및 의학적 시각에 기초한 정상화론을 강조한다. 수어교육은 문화적·언어적 관점에 기초한 자아실현론의 당위성으로 설명된다. 미국에서는 1970년대, 한국에서는 1990년대의 종합적 의사소통법(Total Communication: TC)과 함께 1995년 이후에는 이중문화·이중언어(Bicultural and Bilingual: 2Bi) 접근법(Approach)과 이중 양상 이중언어(Bi-modality Bilingual)지도의 필요성이 강조되고 있다.

1. 구어교육

청각장애학생도 말소리를 청각적으로 듣고 음성으로 표현할 수 있어야 한다는 관점이 구어교육(또는 구화교육)의 핵심이다. 구어교육은 역사적으로 스페인과 독일을 중심으로 강조되었다. 세계 최초의 청각장애교육의 창시자로 알려진 스페인의 수도사인 Pedro Ponce de Leon(1520~1584)은 여덟 명의 자녀 중에서 다섯 명의 청각장애 자녀를 둔 귀족 집안에서 두 명의 청각장애학생을 지도하였다. 청각장애가 있는 Francisco는 작위 상속이 가능했으며, Pedro는 스페인어와 라틴어를 수료하고 성직자 자격을 인정받았다는 기록으로 보아 Ponce de Leon의 교수 방법은 탁월했음을 알 수 있다. Ponce de Leon의 교수 방법은 Bonet에 영향을 제공한 것으로 알려져 있다. Bonet의 청각장애학생 및 지적장애학생과 일반학생의 발달심리 및 언어학 이론은 Itard, Sequin, Montessori, Pestalozzi, Piaget 등과 같은 교육학자와 심리학자에게 영향을 미쳤다.

독일식 구어교육은 Samuel Heinicke(1727~1790)에 의해 창시되었고, 1778년에 세계 최초의 공립 농학교를 설립하였다. Heinicke와 함께 John Baptist Graser(1766~1841)와 Frederick Maritz Hill(1805~1874)의 노력으로 독일은 구어교육의 틀을 확고하게 마련하였다. 비록 프랑스의 청각장애교육을 주도한 l'Epee의 교수방법이 독일에 소개되었으나, Graser과 Hill은 청각장애학생도 가청학생과 같이 말과 언어를 학습해야 한다는 소신으로 보급되지 못하였다. 19세기 초 독일의 세계 최고의 국력으로 구어교육은 프랑스를 포함한 유럽 및 미국에도 영향을 미쳤다. 특히 1880년 이탈리아의 Milan에서 개최된 제2차 International Congress on Education of the Deaf(일반적으로 Milan Conference로 칭함) 대회에서 청각장애교육을 위한 언어교육방법으로 수화언어를 사용하지 않는 순수 구어법이 채택되기도 하였다(최성규, 1995).

2010년 캐나다 밴쿠버에서 개최된 제21차 International Congress on the Education of the Deaf(ICED)에서 1880년 선언에 대한 이사회의 공식적인 사과 및 인권 및 차별금지에 위배된다는 점에서 철회되었다. 또한 영국은 구어교육과 수어교육이 공존하는 교육방법을 적용하게 되었다.

구어교육은 결과적으로 말을 이용한 의사소통의 수월성이 목적이다. 언어의 수용과 표현에서 음성언어의 수용과 표현으로 접근한다. 청각장애학생을 위한 구어교육의 수용과 표현은 [그림 6-1]과 같이 정리된다.

음성언어의 수용은 청각적 수용과 시각적 수용으로 구분된다. 청각적 수용은 잔존청력을 활용하는 청능훈련으로 접근한다. 음성언어의 시각적 수용은 큐드 스피치로 설명할 수 있다. 발음직시법 등과 같은 방법을 적용할 수 있지만, 발음직시법은 하나의 자모음에 대한 하나의 손가락 모양으로 대응시키므로 발음에 대한 시각적 인지에 한정된다는 제한점이 있다. 언어지도에서 아동의 인지발달을 견인하는 데 한계가 있으며, 또한 시각적 인지를 통하여 음성적 또는 언어적 의미를 생성시키지 못하는 기계적 대응에 불과하다. 특히 발음직시법이 독순훈련의 기초가 되었다는 연구결과는 국내외에서

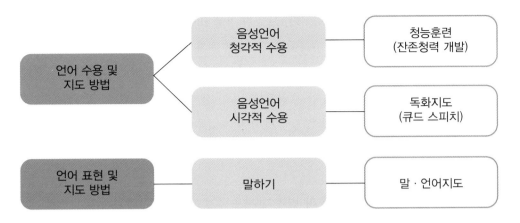

[그림 6-1] 구어교육의 수용과 표현의 구분

출처: 한국청각언어장애교육학회(2012), p. 155.

매우 제한적이다. 반면, 큐드 스피치는 제시된 힌트(cued)를 통하여 음성언어(speech)를 인지하고 독화지도로 연계하는 언어적 특성을 내포한 지도 방법이다(신지현, 정승희, 박경희, 2010).

1) 청능훈련

음성언어의 청각적 수용에서 청능훈련은 구어교육의 기본이다. 청능훈련은 청능, 청능-구화, 음향, 또는 단일 감각 방법 등과 같은 용어로 사용되기도 한다. 청능훈련은 잔존청력을 최대한 활용하여 소리의 감지, 변별, 확인 그리고 이해할 수 있는 능력 개발에 초점을 둔다. 청능훈련은 잔존청력을 최대한 활용할 수 있는 방안이므로 청각장애학생이 교사의 입술을 읽고 이해하는 능력을 요구하지 않는다. 오직 잔존청력을 활용하여 청각적 정보를 인식하고 이해할 수 있어야 한다. 보청기의 개발 등으로 잔존청력을 활용하는 청능훈련 프로그램 적용이 보편화되었다. 청능훈련의 단계별 지도 방법은 다음과 같이 설명된다(최성규, 2011; 최성규 외, 2015).

(1) 음의 감지 단계

음의 감지 단계는 음의 인식 단계로 표현되기도 한다. 음의 감지 단계는 음의 유무 및 강약 등을 구분할 수 있는 능력이다. 보청기 착용 또는 인공와우 시술 후 1개월이 되면 음의 유무에 대한 반응은 반사적이다. 음의 유무에 대한 감지는 1시간의 훈련이면 충분하다. 방문 노크 소리, 악기 소리, 음악의 볼륨 등에 대한 주제로 프로그램을 운영하면 음의 감지 단계에서의 지도가 수월하다. 음의 감지 단계를 위한 프로그램의 적용에서 시각적 및 촉각적 방법을 함께 활용하면 보다 효과적이다.

(2) 음의 변별 단계

음의 감지 단계가 정착되면 음의 변별 단계로 진행한다. 음의 강약은 4시간 정도의 활동이면 지도가 가능하지만, 두 가지의 다른 소리를 듣고 구분하는 변별 능력은 25시간의 훈련이 요구된다. 음의 강약에 따라서 오른쪽 또는 왼쪽으로 돌기, 계단 오르내리기, 또는 앉았다 일어나기 등으로 지도할 수 있다. 음의 변별 단계에서 적용할 수 있는 프로그램은 엄마와 아빠의 목소리 구분하기, 두 가지 인형 중에서 일치하는 소리 변별하기, 동물의 울음소리에 맞는 인형 고르기 또는 청각적으로 인지한 소리의 그림 카드 맞추기 등이 있다.

(3) 음의 확인 단계

음의 확인 단계는 음의 변별 단계가 완성된 다음 또는 함께 지도할 수 있다. 음의 확인 단계는 음의 변별 단계와 유사하지만, 난이도 면에서 차별적이다. 음의 변별 단계에서는 두 가지의 청각적 자극을 구분하는 능력인 반면, 음의 확인 단계에서는 제한된 단서 안에서 소리의 특징을 알게 하는 것이다. 제한된 단서의 개수 및 난이도는 청각장애 학생의 수행정도 및 연령 등을 고려하여 조정할 수 있다. 음의 확인 단계에서 적용할 수 있는 프로그램은 동요에 나오는 동물의 울음소리에 맞는 그림 카드 고르기 또는 그림 카드 붙이기, 동요에 나오는 동물의 소리 흉내 내기 그리고 동요의 동물에 해당하는 인형 찾기 등이 있다. 음의 확인 단계 다음에는 음성언어 이해 단계에 해당하므로 다양한 음성언어를 활용할 수 있다. 인사하기, 식사하기, 화장실 찾기 등과 같은 생활중심의 용어를 듣고 그림 카드 찾기 등을 활용하는 것도 필요하다.

(4) 음의 이해 단계

음의 확인 단계에서는 제한된 단서에 한정하지만, 음의 이해 단계에서는 제한되지 않은 상황이라는 차별성이 있다. 제한되지 않은 상황에서 음성언어에 대한 의미를 알고 수행할 수 있도록 지도한다. 음의 이해 단계에서 적용할 수 있는 프로그램은 음성언어를 듣고 질문에 대답하기, 동화를 듣고 등장인물 알기, 동화의 내용을 제시하는 그림카드를 순서대로 배열하기 그리고 자신의 생각 표현하기 등이 있다. 또한 지시에 맞는 활동하기 등과 함께 그림일기 쓰기와 대화하기 등의 활동도 포함할 수 있다.

2) 독화지도

음성언어의 청각적 수용에서 청능훈련이 가장 보편적인 방법이지만, 청각과 시각을 함께 사용하는 다감각법도 있다. 다감각법의 대표적인 방법이 큐드 스피치이다. 이 교재에서는 큐드 스피치를 시각적 수용으로 분류하고 있으나, 청각장애학생은 교사의 음성언어를 청각적 수용과 함께 시각적 수용도 동시에 가능하다는 점에서 다감각법으로 이해되기도 한다. 큐드 스피치는 하나의 의사소통 방법이지만, 청능훈련, 조음지도 그리고 문자언어지도를 위해 사용되기도 한다. 그러나 최종적으로 손동작에 의존하지 않고 음성언어의 의미를 이해할 수 있다는 점에서 구어교육의 독화지도 방법으로 설명된다. 참고로 큐드 스피치는 지문자 중심의 수화언어가 아니다. 큐드 스피치는 발음(phonetics) 수준의 언어를 표현하기 위한 손동작 양식이다.

큐드 스피치는 음성언어(청각)와 함께 손동작(시각)을 제시한다. 큐드 스피치에 능숙한 교사는 음성언어 산출과 함께 손동작이 동일하게 제시할 수 있다. 마치 수화언어 표현이 음성언어와 동시에 산출되는 것과 동일하게 표현된다. 음성언어는 자음과 모음의 합성으로 발성된다. 큐드 스피치의 조합도 자음과 모음의 합성으로 구성된다. 큐드 스피치의 형태소는 손 모양 및 손 위치이다.

자음을 지칭하는 손 모양은 여덟 개의 손가락 모양을 통하여 구분하고 있으며, 모음을 지칭하는 손 위치는 입술과 가까운 얼굴을 중심으로 4개의 조음점을 가진다. 입(정확한 위치는 입의 끝부분인 뺨), 턱 그리고 목을 중심으로 ① 입(뺨 근처)에서 정면 방향으로 움직이기와 ② 입에서 하향으로 움직이기, ③ 뺨 오른쪽 앞에서 목으로 사선(45도 각도) 이동 그리고 ④ 턱에서 목으로 이동하는 손 위치를 가진다(Cornett, 2000; Cornett & Daisey, 1992).

자음과 모음의 조음점은 군으로 구성된다. 자음의 한 조음점에는 3개에서 4개의 자음으로 구성되고, 모음의 한 조음점에는 2개에서 3개의 모음으로 구성된다. /b/와 /p/는 동일한 입술모양의 발성이지만, 큐드 스피치에서는 /b/와 /p/를 다른 자음 군으로 배치하고 있다. 시각적으로 구분이 어려운 자음의 음소는 배치를 달리하여 손 모양으로 구분할 수 있도록 하였다. 큐드 스피치의 기본을 익히기 위해서는 12시간의 연수가 요구된다. 큐드 스피치를 활용하여 음성언어로 대화를 하는 것과 같이 부드럽고 자연스럽게 사용하기 위해서는 지속적인 연습과 사용이 전제된다(최성규, 1995). [그림 6-2]는 큐드 스피치의 자음과 모음의 손 모양과 손 위치에 대한 설명이다.

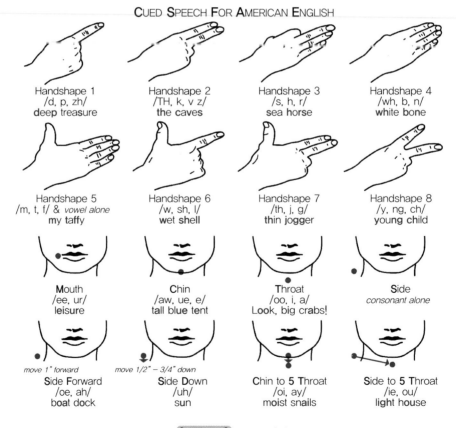

CUED SPEECH FOR AMERICAN ENGLISH

Handshape 1
/d, p, zh/
deep treasure

Handshape 2
/TH, k, v z/
the caves

Handshape 3
/s, h, r/
sea horse

Handshape 4
/wh, b, n/
white bone

Handshape 5
/m, t, f/ & *vowel alone*
my taffy

Handshape 6
/w, sh, l/
wet shell

Handshape 7
/th, j, g/
thin jogger

Handshape 8
/y, ng, ch/
young child

Mouth
/ee, ur/
leisure

Chin
/aw, ue, e/
tall blue tent

Throat
/oo, i, a/
Look, big crabs!

Side
consonant alone

move 1" forward
Side Forward
/oe, ah/
boat dock

move 1/2" – 3/4" down
Side Down
/uh/
sun

Chin to 5 Throat
/oi, ay/
moist snails

Side to 5 Throat
/ie, ou/
light house

[그림 6-2] 큐드 스피치

3) 말 · 언어지도

음성언어 습득을 위해서는 약 6,000시간이 필요하다. 청각장애학생의 음성언어지도가 어려운 이유가 여기에 있다. 영아는 출생하여 성장하면서 주변 환경에서 다양한 소리 및 음성언어에 노출된다. 잠자는 시간 또는 소리가 없는 순간들을 제외하고 가정과 사회에서 다양한 소리에 노출된다. 영아가 음성언어의 팽창기 또는 폭발기인 만 2~3세가 될 때까지 음성언어에 노출된 시간이 약 6,000시간이 될 것으로 추론된다.

음성언어 습득은 큰 북소리, 작은 북소리, 동물의 울음소리 그리고 여러 사물의 소리 등과 같은 소리의 학습과는 질적으로 차별성을 가진다. 사물음은 소리에 대한 직관적 이해지만, 음성언어는 의미에 대한 인지 과정이다. 개와 고양이 등과 같은 동물도 소리에 대한 반응을 보일 수 있지만, 음성언어를 표현하지는 못한다. 비록 음성언어의 수용과 표현이 인간 유기체의 특성이지만, 청각장애학생의 청력손실은 음성언어의 수용에서 양적으로 제한적이며, 청력손실 정도가 심할수록 청각적 정보를 통한 음성언어의 이해는 양적 및 질적으로 어려움을 제공한다. 그래서 청각장애학생의 말 · 언어지도의 효율성을 위해서는 조기교육이 중요한 요인이 된다.

청능훈련 단계를 통하여 감지, 변별, 확인 그리고 이해 단계가 되면, 다음으로 말 · 언어지도로 진행한다. 말 · 언어지도는 [그림 6-3]과 같이 언어 하위과제에 기초하여 설명하고자 한다.

말 · 언어지도의 4단계를 통하여 청각장애학생의 발성은 초분절적 자질과 분절적 자질로 구분할 수 있다. 또한 고등사고 기능의 기초가 되는 문장과 연결된 담론은 청각장애학생의 언어지도에서 최상의 목표가 되기도 한다. 이 장에서는 초분절적 및 분절적 자질에 대한 설명에 한정하고자 한다.

(1) 초분절적 자질

초분절적 자질(suprasegmental features)은 운율적 자질과 동의어이다. 초분절적 자질은 소리의 지속시간(길이), 진폭(세기) 그리고 기본 주파수(높이)와 같은 물리적 운동량으로 설명된다. 그래서 발어에서 음성언어의 길이, 세기 그리고 높이를 운율적 요소라고 한다.

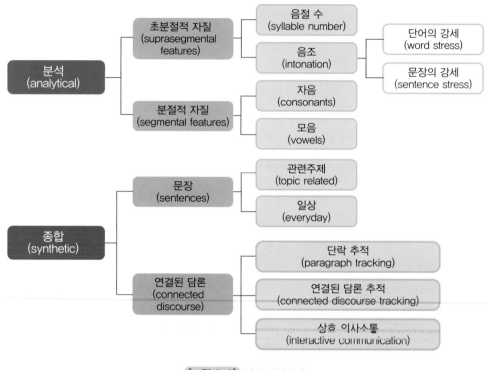

[그림 6-3] 언어 하위과제

출처: 최성규 외(2015), p. 297.

음절 수는 소리의 수로 설명되므로 청각적 자극과 함께 교육하는 것이 효과적이다. 1음절과 2음절의 음절 수에 따라서 북 또는 실로폰 등과 같은 악기를 활용하여 인식시킬 수 있다. 1음절은 북을 한 번 치고, 2음절은 북을 두 번 치면서 소리의 기본 수를 지각시키는 방법이다. 음절 수가 다른 두 소리의 감지, 변별, 확인 등으로 연계할 수 있다.

음조는 강세와 억양 등으로 설명된다. 청각장애학생의 음조지도에서 우선적으로 고려되어야 하는 훈련은 호흡과 관련된다. 청각장애학생에게 1음절 /아/ 발성, /아/를 연속해서 세 번 발성하는 /아, 아, 아/ 그리고 지속적으로 /아/ 발성하는 /아—/와 같은 세 발성을 연습시켜 보면, 다음과 같은 일관된 특성이 관찰된다.

① /아/: 전반부에서 강세 또는 억양을 지나치게 주는 발성이 나타난다.
② /아, 아, 아/: 역시 각 음절의 전반부에 강세를 주고, 두 번째와 세 번째의 /아/ 발성

에서도 동일한 발성 특성을 보인다. 한 번의 호흡으로 /아/ 발성을 세 번으로 나누
지 않고, 한 번의 호흡으로 하나의 /아/를 발성하므로 세 번의 호흡이 나타난다.

③ /아—/: 전반부에 지나친 강세로 인하여 /아—/의 지속에서 나타나는 마지막 부근
에서는 /흐/ 발성에 가까운 소리를 낸다.

초분절적 자질에서 음조에 해당하는 요소를 지도하는 것이 청각장애학생에게는 어
렵다. 청각장애학생에게 음조 요소를 지도하기 위해서는 호흡에 따른 길이의 조정 및
음절 또는 문장의 길이에 따른 호흡에서 호기의 배분을 지도해야 한다. 호각 불기, 비
눗방울 불기 그리고 복식호흡 방법 등과 같은 방법을 통해서 음조지도가 가능하다. 청
각장애학생의 음성언어 발성에서 나타나는 음조의 기력오류(강세 또는 억양의 문제)가
분절적 자질의 자음과 모음에 비하여 높은 빈도를 보인다.

연속적인 음성의 필요성을 보이는 문장에서의 음조는 단어보다 상대적으로 많은 변
화를 요구한다. 통사적 구조에 따라서 달리 제시해야 하는 음조의 운율적 요소인 문장
에서의 강세는 호흡에서의 불규칙한 호기와 흡기로 문장의 의미를 전달하는 데 어려움
을 가중시킨다. 이 역시 호흡훈련을 통한 호기와 흡기의 조절 능력을 향상하는 방안이
우선되어야 한다.

(2) 분절적 자질

분절적 자질의 최소단위는 자음과 모음으로 구성된다. 각 자음과 각 모음의 분류 및
구분을 위하여 최소대립쌍을 활용한다. 예를 들면, /곰/과 /공/을 최소대립쌍으로 활용
한다. 감지 및 변별 그리고 확인 단계를 통하여 /곰/과 /공/의 차이점을 지각시키는 방
법이다. 분절적 자질을 지도하기 위하여 다양한 어휘를 활용한다. 아동의 발달연령에
적합한 어휘 그리고 표적 음소의 주파수 등을 고려하여 개인차에 적합한 어휘를 선정
해야 한다. 연령이 어릴수록 신체부위 및 주변 사물, 또는 흥미 등에 초점을 두고 실물,
사진, 그림 등을 활용하여 지도해야 한다.

분절적 자질을 지도하기 위한 프로그램에서 고려되는 요인에는 자극제시 방법이 있
다. ① 청각적 자극, ② 시각적 자극, ③ 청각–시각적 자극제시 방법으로 접근할 수 있다.

청각적 자극제시 방법은 청각장애학생에게 청각적 자극만을 제시하는 방법이다. 탈

것과 관련된 세 개의 그림 카드를 책상 앞에 제시해 놓고, 교사는 입을 가리고 표적어휘의 /빵빵/ 소리를 내든지 또는 녹음기를 이용할 수 있다. 청각장애학생은 교사의 청각적 소리에 의존하여 과제를 수행하게 된다.

시각적 자극제시 방법은 청각적 자극은 소거하고, 시각적 자극만을 제공하는 방법이다. 교사가 청각장애학생에게 자동차 그림의 카드를 제시하면, 청각장애학생은 동일한 자동차 그림의 카드를 찾게 한다. 이때 교사는 음성언어 대신에 얼굴표정을 단서로 제공할 수 있으며, 청각장애학생은 /빵빵/ 또는 /자동차/로 반응해야 한다.

청각-시각적 자극제시 방법은 청각장애학생에게 자동차 카드와 함께 /빵빵/ 소리를 음성 또는 녹음기로 들려준다. 청각적 단서와 시각적 단서를 함께 제공시키는 방법이다.

이상의 세 가지 방법은 혼용하여 사용할 수 있다. 그러나 청각-시각적 자극제시에서 점차 시각적 자극제시 방법 그리고 청각적 자극제시 방법으로 하나씩 소거하면서 진행하는 것이 바람직하다. 통제되지 않은 상황에서 청각장애학생이 타인과의 의사소통 상황에 적응하는 것이 말·언어지도의 주요 목표이다.

음소지각에서 /곰/을 /공/으로 발성할 경우는 /공/으로 표적어휘를 수정할 수 있다. /공/을 중심으로 감지, 변별, 확인 단계에 도달하면 다시 /곰/을 변별시키는 방법을 적용하는 짝자극 기법을 활용할 수 있다. 분절적 자질은 향후 어휘지도 및 문장지도 등으로 연계된다는 점에서 기본교육의 중요성을 내포하고 있다.

(3) 문장

문장은 어(語), 구(句), 절(節)과 함께 문법을 나타내는 언어 단위의 하나로 사고나 감정을 말로 표현할 때 완결된 내용을 나타내는 최소 단위다. 청각장애학생의 문장쓰기 향상을 위한 많은 연구가 현재까지도 꾸준히 지속되고 있지만 아직도 현장에서는 문장쓰기지도의 어려움이 계속되고 있고, 청각장애학생의 문장쓰기에 구체적인 교수학습 전략 등을 제시함에 있어서도 많은 어려움이 있다(신지현, 2012). 청각장애학생의 어휘력은 건청학생의 발달과 비슷하나, 그 속도는 학년이 올라갈수록 현저하게 지체를 보인다(최성규, 2003). 청각장애학생이 고등학교를 졸업하는 학생 중 95%만이 9세 수준의 읽기와 문장쓰기에 도달하고 청각장애학생의 생활문 문장형태는 문법구조와 거리가 먼 문장을 구성하고 있다(강창욱, 1987). 또한 청각장애학생이 가장 쉽게 습득하는 문장

구조는 부정문이며, 그 뒤를 이어 접속문, 의문문의 순서로 나타났고 고등학교를 졸업하는 시점까지도 모든 의미 범주에서 많은 어려움을 겪는다(석동일, 1999).

청각장애학생의 문장지도 방법에는 일상에 관한 내용이나 관련 주제를 정하여 주어와 서술어를 제시하고 단문을 쓰도록 하며, 주어나 서술어에 밑줄을 치도록 하여 주술관계를 인식하도록 하고, 내용상 불분명한 긴 문장은 단문으로 다시 쓰도록 하며, 연속된 내용의 단문은 장문으로 고쳐 쓰게 하는 방법으로 지도할 수 있다. 문장 표현의 오류를 줄이기 위해 바른 문장으로 대답하도록 하며, 수식 관계를 철저히 지도하고, 동작이나 그림 등을 보고 문장을 쓰도록 지도하며 오류를 색깔 펜으로 정정하고 문장을 암기시키는 방법을 사용할 수 있다.

문장의 암기는 단순히 반복적 연습보다는 생각 또는 가능한 범위의 상상력을 자연스럽게 동원하면서 인지할 수 있는 문장지도 방법에 주제 관련 또는 관련 주제에 대한 연상이 가능해야 한다. 특히 관련 주제의 내용이 일상과 상호작용할 수 있는 내용이 되면 문장지도가 수월하다. 그러나 관련 주제가 일상과 직결된다고 해서 문장지도의 수월성이 절대적으로 보장되는 것은 아니다.

문장지도를 위해서는 먼저 어휘지도가 되어야 하고, 어휘를 중심으로 문장으로 연계되어야 한다는 점에서 대체사고전략(Providing Alternative Thinking Strategy: PATH) 적용이 효율적이다. PATH의 효율성을 설명하기 전에 왜 이 전략이 문장지도에 효과를 보장하는가에 대한 설명이 요구된다. [그림 6-3]의 언어 하위과제에서 설명하지 못한 부분이 문장지도 이전의 어휘지도이다. 따라서 PATH에서는 문장지도에서 어휘지도와 함께 설명하고자 한다.

PATH는 정신과 치료를 받는 청각장애학생을 위하여 정신과 의사에 의해 개발된 전략이다. 정신과 의사들이 내린 결론은 정신과 치료가 필요했던 것이 아닌, 의사소통의 어려움이 근본적인 요인임을 알게 되는 역사적 배경을 가지고 있다.

PATH는 어휘, 문장 그리고 사고의 촉진을 보장하는 방법이다. PATH는 자료 수집 원칙, 자료의 단계와 난이도, 자료 전략, 수업 전략으로 설명할 수 있다. 자료 수집에서는 교사의 역할이 가장 중요하다. 학습자의 수준과 요구, 일상의 경험 수준 등을 폭넓게 이해하는 당사자가 교사이기 때문이다. 수업에서 제공하는 그림 또는 삽화 등과 같은 자료 수집 원칙과 절차 등을 요약하면 다음과 같다(최성규, 2011).

① 자료 수집 원칙

- 청각장애학생의 학습 형태에 적합한 자료
- 청각장애학생의 정서적인 면이 충분히 고려된 자료
- 청각장애학생의 주의집중과 지속력을 키울 수 있는 유인성이 높은 자료
- 동기유발과 자신감을 기르고 쉽게 성공할 수 있는 자료
- 과학적인 활용과 관리가 간편한 자료
- 여러 가지 논리적 사고와 능력을 향상할 수 있는 자료
- 구체적인 경험을 줄 수 있는 자료
- 문장발달에 적합하게 사용될 수 있고, 개별적으로 활용할 수 있는 자료
- 여러 사고를 동시에 또는 연속적으로 할 수 있게 유도하는 자료
- 창의성을 유발할 수 있는 자료

② 자료의 단계와 난이도

- 단일 자극: 단일 자극은 일반적인 그림이나 삽화를 의미한다.
- 이중 자극: 상반된 장면은 하나의 그림 또는 삽화에 의미가 다른 두 개의 장면이나 내용이 함께 표현되어 있는 자료이다.
- 연속 자극: 차례 맞추기와 같이 하나의 사건을 중심으로 연속적으로 주요 장면이 제공될 수 있는 자료를 연속 자극이라고 명명하였다.
- 삽화 제시하고 작문하기: 여러 자료를 아동의 수준과 단계에 맞게 각각 제시하면서 창의적 발문으로 질문하고 생각하게 하여 문장으로 표현하는 방법으로 수업을 진행한다.

③ 자료 전략

- 단일 장면을 제시하고 내용을 설명하고 토의한다.
- 상반된 장면이 포함된 자극에서 상반된 내용은 가려두고 예상 가능한 장면을 연상

하게 하고 토의한다.
- 동일한 내용의 연속 자극을 제시하고 일련의 사건을 설명하게 한다.
- 다양한 삽화를 제시하고 작문을 한 후 설명하게 한다.

단일 장면을 제시하는 단일 자극, 두 개의 문장을 연결하는, 즉 중문지도를 위한 이중 자극 그리고 복문 구조지도를 위한 연속 자극에 대한 그림을 제시하면 다음과 같다. 시중에서 판매하는 좋은 자료가 많지만, 청각장애학생 개인의 특성을 고려한 문장지도는 교사의 개별화교육 차원에서 직접 개발하는 것이 가장 바람직하다. 다음의 [그림 6-4]는 단일 자극이다.

[그림 6-4] 단일 자극

단일 자극은 청각장애학생의 수준에 따라서 어휘지도와 문장지도가 병행될 수 있다. '모자' '투수' '던지다' '투수' '야구공' '야구선수' 등의 어휘지도가 가능하다. 문장은 '야구공을 던지다.' '투수가 공을 던지다.' 등의 문장지도로 연계된다. 다음의 [그림 6-5]는 이중 자극이다.

[그림 6-5] 이중 자극

    기도하는 모습에서 손을 모으고 있는 모습이 다르게 제시되고 있다. 중문지도가 가능한 문장으로 접근할 수 있다. 다음의 [그림 6-6]은 연속 자극이다. 연속 자극은 청각장애학생의 수준에 맞추어 교사가 직접 제작하는 것을 권장한다. 상황과 현실의 일상을 고려하여 교사가 개별화 또는 눈높이 교육이 가능한 자료 개발이 학습자의 문장지도에 효과적이다.

    교사의 의도에 따라서 '풍선을 불다.' '풍선이 부풀다.' '풍선이 터졌다.' 등으로 지도가 가능하다. 또는 '풍선을 입으로 부니 커진다'. '풍선을 불어서 팽창하였으나, 너무 많이 불어서 터져 버렸다.' 등으로 지도가 가능하다. 시각적 단서를 제공하면서 문장지도를 해야 하는 것은 청각장애학생 문장지도의 기본이다. 또 다른 연속 자극을 제시하면 다음의 [그림 6-7]과 같다.

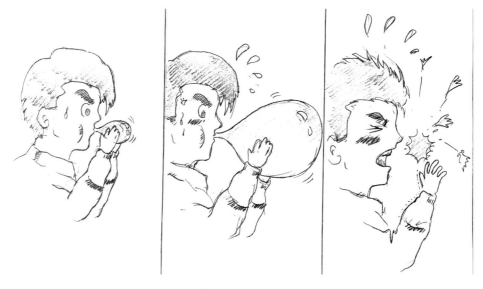

[그림 6-6] 연속 자극 A

[그림 6-7] 연속 자극 B

'소년이 길을 걸어가다 돌부리에 걸려 넘어졌다. 소년은 돌을 파내려 했으나, 너무나도 큰 돌이어서 파낼 수가 없었다.' 등의 복문이 가능한 그림이다. 또는 단문지도도 가능한 그림이다. 특히 '소년이 돌을 판 이유가 무엇일까?' 등과 같은 질문도 가능하다. 이 그림에 대한 적절한 제목 붙이기를 통하여 '배려' 등과 같은 추상명사지도로 활용할 수 있다. 무거운 물건을 들고 가는 할아버지의 물건 들어 드리기, 임산부에게 의자 양보하기 등과 같은 그림을 제시하면서 '배려'라는 추상명사지도가 또한 가능하다. 하나의 자료가 한 개의 목적만이 아님은 교사는 역량을 발휘해야 한다.

④ 수업 전략

- 경험의 다양함을 제공할 수 있도록 유도한다.
- 표현이 틀린 것이 아니라 다르게 표현되었음을 인지시키고 자신감을 북돋운다.
- 가장 좋은 생각을 유도한다.
- 또래 학습이 가능하다.

PATH에 적용될 삽화의 장점은 다음과 같이 열거할 수 있다.

- 청각장애학생에게 제시되는 삽화는 내어(inner speech)를 자극한다.
- 삽화는 경험할 수 없는 여러 상황을 간접적으로 체험할 수 있다.
- 여러 상황을 변화시키기가 용이하다.
- 청각장애학생의 언어적 자극을 유도하기에 충분하다.
- 아동의 흥미를 유발할 수 있다.

(4) 연결된 담론

담론(discourse)이란 화용적 측면에서 문장 이상의 연결된 발화이다. 문어로 쓰인 것은 텍스트(text)로 정의하기도 한다. [그림 6-3]에서 제시된 추적(tracking)은 응집성을 강조하는 것으로 문장이 자연스럽게 연결되는 것을 의미한다. 문장들이 밀접하게 연결되기 위해서 결속 장치(cohesive device)를 적절히 사용하는 것이 필수적인데, 이는, ① 대치(substitution), ② 생략(ellipsis), ③ 참조(reference), ④ 접속(conjunction), ⑤ 어휘적 결속(lexical cohesion)의 사용으로 볼 수 있다.

대치는 대명사나 지시어 등을 사용하여 앞서 언급된 문장 일부를 다른 단어로 교체하는 것으로 예를 들면, '철수는 밥을 먹었어. 그리고 그는 책을 읽었어.'에서 '그'는 앞 문장에서 언급된 '철수'를 의미한다. 생략은 앞서 나온 단어나 문장 일부를 생략하는 것으로 '나는 점심으로 비빔밥을 먹을 건데, 너는(무엇을 먹을 거니)?'의 문장에서처럼 괄호 안의 의미가 생략되어 표현된다. 참조는 앞이나 뒤에 있는 요소를 가리키는 것으로 부과, 인과, 시간 관계 접속사를 사용할 수 있다. 접속은 문장이나 구를 연결하는 것으로 연결된 문장 간의 논리적 관계를 설명한다. 접속사인 '그러나' '그리고' '왜냐하면' 등이 사용된다. 어휘적 결속은 문장 내에서 사용된 단어들의 연결 관계를 의미한다. 같은 어휘의 반복 사용이나 동의어(유의어), 하위어, 반의어 사용 등이 있다.

연결된 담론은 몇 개의 문단이 논리적으로 연결되어 결국 한 가지 주제로 이해된다. 담론의 유형은 기능에 따라 다양한데, 이 장에서는, ① 이야기와 ② 설명하기에 한정하여 서술하고자 한다.

이야기는 연결된 담론을 분석하기 위해 주로 사용하며, 하나의 이야기 틀을 이루는 구조를 분석하여 이야기의 형식을 유지하고 있는지 알아본다. 이야기는 배경, 계기 사건, 시도, 결과, 내적 반응과 같은 핵심 요소를 포함하는 에피소드 형식을 짧게는 한 번에서, 길게는 여러 번 반복하는 형식이다. 설명하기는 사건의 순서를 회상하는 능력으로 시간 개념과 구체적인 어휘, 원인과 결과에 대한 개념이 필요하다.

문장쓰기가 일부 가능하지만 문해능력이 낮은 청각장애학생의 담론 특성은 문장의 수가 많고 장황하나 연결성과 논리성이 낮고 결속 장치의 사용 빈도가 낮다. 결국, 연결된 담론에서 이루고자 하는 언어의 목표는 문장의 연결이 자연스러워야 하며, 문장이 많고 장황하기보다 논리적인 전개로 결국 말하고자 하는 주제를 밝힐 수 있어야 한다는 것이다.

청각장애학생을 지도할 때 주의해야 할 것은 초기 언어의 선택과 관련된다. 한글로 쓰인 문어를 언어로 표상할 수 있다면 그 의미는 저장될 것이나, 청각장애학생이 선택한 표현언어로 표현할 수 없다면 담론을 이해할 때 어려움을 겪을 수 있다. 제5장의 초기 언어와 문해발달의 연관성에서 설명한 것과 같이 수어 체제를 한글의 문해발달에 적용해야 하는 어려움이 존재하는 것과 같은 맥락이다. 이처럼 담론은 텍스트 이해에 영향을 미칠 수 있는데, 텍스트는 형식을 가지고 있으므로 청각장애학생에게 담론을 지도할 때, 언어의 인지적 구조를 기반으로 한 단계별 교육방법으로 지도하면 그 효과를 증대할 수 있다.

대화는 청각장애학생이 언어를 배우기 시작할 때부터 상호적으로 교대의 형식을 사용한다. 대화는 흥미를 반영하며, 대상도 다양할 뿐만 아니라 담론의 형식 중 가장 주변 환경의 신호를 잘 알아차려야 하는 것으로 상호적인 의사소통이 이루어지고 의사전달을 위해서 지켜야 할 규칙이 있다. 대화 규칙에는, ① 요구하기, ② 차례 지키기, ③ 주제 유지, ④ 수정하기가 있다.

청각장애학생은 듣기의 양적 제한으로 스스로 말을 시작하지 않거나, 수동적인 경우가 많다. 요구하기를 효과적으로 하기까지 청각장애학생의 언어발달 단계에 따라 다른 전략이 필요하다. 청각장애유아의 경우에는 대화 상대자가 주의를 기울여 요구하기에 직접 개입해야 하며, 이후 사회적인 상황을 고려할 수 있는 연령과 언어발달 단계가 되었을 때, 대화 상대방의 나이와 친숙도, 역할 등에 따라 어휘를 선택할 수 있게 된다. 두 번째로, 적절한 대화를 나누는 데 필요조건은 말의 차례를 지키는 것이다. 자신의 차례에 말하고 다른 사람의 차례일 때는 상대방의 말을 들으며 기다린다. 언어에 문제가 없는 학생은 이러한 규칙을 자연스럽게 터득한다. 그러나 청각장애학생 중 일부는 연습을 통해 이루어질 수 있다. 주제 유지하기는 대화의 흐름을 방해하지 않게 진행하고 필요한 주제를 도입하는 것이다. 주제의 유지와 도입이 어려운 청각장애학생에게 교사의 적극적인 개입으로 대화 방향을 원래의 주제로 돌리거나 적절한 순간에 다른 주제로 넘어가도록 유도하는 것이 필요하다. 수정하기는 하고자 하는 말이 제대로 전달되지 않았을 때 취하는 시도로 같은 문장을 한 번 더 말하기, 표현을 추가하여 말하기, 다른 문장으로 말하기 등의 방법으로 사용할 수 있다. 청각장애학생은 대화에서 수정하기 시도가 적으며, 자신의 듣기가 취약한 문제로 인식하여 대화를 연결하기보다 쉽게 포기하려는 경향이 있다. 대화 규칙은 정상청력을 가진 학생일지라도 시행착오를 경험하며 습득해 나간다는 것을 교사가 알려 주고 청각장애학생이 규칙을 시도할 수 있도록 독려해야 한다.

2. 수어교육

1) 수어의 이해

Stokoe(1960)는 수어의 발달과 습득에서 음성언어와 다른 독특한 자체적인 언어구조가 있다는 점에서 수어를 언어로 설명하였다. 수어소(chereme)는 Stokoe에 의해 창안된 용어로 음성언어의 음소에 상응하고 수형, 수위, 수동으로 분류하였고, Battison (1978)에 의해 수향이 추가되었다. Stokoe도 수향의 의미를 알고 있었으나, 수동에 포함하였다(Wilbur, 1979). 한국수어의 구성요소는 현재 다섯 가지로 분류된다. ① 수형은 손의 모양, ② 수동은 손의 움직임, ③ 수위는 손의 위치, ④ 수향은 손의 방향 그리고 ⑤ 비수지신호는 얼굴 표정과 몸짓 등으로 의미를 전달한다. 다음은 경기도수어교육원 (2018)에서 사용하는 교재의 부분이다.

① **수형**
수위, 수향이 같으며 수형이 달라 의미가 달라지는 경우이다.
예) 좋다, 있다 / 괜찮다, 없다

② **수동**
다른 세 가지 음소(수형, 수위, 수향)는 같으나 수동에 따라 의미가 달라진다.
예) 있다, 훌륭하다 / 지각, 천천히

③ **수위**
다른 세 가지 음소(수형, 수향, 수동)는 같으나 수위에 따라 의미가 달라진다.
예) 닭, 바보 / 과자, 웃다, 답답하다

④ **수향**
다른 세 가지 음소(수형, 수위, 수동)는 같으나 수향에 따라 의미가 달라지는 경우이다.
예) 연습하다, 청인 / 여행, 양

⑤ 비수지신호(비수지기호)

네 가지 음소(수형, 수동, 수위, 수향)는 같으나 비수지신호가 달라지면서 의미가 달라진다.

예) 귀엽다, 아깝다/청인, 맵다

2) 문법수어와 한국수어

수어는 문법수어와 한국수어(자연수어)가 있다. 문법수어는 국어식 문장과 문법에 맞추어서 수어를 구사하는 반면, 한국수어는 나름의 문법이 존재하는 차별성을 가진다. 미국은 다양한 문법수어가 존재하지만, 한국은 조사 중심의 문법수어가 있다.

(1) 문법수어

한국어에 맞도록 수어 체제를 적용하는 방법이 문법수어이다. 한국수어는 한국어와는 달리 조사 사용에서 매우 제한적이다. 한국수어는 일반적으로 실사구조로 제시된다. 그리고 문법적 특성은 비수지신호 등으로 표현한다. 그런데 가청교사는 이와 같은 한국수어의 문법적 구조를 이해하지 못하므로, 청각장애학생의 읽고 쓰는 문자언어의 낮은 수행능력이 수어의 한계로 생각한다. 다시 말해, 조사와 문법적 기능을 설명하기 위하여 가청교사가 중심이 되는 수어, 즉 문법수어가 가청교사에 의해 실행되고 지도된다. 그러나 청각장애학생이 수어를 학습하면서, 가청교사와는 문법수어로 의사소통하고, 또래 또는 청각장애학생들 간에는 한국수어를 사용한다. 학업성취수준이 뛰어나면서 한국수어에 능숙한 청각장애학생일수록 대화 상대의 수어 사용 양식에 따라서 코드 전환에 능숙하다.

문법수어의 도입 배경은 통합법 또는 종합적 의사소통법이라는 TC(Total Communication)의 보급과 관련된다. 미국은 1957년 구소련의 스푸트니크 사건이 계기가 되면서 미국 교육과정의 변화를 모색하였고, 청각장애교육에서는 새로운 언어교육방법론으로 TC를 제안하게 되었다. 미국의 TC는 사실상 구소련의 신구어주의(Neo-Oralism)를 벤치마킹한 것이다. 구소련의 신구어주의는 구어와 수어의 한계를 극복하려는 방안으로 구어에 수어를 도입하는 필요성을 제안하기 위하여 신구어주의를 보급하게 되었다. 참고로 오늘날 러시아는 Vygotsky의 연구에 기초한 청각장애학생을 위한 이중언어교육 교육과정을 운영하고 있다.

TC는 음성과 수어를 함께 사용하는 방법이고, 음성의 구어를 제1언어로 사용하다 보니, 수어를 국어의 문법에 맞추어야 했다. 미국에서는 동시적 의사소통법(Simultaneous Communication: Sim-Com)에서 음성과 수어를 함께 사용하므로 TC 상황에서 사용하는 수어방법으로 이해된다. 또한 미국은 SEEI(Seeing Essential English), SEEII(Signing Exact English) 등과 같은 문법수화가 보급되어 있다. 두 문법수어의 차이점은, 첫째, 복합어에서 SEEI은 두 어휘를 나누어서 차용한 미국수어를 사용한다는 것이다. 반면, SEEII는 복합어에서 미국수어를 동일하게 사용한다. 예를 들면, butterfly를 나타낼 때, SEEI에서는 {butter}+{fly}로 두 어휘를 미국수어에서 차용하고 있지만, SEEII에서는 butterfly를 미국수어에서 동일하게 차용하고 있다. 둘째, SEEI보다 SEEII에서 미국수어의 차용이 상대적으로 많다. 그러나 분명한 것은 영어를 지도하기 위한 효율적인 방법으로 사용되는 문법수어라는 공통성이 있다(최성규, 1995).

영어의 과거형 규칙동사에 -ed가 있다. 동사 뒤에 지문자로 ED를 붙이는 방법, 또는 진행형을 나타내는 -ing를 표현하기 위해 지문자로 ING 등으로 표현하여 문법적 특성을 지도하고 있다. 또한 last에는 크게 세 가지의 의미가 있다(① 지난, ② 마지막의, ③ 지속되다). 비수지신호의 체제 또는 미국수어의 언어적 특성을 이해하지 못하는 가청교

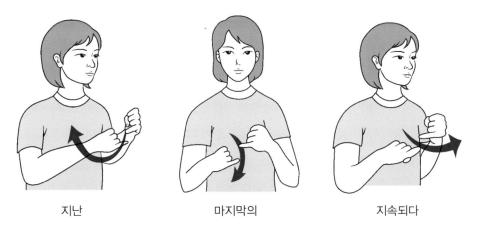

| 지난 | 마지막의 | 지속되다 |

[그림 6-8] SEEI과 SEEII 체제에서의 last에 대한 문법수어

사의 시각에서 세 가지의 의미를 구분해야 한다고 생각할 수 있다. 그래서 last에 대한 수어가 새롭게 만들어지게 된다. ① 지난(last week), ② 마지막의(last line), ③ 지속되다 (last two days)를 의미하는 다른 수어가 생성된다([그림 6-8] 참조). 이는 SEEI과 SEEII에서 동일하게 적용된다. 그러나 미국수어를 사용하는 청각장애학생은 last라는 하나의 수어에서 얼굴표정을 달리하면서 상황에 맞도록 표현하고 있다(최성규, 1995).

한국의 문법수어에서는 한국어의 순서에 따라서 수어를 표현하다가 조사 또는 의문문 등으로 종결되면 지문자 또는 임의의 방법적 수어라는 표현 방식을 차용한다. 차용하는 방법적 수어는 한국어의 문법에 맞추기 위한 지문자 또는 가청교사에 의해 만들어진 수어 어휘이다. 그러나 청각장애학생 또는 농인 집단에서는 문법수어의 방법적 수어를 거의 사용하지 않는다.

TC는 문법수어의 보급과 관련된다. TC의 필요성에 대한 철학적 필요성은 초기에 청각장애교육에서 매우 고무적으로 수용되었다. 모든 언어, 즉 구어, 수어, 독화, 문자언어 등과 같은 모든 언어는 동등한 자격을 가지고 있으며, 청각장애학생의 요구와 교육적 효율성에 초점을 두고 청각장애학생 중심으로 선택되어야 한다는 것이다.

TC가 비판받았던 결정적 문제점은 세 가지로 요약된다.

첫째, 문법수어가 한국어를 지도하기 위한 효율적 방법이라고 하지만, 문법수어의 구조는 한국어를 모르는 청각장애학생에게 또 다른 언어구조를 첨가하여 혼란스럽게 한다. 즉, 한국수어, 문법수어 그리고 한국어가 함께 혼용되는 구조에서 언어적 정보를 이해하기가 어렵다. 청각장애학생의 초기 언어 형성에 어려움을 제공한다. 그래서 TC는 한국어와 한국수어의 언어를 이중적으로 분류하는 언어의 이분법 시각이라고 지적된다(최성규, 2011).

둘째, 한국어 문법 구조에 능숙한 청각장애학생에게는 문법수어 사용에 따른 어려움은 없다. 한국어 문법 구조에 능숙한 청각장애학생에게는 굳이 문법수어를 사용하지 않아도 된다는 점에서 TC는 차별성을 제공하는 언어교육방법론이 아니다. 가청교사는 한국수어 체제가 한국어를 기준으로 틀린 것이 아니라, 한국어와 다름을 인지해야 한다.

셋째, 수요자 중심의 언어를 선택한다는 철학적 배경과는 달리 공급자 중심, 즉 교사 중심으로 실천되었다. 특수교사 양성과정에서 나타난 문제점 중의 하나이다. 청각장애학생이 수어를 필요로 하는 환경임에도 불구하고, 교사가 한국수어를 이해하지 못하면 구어를 선택하여 지도하는 상황이 연출된다. 특히 구어지도의 실행이 교사의 전문성 기반보다는 단순히 목소리만 크게 발성하는 것으로 생각한다면, 결과적으로 교수와 학습의 틈은 점점 벌어지게 될 것이다. 그러나 가청교사는 한국수어를 구사하지 못하므로 한국어에 맞는 수어(문법수어)를 선호하는 경향도 무시할 수 없다.

결과적으로 TC 사용이 청각장애학생의 학업성취에 미치는 긍정적 영향력을 증명하지 못하면서 이중문화 · 이중언어 접근법이라는 2Bi 접근법이 오늘날 러시아, 유럽, 미국 등에서 새로운 언어교육방법론으로 대체하고 있다.

(2) 한국수어

① 조기교육

조기에 수어를 지도한다면, 바람직한 시작 시점이 언제일까에 대하여 궁금해한다. 생후 17개월부터 수어를 지도할 수 있다. 그러나 문제는 부모가 수어로 의사소통할 수 있어야 한다. 청각장애유아의 발달 수준에서 볼 때, 수어 이해가 가능하다는 점을 고려한다면 가정에서의 조기 수어 사용방법은 다음과 같다.

- 가청부모와 가청유아의 대화처럼 부모가 하고 싶은 표현을 청각장애유아가 인지할 수 있도록 표현한다.
- 청각장애유아가 손가락 또는 표정 등으로 사물을 지시하면, 부모는 음성과 수어로 반응한다.
- 부모의 수어 반응은 여러 번 반복해서 제시되는 것이 바람직하다.
- 유아의 수어 표현은 부모의 표현과 같이 정교하지 않다. 부모는 유아의 불완전한 수어 사용에 관심을 가질 필요가 없다. 가청유아도 '양말'을 '방발'로 낙타를 '탁타'로 발성하면서 점차 정확하게 발성한다.
- 부모는 청각장애유아가 장의존적으로 발달하지 않도록 노력해야 한다. 장독립적 인성발달은 성인기에도 능동적 삶을 위한 원동력으로 작용한다(최성규 외, 2015).

② 학교 교육과 한국수어

청각장애학교 교사에게 수어는 두 가지 관점에서 중요성이 강조된다. 하나는 교사의 수어 학습이고, 또 다른 하나는 학습한 수어에 기초한 수어지도 또는 교수학습 환경에서의 수어 사용이다.

교사의 수어 학습을 위한 노력은 개인차에 영향을 받는다(최상배, 이종민, 이한나, 2016). 그러나 내적 동기부여가 수어 학습 및 수어 숙달도에 미치는 영향은 지배적이다. 또한 청각장애교육을 위한 교사의 신념이 중요하게 작용한다.

수어 학습은 교사의 신념에 의해 결정된다. 수어 신념은 이념과는 별개의 문제임을 청각장애학교 교사는 알아야 한다. 이념적으로는 수어보다 구어의 필요성이 강조될 수 있다. 그러나 수어를 학습하는 것은 이념이 아닌, 교육 신념으로 접근해야 한다. UNESCO에서는 7년 동안의 연구결과를 2018년에 발표하였다(Webster & Safar, 2020). UNESCO에서는 수어 신념이라는 용어를 사용하였다. 청각장애학교 교사의 수어에 대한 신념, 즉 청각장애교육 신념이 형성될 때, 수어 학습의 수월성은 보장될 수 있다.

교사가 수어로 청각장애학생을 지도하는 방법은 크게 두 가지 차원으로 구분할 수 있다. 하나는 수어를 전혀 알지 못하는 신입생을 위한 지도 방법이다. 쉽고 간단한 내용을 수어로 표현하고는 반복적으로 그 수어를 동일하게 신입생에게 제시한다. 교사의 수어 표현을 이해할 수 있는 신입생은 없다. 수어를 사용한 경험이 없기 때문이다. 힌트를 제공해도 된다. 비슷한 반응을 보이는 신입생이 있으면 격려하면서 지속적으로 수어를 표현하면서 신입생의 반응을 기다린다. 수어가 언어임을 인지시키는 방법이다. 수어가 의사소통 매체임을 인지시키는 교사의 노력에는 인내가 요구된다(장은경, 최성규, 최희진, 박수영, 2024).

수어를 구사하는 청각장애학생을 위한 교사의 수어 교수법에 대하여 간략하게 설명하고자 한다.

- 교과의 핵심어휘와 수어어휘가 일치되는지를 확인한다. 과학과 어휘인 '결정체'는 '결정'과는 다르다. '결정체'를 지도하기 위하여 '결정'을 활용할 것인지 또는 차별성을 지도하기 위하여 교육적으로 어떻게 적용할 것인가를 사전에 설계해야 한다.
- 핵심어휘를 중심으로 문장을 확장시키는 방안을 고려한다.

- 문장의 구조가 청각장애학생의 수준과 일치하는가를 확인한다. 문장의 재구성이 필요할 경우는 이미 알고 있는 어휘를 활용하여 문장을 구성 또는 재구성한다.
- 교사는 비수지신호를 활용하여 수어를 이용한 의미 전달의 한계를 극복할 수 있어야 한다.
- 모둠 학습으로 어휘 또는 문장, 나아가 개념지도와 학습 목표 달성을 공유하도록 한다.

자세한 내용은 수어지도 방법에서 다시 설명하도록 하겠다.

3. 2Bi 접근법

2Bi 접근법의 태동 배경은 크게 두 가지로 요약할 수 있다. 하나는 DCDP(Deaf Children of Deaf Parents)와 DCHP(Deaf children of Hearing Parents)의 학업성취에 대한 차이점에 있다. 언어와 사고의 상호작용에서 근본적 차이가 존재하는 두 집단의 언어적 상호작용에서 모국어의 중요성이 주목받았다. 두 번째는 연구방법의 변화와 관련된다. 과거의 통계에 의존하던 양적 연구방법의 일변도에서 질적 연구의 중요성이 인정되었다. 청각장애집단과 가청집단의 비교가 아닌, 청각장애학생 중에서 DCDP와 DCHP의 차별성을 질적연구로 접근하면서 2Bi 접근의 당위성이 강조되었다.

2Bi 접근법의 역사적 배경은 1960년대부터이다. TC의 1970년대 태동에 비하면 선행하고 있음을 알 수 있다. 그러나 이중언어는 수어와 국어(영어)의 문법적 차이점을 지도하기 위해 미국수어의 언어학적 연구가 선행되어야 한다. 미국수어에 대한 연구를 국가적 과제로 수행하면서 그로부터 20년 후인 1980년에 미국수어의 언어학적 연구가 완성되는 배경을 맞이하게 된다.

미국수어에 대한 언어학적 연구는 미국수어와 영어 체제에 대한 공통점과 상이점을 언어학적 차원에서 비교할 수 있으며, 교육적으로 많은 시사점을 제공하고 있다. 영어교수법에도 TESOL(Teaching English to Speakers of Other Language)이라는 일종의 이중언어교육방법이 있다. 영어를 외국어로 학습하는 학생들을 위한 교수방법을 연구하고 개발하고, 이 과정을 통해 영어 교사를 양성하고 있다. 미국, 캐나다, 영국, 호주 등과 같은 영어권 국가에서 다양한 TESOL 과정을 개설하고 있다. TESOL이 지향하는 영어교수법의 핵심적 내용은 영어를 모국어로 사용하지 않는 사람들(Speakers of Other Language)의 언어적 특성을 기반으로 영어를 지도하는 교수법에 초점을 둔다는 점이다. 예를 들면, 한국인과 중국인의 TESOL 과정에서 고려되는 교수법에서 차별성을 가져야 한다는 것이다. 모국어의 특성에 기반을 두는 영어교수법의 효율성은 교수자(청각장애학교 교사)의 모국어(청각장애학생에게는 수어)에 대한 이해의 정도와 직결된다는 점이다.

한편, 문화는 인간의 삶을 대변하는 행동양식이다. 문화가 다르면 언어가 다르고, 생활양식 또한 달라질 가능성이 크다. 문화가 생활과 행동양식으로 습득, 공유, 전달되는 것은 삶의 과정에서 형성되는 모든 정신적 및 물질적 소산으로 대변된다. 청각장애학생의 삶의 경험이 가청학생과 다르다는 것은 '다름'에 의미를 두는 것보다 다름을 통한 과정에서 형성된 일체의 생활양식에서 나타나는 차별성에 있다.

일반학생은 볼 수도 있고 들을 수도 있다. 청각장애학생은 볼 수만 있다. 그러나 대조적으로 일반학생, 즉 가청학생은 청각장애학생과 비교하여 들을 수 있다. 청각장애학생의 장점인 볼 수 있는 능력이 가청학생과는 상대적이며 차별적인 정신적 및 물질적 소산의 공유 및 경험을 통한 퇴적물로 형성된다.

1) 이중문화

문화적 다원주의는 다민족성, 다인종성, 다지방성, 다종교성이라는 네 가지 요인, 최근에는 다언어성에 이어 다양한 장애에 대한 다원성 요인이 여섯 번째 요인으로 추가되었다. 청각장애학생의 문화도 다원주의 시각에서 접근된다. 그러나 이 교재에서는 청각장애학생의 이중문화에 한정하여 접근하고자 한다.

청각장애학생의 이중문화는 농문화와 가청문화이다. 문화는 삶의 가치로운 영위를 위해 구성원이 공유하는 행동양식이다. 인간의 경험이 문화의 행동양식에 영향을 미치는 차원에서 청각장애학생의 청력손실은 듣고 말하기의 공유에서 차별성을 제공하는 주요 요인이었다.

하나의 문화만을 이해한다는 것은 제한된 범주에서의 삶을 의미한다. 반면, 이중문화에서 타인을 이해하고 다른 언어 및 생활양식을 공유하면서 삶의 풍요로움을 알아갈 수 있다. 그러나 청각장애학생에게 이중문화는 농문화와 가청문화의 공유보다 가청문화를 알기 위한 노력의 필요성으로 이해된다는 점에서 다양한 지원이 요구됨을 알 수 있다. 청각장애학생은 듣는 능력을 대처하기 위하여 의식적 또는 무의식적으로 '노력'이라는 차원으로 유지한다.

(1) 농문화

농문화는 농인의 고유문화로 정의된다. 그러나 가청인의 관점으로 접근하면 듣지 못하므로 시각에 의존하는 차별적 특성으로 이해될 수 있다. 농문화의 핵심요인에 수어가 있다. 역시 가청인의 관점에서는 듣지 못하므로 대체되는 언어양식으로 이해될 수 있다. 그러나 문화는 특유의 속성이며 당사자 시각이라는 관점에서 상호 간의 이해를 반드시 전제하지 않는다. 농문화를 구성하는 주요 요인은 다음과 같다.

① 수어 및 정체성

수어는 단순히 듣고 말하기를 대신하는 농인의 언어에 한정하지 않는다. 사회적 공유와 전통을 계승하는 언어의 가치도 있다. 또한 수어는 농문화와 함께 농정체성 형성에 결정적 영향을 제공한다(김혜진, 2021). 정체성은 주관적 성향이라는 점에서 객관적 범주를 제안하기에 한계가 있다. 청각장애학생이 본인의 정체성을 농정체성, 가청정체성, 또는 단순한 청각적 불편함으로 인식하든 이는 개인의 선택에 의해 결정된다. 농정체성이 약화되는 이유는 다양하지만, 최근에는 인공와우 시술이 주요 요인으로 작용한다. 그러나 인공와우를 착용해도 농문화 또는 농정체성을 형성하는 예도 많다.

② 농문화의 교육적 접근

농문화를 문화적 관점에서 교육과정에 적용해야 한다는 주장은 여러 연구자에 의해 제기되었다. 현재 공통교육과정의 창의적 체험활동에서 농문화를 지도할 수 있다. 다음은 농문화의 교육적 관점에 대한 주요 네 가지 접근방법이다(Banks, 1994, pp. 206-210). 네 가지 접근방법은 점진적 발달이 전제되기도 하지만, 때로는 함께 혼용되는 특성이 내포되어 있다. 다음은 농문화의 교육적 관점에서의 주요 접근이다.

- **공헌 접근**: 사회의 발전에 이바지할 수 있다는 접근이다. 청각장애학생을 위한 미래지향적 주요 역할 모델을 제안할 수 있다. 우주 시대의 아버지 Konstantin Tsiolkovsky(1857-1935), 천문학자 John Goodricke(1764-1786), 과학자 Thomas Alva Edison(1847-1931), 그리고 사회지도자, 스포츠 및 예술계의 거장, 신부 및 목사, 교수 등이 있다.
- **첨가 접근**: 가청 교육과정의 내용에 농인의 문화를 첨가하는 접근이다. 수학과의 문장제 문제에 보청기 또는 인공와우 착용 학생의 인원, 사회과에서의 지역사회 내용에 농아인협회 포함, 학교 학예회에서 지문자 소개 등을 들 수 있다.
- **변형 접근**: 앞의 두 접근과는 차원이 다르다. 농인과 청인의 갈등 원인, 한국전쟁에서의 농인의 역할, 민족 간 갈등과 농인의 청인과의 갈등 등과 같은 주제를 다룬다. 농문화와 농정체성을 주입하기 위한 목적이다.
- **사회활동 접근**: 단계적으로 접근하면, 앞의 세 접근의 특성에 기초하여 새로운 지식을 학습하고 행동으로 실천할 수 있도록 장려하는 접근이다. 편견과 차별의 원인을 찾고, 이를 대처하기 위한 방안 등을 지도한다. 이와 같은 방법을 통하여 비평적 시각을 가질 수 있도록 한다. 나아가 바람직한 사회활동 지원을 위한 영향력을 행사할 수 있도록 한다. 결과적으로 청각장애학생의 교육, 고용, 공동체의 신념과 믿음, 단결, 정치적 감각 익히기 등을 가르쳐야 한다는 것이다.

③ 예술 및 보조기기

한국 미술의 거장인 운보 김기창 화백의 역할, 농극단 창단, 전국수어경연대회 개최, 대구영화학교의 고전무용 등은 농문화와 농정체성 확립을 위한 초석으로 이해된다. 『청음』잡지, Deaf TV, 농아사회정보원 설립, 강주해 목사의『농아인 그는 누구인가?』수필집, 다양한 수어사전 및 수어 책자의 발간 등이 농아인협회 또는 농인의 노력으로 집대성되었다.

최근에는 스마트폰에서의 영상통화는 농인의 시공과 음성언어의 한계를 넘어설 수 있게 하였다. 개인적으로는 진동 탁상시계와 손목시계를 사용하기도 한다.

(2) 가청문화

가청문화는 농문화와 대칭되는 용어이다. 가청문화는 일반적으로 사용하는 '문화'와 동일한 용어지만, 농문화라는 농인의 생활과 삶을 반영하는 구조를 설명하기 위해 농사회에서 통용되는 단어이다. 들리지 않는 청각장애의 세상과는 달리 들리는 문화를 인식시키기 위한 목적으로 가청문화가 조어되었다.

2) 이중언어

이중언어는 2개의 언어를 의미한다. 이중언어지도의 당위성을 주장하는 과거의 연구는 모국어(수어)에서 외국어(국어)로 진행하는 위계적 방법이었지만, 최근에는 동시접근의 필요성이 강조된다.

(1) 2Bi 접근법

2Bi 접근법은 청각장애학생을 문화적 및 언어적 소수민족으로 인정하는 철학적 배경에 기초한다. 청각장애학생에게 수어를 먼저 지도하고 다음으로 국어(영어)를 지도하는 방법으로 진행하는 언어교육방법론이다. 1997년부터 미국의 47개 주에서 청각장애학교에 2Bi 접근법을 채택하여 다양한 전략을 학교마다 차별적으로 적용하여 바람직한 방안을 찾기 위한 노력을 지난 12년 동안 운영하였다. 2Bi 접근법은 미국보다는 덴마크와 스웨덴, 러시아가 선도적 역할을 담당하고 있다.

(2) 이중 양상 이중언어지도

수어 중심의 우선적 습득(학습)이라는 접근에서 동시적 접근의 중요성이 가청교육에서 증명되면서 청각장애교육에서 적용한 2Bi 접근법의 변형으로 이해된다. '이중언어' 또는 '이중 양상 이중언어' 사용자는 단일언어 사용자에 비하여 문해력 및 학업성취 수준이 뛰어나다. 신경과학 차원에서 뇌 영역의 회백질 및 가소성 증가, 심지어는 노화 및 인지 질환 예방에도 도움을 준다는 연구결과도 있다. 청각장애학생에 국한된 연구가 아닌, 가청학생의 이중언어 및 이중 양상 언어지도의 필요성에 기인하고 있다.

구어와 수어로 학습하는 아동은 두 개의 언어를 구사할 수 있다. 두 언어의 영향을 반영하는 구조의 생성이 흥미롭다. 코드 전환 및 혼합이 생성되는 '언어 합성'이 나타난다. 이중 양상 이중언어를 사용하는 청각장애학생은 이중 모드 생산을 조정하는 능력이 개발된다는 점이 하나의 언어를 사용하는 청각장애학생과는 차별적이다. 인공와우를 시술한 이중 양상 이중언어 사용 아동이 조기에 수어를 사용하게 되면, 이중언어를 구사하는 가청아동에게 발견되는 유사한 특성과 발달이 나타난다는 장점도 있다. 최근에 인지심리, 신경과학, 언어학 등에서 청각장애학생의 이중 양상 이중언어 발달에 관심을 가지기 시작했다(Abutalebi & Clahsen, 2016). 스웨덴에서는 1981년 세계 최초의 이중언어지도에 이어서 이중 양상 이중언어지도를 위한 교사 연수를 시작하였다(Thoutenhoofd & Lyngbäck, 2023). 분명한 것은 2Bi 접근법이든 이중 양상 이중언어 접근법이든 두 개의 언어를 학습할 수 있는 능력을 언어교육 목표로 설정하고 있다는 점에서 교육과정 운영의 탄력성이 요구된다는 것이다.

4. 언어교육방법론의 선택과 교육의 효율성

청각장애학생에게 어떤 언어교육방법론을 적용하더라도 학업성취 수준에서 큰 차이가 없다. 청각장애학생을 위한 언어교육방법론의 선택보다, ① 학습자의 내적 조건과 ② 전달하고자 하는 정보의 정확한 입력을 위한 전략이 중요한 요인임을 알아야 한다. 청각장애학생에게 어떤 언어교육방법론을 적용하여도 학습결과는 유사하다는 Moores(2001)의 주장은 방법론의 우월성보다 의사소통의 중요성을 강조한 것으로 이해해야 한다. 다음은 청각장애학생 언어교육의 효율성 보장을 위한 언어교육방법론의 선택과 관련된 내용이다.

첫째, 언어교육방법론의 선택은 교사 중심이 아닌, 학습자의 장점과 강점에 근거하여 결정해야 한다.

둘째, 특정 언어교육방법론이 교육의 효율성을 보장하는 절대적 방법이라는 시각은 금물이다.

셋째, 교과 및 단원 등의 특성에 따라 언어교육방법론의 코드 전환이 가능해야 한다.

넷째, 교육의 중요성은 앎이라는 지식과 함께 경험의 공유를 통한 인간의 삶을 영위하는 과정으로 이해되어야 한다. 언어교육방법론은 이와 같은 시각에 기초한 목적과 수단으로 접근해야 한다.

다섯째, 교사 개인의 성공적 경험과 언어교육방법론 철학이 모든 청각장애학생에게 적용되지 않는다.

여섯째, 교사가 선택한 언어교육방법론의 우월성보다 학습자의 요구에 따라 언제든지 대체할 수 있는 융통성이 교직 수행능력에 해당한다.

□ 확인학습

1. 언어교육방법론의 유형에 대하여 설명할 수 있다.
2. 큐드 스피치(Cued speech)의 기본 구조에 대하여 알고 있다.
3. 농문화의 공헌접근에 대하여 설명할 수 있다.
4. 2Bi 접근법과 이중 양상 이중언어의 공통점과 차이점에 대하여 안다.

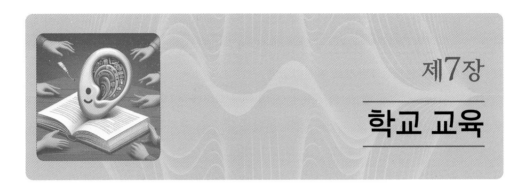

제7장
학교 교육

1. 한국 특수교육의 역사

한국 특수교육의 역사는 다양한 사관으로 접근할 수 있다. 근대 특수교육의 역사는 학교 교육을 의미하는 교육제도의 도입과 관련하여 생각해 볼 수 있다. 청각장애교육도 학교 교육과 연계되는 교육적 지원에서 역사적 배경을 찾아볼 수 있다. 한국의 근대 특수교육은 미국 등의 선교사에 의해 태동할 수 있었다.

미국의 북감리교 선교사이며 의사인 Rosetta Sherwood Hall(1965-1951; [그림 7-1] 참조) 여사가 맹교육에 이어서 1909년 농교육을 시작한 것이 한국 청각장애교육의 역사적 시효이다. Hall 여사는 1910년 평양맹학원을 평양맹아학교로 통합 · 승격하였다 (대한특수교육학회, 1995).

일본은 강점기에 조선총독부 제생원(이하 제생원)을 설치하였다. 1911년에 고아를 위한 양육부, 1912년 정신병자를 위한 의료부,

[그림 7-1] Rosetta Sherwood Hall

그리고 1914년에 시각장애와 청각장애교육을 위한 맹아부를 운영하였다. 제생원의 맹아부는 1914년에 경성부 천연동에 설립되었다가, 1931년에 오늘날 서울맹학교가 위치한 서울 종로구 신교동 1번지로 이전하였다.

맹아부는 1914년 3월에 제1회 생도를 모집하게 되는데, 맹생은 12세 이상, 아생(청각장애학생)은 10세 이상으로 하였다. 입학시험은 없었고 신체검사만 시행하였다. 청각장애학생을 위한 아생과의 수학 기간은 5년이었고, 맹생과는 3년이었다. 맹아부의 입학 경쟁은 1913년부터 1923년까지는 약 70%에서 100%의 입학률을 보였지만, 그 이후 1924년부터 1937년까지 최저 25%(1926년)에서 최고 52.9%(1934년)로 나타났다. 청각장애학생 중에서 일본인이 차지하는 비율은 30~40% 정도였으며, 나머지는 조선인이었다. 조선인의 자비생 비율이 급비생보다 높았다. 청각장애 남학생의 비율은 전체의 70~80%에 해당하였다. 청각장애 졸업생 158명의 직업은 재봉 직공이 약 22.2%로 가장 높았으며, 다음으로 가사 약 21.5%, 농업 19% 등으로 나타났다. 상급학교 진학은 전체의 1.9%인 3명에 불과하였다(주명근, 2018).

광복 후 제생원의 맹아부는 미군정청에 의해 관리되었고, 국립맹아학교로 교명을 변경하였다. 맹아부의 교육을 관장했던 고문관 Wilton은 초등학교 교육을 일반초등교육과 같이 6년제로 개편하였다. [그림 7-2]는 Wilton이 국립맹아학교 교직원 및 학생들과 함께 1947년 중등부 제1회 입학식 기념으로 촬영한 사진이다(대한특수교육학회, 1995; 최성규, 2016). 미군정청의 보건후생부 담당이었던 특수학교를 1947년에 문교부로 이관함에 따라 중등과가 신설하였다.

광복 이후 1946년에는 대구맹아학교가 설립된다. 설립자인 이영식 목사는 맹학생과 농학생 지도를 위하여 맹인 교사와 농인 교사를 부임시켰다. 이때 농학생을 지도한 최초의 농인 교사는 국립맹아학교를 졸업한 조경

[그림 7-2] 맹아부 교육 담당 미국 고문관 Wilton

건이었다. 조경건은 한국전쟁에 참전하여 알게 된 미군으로부터 농인을 위한 대학교인 미국 Gallaudet College에 대하여 알게 되었다. 그는 미국으로 유학하여 학사, 석사, 박사학위를 취득하고 미국의 Gallaudet University의 교수로 재직하였고, 한국 최초로 미국에서 학위를 취득한 농인 박사가 되었다(최성규, 2016). [그림 7-3]은 지금은 고인이 된 조경건 박사의 사진이다.

[그림 7-3] 한국 최초의 농인 박사 조경건

국립맹아학교는 1950년 한국전쟁으로 제주도와 부산으로 피난하였다. 이를 계기로 제주맹아학교(1953년), 부산맹아학교(1955년)가 신설된다.

1955년에 충주성심농아학교, 1960년에 군산농화학교 및 광주의 전남농아학교, 1962년에 서울구화학교와 대전의 충남농아학교, 수원농아학교, 1965년 부산의 혜성구화학교, 1966년에 부산구화학교 및 안동농아학교 등과 같은 9개의 사립특수학교와 함께 1969년에 공립특수학교인 경남혜림학교의 청각장애부가 설립된다. 1975년에 전주선화학교, 1976년에 춘천계성학교 그리고 1985년에 경남천광학교 등과 같은 공립청각장애학교가 개교하게 된다.

서울애화학교(1975년), 목포소림학교(1979), 메아리농학교(1980년), 삼성농학교(1983년), 경북영광학교(1983년), 평택 에바다농학교(1985년), 함평영광학교(1985년), 구미혜당학교(1985년), 포항명도학교(1988년) 등과 같은 사립학교가 또한 개교하였다. 2024년 현재 전국에는 13개의 청각장애학교가 있다.

한국 청각장애교육의 역사적 배경과 관련된 시사점을 정리해 보면 다음과 같다.

첫째, 한국 청각장애교육은 미국인 선교사에 의해 시작되었고, 일제 강점기에 건립된 제생원과 국립맹아학교를 중심으로 발전하였다.

둘째, 1945년 해방 후 미군정의 도움으로 청각장애교육의 교육체제가 일반학교와 동일하게 초등학교 6년제로 운영되었다.

셋째, 1946년 대구맹아학교의 개교는 사학 중심의 청각장애학교가 건립되는 계기가 되었다.

넷째, 통합교육의 영향으로 청각장애학생의 약 75%가 특수학급 또는 일반학급에 재학하고 있으므로 사립 청각장애학교의 수가 감소하였다. 또한 중복장애 및 다른 장애 유형을 함께 모집하는 등 운영 방식의 변화가 나타나고 있다.

2. 교육환경과 학업성취

청각장애학생의 교육환경은 통합교육, 특수학급 그리고 특수학교 등이 있다. 청각장애학생에게 바람직한 교육환경을 제안하기 위한 연구는 학업성취 수준을 종속변인으로 설정하는 경우가 많다. 통합교육 환경에 재학하는 청각장애학생의 학업성취 수준이 특수학교인 청각장애학교의 학생보다 높다는 결과가 많다. 이와 같은 결과에 기초하여 청각장애학생 통합교육은 교육적 지원의 효율성을 주장하였다. 그러나 이와 같은 연구 결과는 논리적으로 설득력이 약하다.

통합교육 환경에 재학하고 있는 청각장애학생의 청력손실 정도와 지적능력 등이 고려되지 않았다. 통합교육을 받는 청각장애학생의 청력손실 정도는 청각장애학교의 학생에 비하여 상대적으로 낮은 수치를 보인다. 학업성취 수준과 청력손실 정도는 부적 관계를 보인다. 또한 부가장애를 동반하는 청각장애학생이 많은 청각장애학교와 그렇지 않은 통합교육 환경을 여과 없이 비교한다는 것이 잘못되었다는 지적이다. 그리고 청각장애학교에 재학하고 있는 청각장애학생 중에는 학업성취 수준이 뛰어난 사례도 많다. 따라서 청각장애학생에게 바람직한 교육환경은 환경 변인에 의해 결정되는 것이 아니라, 학생 변인에 의해 결정된다.

청각장애학생의 성공적인 교육은 교육환경보다 학생의 동기부여, 지적능력 그리고 청력손실 정도 등에 따라서 달라질 수 있다. 특히 높은 동기부여를 가진 청각장애학생은 어떤 교육환경에서 수학하더라도 평균 이상의 학업성취 수준과 함께 미래를 위한 진취적 노력을 보이는 사례가 많다. 학업성취 수준에 영향을 미치는 지적능력은 동기부여 다음으로 중요한 요인이다. 평균 이상의 지적능력을 가지고 있으면서 자신의 청각장애를 극복할 수 있다는 동기부여가 강한 경우는 성공적인 학교 교육이 예상된다. 동기부여 및 지적능력 등이 유사한 조건이라면 다음으로 중요한 변인은 청각장애학생의 청력손실 정도이다. 청력손실 정도가 경미할수록 학교 교육 및 교우관계 등에서 바람직한 결과를 예상할 수 있다.

3. 통합교육

청각장애학생의 약 75%가 통합교육 환경에서 수학하고 있다. 한국의 「장애인 등에 대한 특수교육법」(이하 「특수교육법」)에 명시된 통합교육의 정의에는 일반학급과 특수학급 등이 포함된다. 따라서 청각장애학생의 약 75%가 일반학급 및 특수학급에 재학하고 있다는 표현이 정확할 것이다. 특수학급은 전일제와 시간제로 구분할 수 있으므로 교육환경에 있어서 다양한 변인이 작용한다. 따라서 이 장에서는 일반학급의 통합교육 환경에 한정하여 설명하고자 한다.

통합교육은 일반학급에서 가청학생과 함께 수학하는 환경이다. 특수교사가 아닌 일반교사에 의해 교육과정이 운영된다. 청각장애학생의 성공적인 통합교육은 청각장애학생 변인과 교사 변인으로 접근할 수 있다.

1) 청각장애학생 변인

청각장애학생의 성공적인 통합교육을 위해 고려되는 변인은 동기부여, 지적능력, 청력손실 정도 및 부위, 보장구 착용 유무, 말소리 변별 및 명료도 등이 있다. 이와 같은 변인의 특성에 따라서 통합교사 또는 특수학급 교사의 지원 강도가 달리 결정되어야 한다. 여러 변인의 특성에 따라서 통합교육의 가능 또는 불가능을 예견하는 것이 아니라, 통합교육 환경에서 수학을 희망하는 청각장애학생의 교육적 지원 또한 개인의 특성에 따라서 간헐적 지원, 제한적 지원, 확장적 지원, 전반적 지원 등으로 고려되어야 한다. 마치 지적장애학생의 교육적 지원(간헐적 지원, 제한적 지원, 확장적 지원, 전반적 지원)과 유사한 차원에서 청각장애학생의 통합교육 지원도 계획해야 한다.

청각장애학생의 성공적인 통합교육을 보장하기 위해서는 자기효능감과 동기부여가 중요하다. 자기효능감은 환경에 따라서 적절하게 대처할 수 있다는 스스로에 대한 믿음으로 나타나는 역량이다. 자기효능감은 변화하는 구조라는 점에서 긍정적 또는 부정적 효능감으로 변동될 가능성은 열려 있다. 긍정적 자기효능감을 경험하게 되면, 계속해서 자기효능감은 긍정성으로 방향을 설정하는 경향이 높다. 자기효능감은 자기조절, 학업성취도, 개인 능력 등과 같은 하위요인으로 구성된다. 통합교육 환경에서 수학하는 청각장애학생의 자기효능감은 가청친구의 영향을 받는다. 특히 청각장애학생은 자기조절 능력의 향상을 기대할 수 있다. 그러나 학업성취도와 개인 능력에 대한 자기효능감은 통합교육 환경의 영향으로만 설명되는 구조는 아니다. 따라서 청각장애학생의 자기효능감 중에서 자기조절 요인을 제외한 학업성취도와 개인 능력 향상을 지원하기 위한 노력이 통합교육 환경에서 고려되어야 함을 알 수 있다.

성공적인 통합교육을 보장하는 가장 중요한 요인을 하나만 선택하라면 동기부여이다. 지능지수, 청력손실 정도, 가족지원 등과 같은 요인도 중요하지만, 특히 청각장애학생은 자신의 동기부여에 따라서 성공적인 학업성취 수준을 보장받을 수 있다. 내재적 동기와 외재적 동기로 구분할 수 있지만 내재적 동기는 외재적 동기를 조절할 수 있다는 점에서 내재적 동기부여를 향상할 수 있는 노력이 우선되어야 함을 알 수 있다.

2) 교사 변인

일반학교 교사 중에는 청각장애학생의 교육적 지원을 위해 헌신적이며 열정적인 교사가 많다. 그러나 청각장애학생에 대한 이해 및 교수학습 지원에 대한 전문성을 확보한 교사는 매우 제한적이다(Lang, 2006). 통합교육을 담당하는 일반교사의 청각장애학생 지원을 위한 전문성은 일차적으로 청각장애학생에 대한 이해이다.

일반학교 교사의 수어 또는 구어지도 능력의 중요성을 강조하는 것이 아니다. 교사는 청각장애학생에게 전달하고자 하는 내용의 정확한 입력(input)에 대한 이해가 우선되어야 한다. 교사의 수어 또는 구어지도 능력 부족이 청각장애학생의 학업성취 수준에 미치는 영향보다 전달하고자 하는 내용을 청각장애학생에게 제대로 교수하지 못하는 것이 가장 큰 문제이다. 다음과 같은 사안을 고려해야 한다.

(1) 교수학습의 의미 고찰

정확한 정보전달이 전제되지 않으면 학습 결과는 기대할 수 없다. 우리 속담인 다음의 글이 제시하는 의미를 청각장애학생의 교수학습에 적용해 볼 수 있다.

'말을 물가까지 데려갈 수 있어도 물을 억지로 먹일 수는 없다.'

교사의 역할은 교수에 있고, 학습의 결과는 청각장애학생에게 있다. 교사는 말을 물가까지 데려가는 역할이며, 물을 먹는 것은 말의 의사에 달려 있다. 그러나 교사가 말을 물가까지 데려갈 수 없다면 학습의 결과는 기대할 수 없다는 점을 명심해야 한다.

(2) 핵심어휘 개념지도

학습자가 수업에서 우선으로 이해해야 할 핵심 어휘가 있다. 교사는 청각장애학생의 수업을 효율적으로 지원하기 위하여 주요 단어와 개념에 대하여 선행학습을 지원해야 한다. 청각장애학생을 위한 선행학습지도가 다른 학생을 가르치기 위한 시간 부족으로 연계되지 않도록 적절하게 시간 배정 및 운영을 고려해야 한다.

(3) 교육의 방향성 설정

일반학교 교사가 통합교육 환경에서 청각장애학생을 지도한다는 것은 새로운 경험에 노출되는 것이다. 비록 시대적 요청 및 법적 지원 등에 따라서 통합교육이 정당화되고 있지만, 새로운 경험에 직면하는 교사로서는 부담스러운 사태이기도 하다. 그러나 교육의 평등권이 법적으로 명시되어 있다고 해서 교사의 교수학습이 청각장애학생의 요구에 반드시 부합되는 것은 아니다. 교사는 개인적으로 자신의 청각장애학생 지도에 대한 긍정적인 믿음과 신념의 기초가 되는 교육의 방향성을 정확하게 설정할 때, 자신의 수행능력 향상에 도움이 된다. 교사의 통합교육에 대한 개인적 신념 그리고 사회적 요구에 대한 긍정적 인식 등은 청각장애학생의 교육적 지원의 효율성이 달라지는 중요 요인이다.

(4) 교사가 사용하는 언어교육방법에 상관없이 청각장애학생의 유사한 이해력

교사는 전달하고자 하는 교과내용을 어떻게 교수할 것인가에 초점을 둔다. 그러나 교과내용 전달을 위한 언어교육방법에 대한 고민은 다음 문제이다. 이는 청각장애학생의 능력이나 이해력에 따라 달라진다. 따라서 교사는 전달하고자 하는 내용이 청각장애학생의 이해에 도움을 줄 수 있었는가에 대한 교수학습의 기본적 원리를 우선으로 고려해야 한다.

(5) 청각장애학생 이해 교육 및 또래 도우미 운영

또래의 청각장애에 대한 이해가 필요하다. 통합교사는 학급의 또래를 대상으로 청각장애학생의 특성을 올바르게 이해하고 함께 생활할 수 있도록 장애인식 및 교육 프로그램을 운영해야 한다. 또래와 청각장애학생의 바람직한 상호작용 및 교우관계 형성을 위한 방안으로 또래 도우미 제도를 운용할 수 있다. 교사는 학급에서 청각장애학생에 대한 이해가 높으며, 함께 학습하는 데 거부감이 없고, 특히 통솔력이 뛰어난 또래의 선정을 위해 숙고해야 한다.

(6) 소집단 수업 운영

토론학습 또는 집단 수업 등과 같은 수업 운영에서 소집단 수업 운영을 고려할 수 있다. 소집단 수업은 청각장애학생이 소외되지 않고 또래의 도움을 받으면서 자기 생각을 교환·발표할 수 있는 장점이 있다. 청각장애학생의 교우관계를 잘 분석하여 함께 어울릴 수 있는 구성원을 배정하는 배려가 필요하다.

(7) 시청각 자료 제공

청각장애학생의 볼 수 있는 능력을 촉진하기 위한 다양한 시청각 자료가 제시되어야 한다. 교사는 영상 등의 제공에서 자막이 함께 제시될 수 있도록 배려해야 한다. 시청각 자료의 제시만이 아니라, 시청각 자료를 통해서 청각장애학생의 학습에 영향을 미칠 수 있는 과정과 결과를 함께 고려해야 한다. 청각장애학생을 위한 국어교과서는 다양한 자료를 QR 코드 또는 동영상 시청이 가능하도록 지원하고 있다. 교사 역시 청각장애학생을 위한 국어교과서를 활용할 수 있다.

(8) 확인학습

"알겠니?" 또는 "이해했어?" 등과 같은 폐쇄적(단순) 질문보다 확산적 사고를 유도하기 위한 교사의 발문이 요구된다. 청각장애학생의 이해 정도를 정확하게 파악하기 위한 질문이 필요하며, 답변의 내용과 정도 등에 따라서 다시 설명이 필요한 부분을 파악할 수 있어야 한다. 확인학습을 통하여 교사는 청각장애학생을 위한 교수학습의 과정과 결과를 분석할 수 있다.

3) 환경 변인

(1) 교실 환경
교실의 소음 및 반향을 최소화하기 위한 환경 지원이 요구된다. 방음장치, 유리창에 커튼 부착, 바닥에 카펫 설치 등을 통하여 소음에 대비하고, 나아가 교사의 음성이 반사되는 문제를 최소화할 수 있어야 한다. 조명의 조도는 LED 전등 개발로 더 이상 고려 대상이 아니다.

(2) 청각장애학생의 자리 배치
햇빛 등의 밝은 빛이 눈을 부시게 만드는 좌석은 피해야 한다. 밝은 빛은 등 뒤로 둘 수 있고, 교사 또는 또래들의 모습을 한눈에 파악할 수 있는 위치가 좋다. 특히 토론 수업에서는 모든 학생이 서로의 토론 장면을 볼 수 있도록 U자형 자리 배치가 바람직하다. 특히 교사는 음성으로 설명할 때 청각장애학생이 교사의 입술 모양을 볼 수 있도록 배려해야 한다. 칠판을 보면서 이야기하면 교사의 얼굴 및 입술 모양 등의 시각적 단서 확보가 어렵다.

(3) 도우미 배정
청각장애학생의 개인적 요구에 따라 도우미 배정은 속기사, 수어통역사, 필기 보조 등과 같이 다양하다. 속기사와 수어통역사를 배치할 때 국가공인자격증을 소유한 전문가를 배치해야 한다. 단순한 배치가 중요한 것이 아니라, 배치를 통한 도우미의 역할과 학습의 결과에 미치는 영향력이 우선되어야 한다.

(4) 교사의 음성 크기

청각장애학생은 보청기 또는 인공와우 등과 같은 보장구를 착용하고 있다. 교사가 발성하는 음성의 크기는 일반적인 설명에서 사용하는 목소리보다 조금 높으면 된다. 청각장애학생은 듣지 못하므로 목소리를 크게 해야 한다는 생각은 잘못되었다. 필요 이상으로 큰 음성은 내용 이해에 도리어 방해가 된다. 음성은 모음과 자음으로 구성되어 있다. 발성할 때, 모음과 자음의 음압 비율은 95:5로 모음의 음압이 상대적으로 매우 높다(1장 참조). 필요 이상의 큰 목소리는 모음의 전달 속도를 증가시키면서 음성을 왜곡시키는 부작용에 노출된다.

(5) 순회교육 지원

순회교육은 병원 또는 가정에 한정하는 것이 아니다. 「특수교육법」에서 명시한 순회교육은 특수교육 교원 또는 특수교육 관련 서비스 담당 인력이 각급학교나 의료기관, 가정 및 복지시설 등을 직접 방문하여 실시하는 교육이다. 각급학교란 유치원, 초등학교, 중등학교, 특수학교 등이 해당된다. 따라서 통합교육을 받는 청각장애학생을 위한 순회교육 지원이 법적으로 가능함을 알 수 있다. 통합교사와 순회교육을 담당하는 특수교사는 청각장애학생의 요구에 맞는 적합한 지원의 보장을 위하여 노력해야 한다. 일반교사와 특수교사의 협력을 통한 교육 및 평가 등은 청각장애학생의 효율적인 통합교육이 담보된다는 외국의 연구결과는 지속적으로 보고되고 있다. 한국의 순회교육도 미국과 유럽 등과 같이 청각장애학생을 비롯한 시각장애학생과 지체장애학생 등을 위한 통합교육 지원도 포함해야 할 것이다(최성규, 2017).

4. 청각장애학교

1) 교육과정 운영

(1) 교육과정과 수업

교육과정 운영과 수업과의 밀접한 관련성을 전제할 때, 육하원칙에 입각한 '누가' '언제' '왜'에 대한 질문보다 '어디서' '어떻게' '무엇을'과 같은 세 가지 요인에 청각장애교육 전문가들은 초점을 두었다. 교육과정 운영과 관련하여 '누가' '언제' '왜'라는 단순 질문에 대한 관련성을 먼저 설명하고자 한다.

① **누가?**

누가 청각장애학생을 지도해야 하는가? 지금은 특수교사만이 아니라 통합학급 교사 또한 청각장애학생을 지도한다. 통합학급 교사의 청각장애학생 지도를 위한 전문성에는 다소 어려움이 있을 것으로 예상된다. 2000년을 기점으로 이전에는 청각장애학생을 지도할 수 있는 '청각장애 교사'가 양성되었지만, 오늘날 모든 장애학생을 지도할 수 있는 '특수교사'가 양성되고 있다. 또한 공립특수학교 교사의 경우는 3~5년을 기준으로 다른 특수학교(급)으로 의무적으로 전근해야 한다는 점에서 청각장애학교 교사의 전문성에 문제가 될 수 있다. 특히 교육과정의 내용에 대한 문제점보다 그것을 전달하는 특수교사의 전문성에 문제가 있다는 농인 당사자의 지적은 많은 의미를 내포하고 있다. 따라서 누가 가르칠 것인가에 대한 질문은 교육과정 운영보다 청각장애학교 교사의 전문성과 직결되는 사안이다.

② **언제?**

청각장애학생의 교육은 언제부터 시작하는 것이 바람직할까? 이는 교육과정 운영과는 다소 거리가 있는 질문이다. 조기교육의 중요성이 강조된다. 그러나 청각장애학생을 위한 조기교육 운영과 관련하여 다음과 같은 문제점이 해결되기를 기대한다.

첫째, 청각장애영유아를 지도할 수 있는 전문가 양성이 요구된다. 병원에서 생후 6개월 이전에 자녀의 청각장애를 진단받더라도 청각장애유아의 조기교육을 담당할 수 있는 전문가를 찾는다는 것은 거의 불가능하다. 청각장애유아의 조기교육은 언어치료실에 위탁하는 경우가 많다. 그러나 조음 및 음성 그리고 신경장애와는 달리 청각장애는 듣는 기관의 문제점이라는 차별성이 있다. 청각장애영유아를 지도할 수 있는 전문가 양성이 요구된다.

둘째, 전문적인 지원기관의 설립이 함께 고려되어야 한다. 언어치료실은 청각장애영유아를 지도하기에는 다소 한계가 있다. 특히 중소도시 또는 농어촌에는 언어치료 기관이 운영되지 않는 곳도 허다하다. 국가 차원의 조기교육 운영을 위하여 조기 순회교육 담당 특수교사 발령 또는 특수교육 관련 서비스 인력의 활용 등이 요구된다.

③ 왜?

청각장애학생에게 교육과정을 적용해야 하는 이유에 대한 대답은 필요가 없다. 교육과정은 각급학교에서 교육목표를 달성하기 위한 다양한 교육활동의 기준이며 체계화된 문서이다. 따라서 모든 학생을 위한 교육의 계획과 과정 그리고 성취 결과를 토대로 교과목의 내용과 활동 등을 선정하고 있다. 청각장애학생에게 왜 교육과정을 적용해야 하는가에 관한 질문과 대답은 필요하지 않다.

교육과정 운영에서 '누가' '언제' '왜'에 대한 질문은 다소 관련성이 낮은 것으로 설명되었다. 다음은 '어디서' '어떻게' '무엇을'과 관련된 내용의 본질적 질문에 대한 답변이다.

④ 어디서?

청각장애학생을 어디에서 가르치는 것이 바람직할 것인가에 대한 물음은 오래전부터 대두된 화두였다. 청각장애학생을 위한 통합교육의 장점은 다양한 시각에서 제안되고 있지만, 분리교육으로 명명되는 청각장애학교에서의 특수교육이 바람직하다는 견해도 여전히 많다. 교육의 성패를 결정하는 주요 요인이 음성언어를 통한 의사소통에 초점을 두면, 청각장애학생의 교육환경에서 통합교육의 당위성은 우세하게 수용될 것이다. 그러나 '어디서' 가르칠 것인가에 물음은 다음의 '어떻게' 및 '무엇을'이라는 질문과 연계된다. 어디서 가르칠 것인가에 따라서 언어교육방법의 선택에서 차이가 있다. 통합교육 환경에서의 일반학교 교사는 수어보다 구어에 의존하는 수업을 지향한다. 반면, 청각장애학교는 수어 및 구어에 노출되는 차별성이 있다. 또한 교육과정 적용에 대한 시각적 차이가 현존하므로 차별적 교수학습이 실행되기도 한다.

⑤ 어떻게?

청각장애학생의 지도에서 사용되는 구어지도법은 구어, 독순 그리고 청각법 등이 강조되는 반면, 수어지도를 우선하는 전문가들은 한국수어, 이중문화·이중언어 접근법 등을 지지한다. 한국의 청각장애학교에서는 음성언어와 수어를 동시에 사용하는 경향이 높고, 많은 청각장애학교 교사는 문법식 수어를 사용한다. 따라서 청각장애학생을 '어떻게' 지도할 것인가에 대한 물음은 '어디서'라는 교육환경과 무관하지 않음을 알 수 있다. 또한 '어떻게'라는 방법은 '무엇을'이라는 내용과 무관하지 않음이 다음과 같이 설명된다.

⑥ 무엇을?

통합교육의 중요성 또는 시대적 요청에 따라 청각장애학생의 교육환경은 일반학교와 청각장애학교의 이원화 구조가 되었다. 교육환경의 이원화가 가지는 문제점을 최소화하는 방안이 교육과정의 단일 운영이다. 현재 통합교육을 받는 청각장애학생의 인원이 전체의 약 75%를 차지하는 현실에서 일반학교 교육과정의 적용은 계속해서 지지될 것으로 예상된다. 그러나 청각장애학교 교육과정은 예로부터 일반학교 교육과정과 관련성이 거의 없었다. 청각장애학생의 특수성이 배제되는 현실을 고려하여 '언어'교과를 지원했던 적도 있었다. 그러나 교육과정에는 '언어'가 교과목 명칭에 포함되지 않고 있다. 교육과정에 명시되지 않은 교과목을 국가에서는 교과서로 개발·보급한 사례도 있었다.

현재의 특수교육 교육과정은 청각장애학생의 특성을 고려한 교육과정이 아니다. 1997년의 제7차 교육과정부터 청각장애학생에게 공통교육과정 및 선택교육과정이 적용되었다. 가청학생과 같은 공통교육과정 및 선택교육과정이 통합교육 및 청각장애학교에 동일하게 적용되고 있다. 다만 청각장애학생의 듣고 말하기에 대한 어려움을 고려하여 '수어' '농인의 생활과 문화' 등의 교과를 지원하지만, 창의적 체험활동 시간에 두 교과를 지도하기에는 한계가 있다.

교육과정은 앎과 삶을 함께 내포해야 한다. 교과목의 내용을 이해하는 지식의 앎과 동시에 삶에 능동적으로 대처하기 위한 지혜 또한 포함되어야 한다(최성규, 2018). 학습자의 삶을 고려하는 교육을 표방하는 새 교육과정을 통해 청각장애학생의 교육을 바라보는 철학적 기저에도 변화가 생기길 희망한다. 청각장애학교 교육과정은 두 가지 차원에서 접근할 수 있다.

앎에 중심을 두는 교과내용과 청각장애학생의 현실과 미래의 삶을 고려하는 교과내용이다. 앎을 위해서는 일반학교 교육과정에 대한 이해가 요구된다. 민주시민으로 가져야 하는 양식과 사회에서 요구하는 바람직한 인간상 그리고 미래의 사회에 적응하기 위한 능력 함양 등이 다양한 교과에서 제시하고 있다. 청각장애학생을 위한 학교 교육의 당위성은 일반적으로 보편성에 천착한다. 보편성은 일반학교 교육과정에서 제시하고 있는 내용의 필요성을 대변하는 용어이다. 그러나 과거의 청각장애학교 교육과정이 사회에서 요구하는 바람직한 인간상을 구축하는 데 문제가 있는 교육과정은 아니라는 점에서 특수성 또한 강조된다.

청각장애학생의 특성과 이해의 정도는 가청학생과 차별적이다. 가청학생의 수행능력은 청각장애학생보다 뛰어난 경우가 많다. 그러나 두 집단의 인지 및 기억 특성은 유사하다. 수행능력의 차이를 청각장애학생의 결함으로 치부해서는 안 된다.

청각장애학생의 삶에서 고려해야 하는 것은 읽는 능력과 직결된다. 다만 읽는 능력이 지체된다고 인간의 가치가 폄하되어서는 안 된다. 수학의 문장제 문제를 해결하기 위해서 먼저 읽기 능력이 요구된다. 읽기 다음에 무엇을 묻고 있는지를 인지해야 하고, 다음으로 문제해결을 위해 노력해야 한다. 읽기가 전제되지 않으면 수학의 문장제 문제 또는 국어과, 사회과 그리고 과학과 등의 교과목에서 청각장애학생은 어려움에 직면한다.

청각장애학생의 특성에 맞는 교육과정은 읽고 쓰기 능력의 함양에 초점을 우선적으로 두어야 하는 차별성을 인정해야 한다. 앎을 위한 교육과정의 정상화는 삶을 바라보는 시각이 선행되거나 함께 고려되어야 한다. 이와 같은 시각에 따라서 학교 배치, 언어교육방법론 선택, 교육과정의 내용 등이 고려되어야 한다.

2) 교과교육

일반학교 또는 청각장애학교는 교육과정의 각론에 제시한 교과목의 수업시수를 배정하고, 성취기준의 도달을 위해 노력한다. 그러나 읽고 쓰기의 중요성은 교육과정을 넘어서서 요구되는 근본적 내용이라는 차원에서 다음과 같은 주요 교과의 내용을 어떻게 지도할 것인가에 대하여 서술하고자 한다. 부모로부터 수어를 습득하지 않은 청각장애학생의 모국어는 음성언어도 아니며, 또한 수어도 아니다. 95%의 청각장애학생은 배치된 교육환경을 막론하고 한국어를 외국어와 같은 L2(second language)라는 이차언어로 학습하는 경우가 지배적이다. 한국어가 L2인 청각장애학생의 특성에 기초하여 학습 목표 달성을 위하여 고려할 사안은 다음과 같다.

첫째, 교사는 청각장애학생의 교과목지도에서 수어하기 및 읽기 쓰기를 통합하는 전략을 설명할 수 있다.

둘째, 교사는 수어하기 및 읽기 쓰기가 교육과정의 교과목에서 효율적으로 상호작용할 수 있는 전략을 설명할 수 있다.

셋째, 교사는 교육과정을 넘어서서 한국수어와 한국어의 이중언어지도 전략을 적용할 수 있다.

(1) 국어

① 수어와 국어의 통합

한국어가 L2인 청각장애학생에게 국어를 지도할 때는 한국수어와 한국어의 통합이라는 대원칙이 전제되어야 한다. 수어는 수업에서 일차언어로 사용되고, 국어의 쓰기는 이차언어를 발달시키기 위한 목적이다. 따라서 국어의 언어교과에 한국수어를 통합시키는 것은 기본적인 학습 전략이며 일상적인 수업 방법이다.

② 수어와 국어의 통합원칙

국어의 읽고 쓰기 능력은 수어의 수어 방식과 집중 그리고 국어의 읽고 쓰기의 방식 사이의 확실한 교량적 역할에 의해 학습된다. 이러한 의미에서 '수어와 국어의 통합원칙'이라는 용어를 사용한다. 수어하기에서의 집중은 모든 언어를 학습하는 활동에서 강조되는 주요 원칙이다. 수어하기에서의 집중은 단순히 듣기와 말하기로는 이해할 수 없는 많은 내용을 인지할 수 있는 원동력이다. 또한 수어하기에서의 집중은 국어의 읽고 쓰는 능력을 신장하기 위한 교량적 역할로 공헌하고 있다. 청각장애학생이 수업을 이해하고 학습 목표에 접근할 준비가 되어 있음을 교사가 쉽게 인지할 수 있는 것은 수어와 국어의 통합원칙 때문이다. 다음은 수어와 국어의 통합원칙에 관한 설명이다.

원칙 1: 수어와 국어의 언어모형을 제공한다.

원칙 2: 수어는 청각장애학생의 일차언어이며 자연언어이다.

원칙 3: 수어는 한국어의 쓰기 능력을 발달시키기 위한 선수 조건으로 세상의 지식
    을 경험하게 한다.

원칙 4: 수어와 국어에 대한 초언어적 인지와 지식을 향상한다.

원칙 5: 수어와 국어는 가치적 차원에서 동일하다.

원칙 6: 청각장애학생의 읽고 쓰는 활동에 주변 환경과 부모를 포함한다.

③ 수어를 이용한 읽기지도

수어를 이용한 읽기지도에서 교사가 고려해야 하는 주요 내용은 다음과 같다.

- 수어로 읽기 자료에서 제시하는 대의를 파악할 수 있도록 설명한다.
- 수어의 주요 어휘에 대한 세부 내용을 알게 하고, 수어 어휘를 인지시킨다.
- 수어에서 전개되는 진행의 계열성을 간파할 수 있게 한다.
- 수어의 진행에서 전개되는 예상 능력을 향상할 수 있어야 한다.
- 수어의 읽기에서 제시하고자 하는 내용을 추론할 수 있어야 한다.
- 수어의 내용을 읽으면서 비교 및 대조할 수 있어야 한다.
- 사건의 인과관계를 대주제, 중주제, 개념으로 명명(labeling)할 수 있어야 한다.
- 먼저 제공한 정보에 대한 포괄적 접근이 가능해야 한다.
- 포괄적 접근에 이어서 세부 정보를 파악하고 정밀하게 이해할 수 있어야 한다.
- 기승전결 또는 서론, 본론, 결론 등과 같은 이야기의 구조를 가르쳐야 한다.

(2) 수학

① 수어와 수학교과의 통합

수학교과에서 사용하는 용어와 부호는 청각장애학생에게 어려운 학습과제이다. 청각장애학생 중에서 L2 학습자는 용어에 대한 수학적 개념을 가지고 있지 않다. 수학교과에서 자주 제시되는 법칙, 최빈수, 각도, 이익, 가변 등과 같은 용어에 대한 개념이 형

성되어 있지 않다. 수학 용어에 대한 이해 없이는 수학계산의 수행이 어렵다. 수학 용어는 수학계산을 위한 형식이다. 다음과 같은 용어의 개념 및 관련성 지도는 수학계산보다 선행되어야 한다.

- 더하기: 합, 전체, 증가
- 곱셈: 배, 곱(product)
- 빼기: 차, 부분, 감소

또한 수학 언어는 복잡한 구문 구조를 가질 수도 있다. 문장제 문제에서 '그 후에 버스가 만나는 시각' '100을 처음으로 초과하는 수' '5%의 소금물 농도' 등의 개념을 이해하고 이를 묻고 있는 의도를 파악할 수 있도록 먼저 지도해야 한다. 우리나라 수학교과 용어가 약 800개라는 점에서 모든 용어에 대한 설명은 지면상 불가능하겠지만, 청각장애학생의 수학교과지도와 관련된 용어와 수어의 언어학적 관점에 기초하여 다음과 같이 설명하고자 한다.

② 수학교과와 언어의 의미론

한국에서 사용되는 수학용어는 한문 또는 영어에서 차용되었다. 한문 또는 영어에서 차용되었다고 하더라도 한국말 사전의 의미와 달리 설명되는 용어가 많다. 예각, 둔각 등과 같은 용어에서 사용되는 角(각), 對角線(대각선), 無理數(무리수), 方程式(방정식), 小數(소수), 式(식), 任意(임의), 定義(정의) 등은 한자의 음역이다. 특히 收斂(수렴)은 한국어 사전에서 수학적 의미와 차이를 가지는 경우도 있으며, 영어의 converge에서 유래되었던 것으로 이해된다(박교식, 1995). 이를 통해 용어의 의미를 먼저 지도해야만 수학계산이 가능하다는 점을 이해할 수 있다.

수학교과에서 사용되는 용어의 의미와 수어의 의미가 차이를 나타내는 경우도 있다. {이전}에서 {전}은 사건이 발생한 과거의 시점을 기준으로 그 이전이라는 대과거를 의미하지만, {앞}이라는 위치의 개념과 함께 미래의 의미도 함께 가진다.

동음이의 성격이 나타날 때, 청각장애학생은 혼란스러워한다. 어휘에 대한 일상적 의미와 수학용어의 차이에 대하여 교사가 먼저 인지하여 지도 방법과 전략을 고려해야 한다.

③ 수학교과와 언어의 구문론

수학교과에서도 문장제 문제 등을 통한 고등사고 기능 신장이 강조된다. 논리 및 고등사고 기능을 함양하기 위함이지만, 청각장애학생에게는 또 다른 어려움으로 작용한다. 문장에 대한 이해가 전제되지 않으면 문제를 해결할 수 없기 때문이다.

한국 초등학교 수학교과서의 용어 및 문장제에 사용된 표현의 복잡성 연구에서 개념학습의 어려움이 있으며, 학습자의 읽고 이해할 수 있는 능력을 고려해야 한다는 주장은 청각장애학생의 수학교과 지도에 여러 시사점을 제공하고 있다(강윤지, 백석윤, 2020). 수학교과서에 사용되는 문장의 명확성과 함께 시각적 자료의 제공이 필요하다는 주장은 청각장애학생에게도 예외가 될 수 없다. 초등학교 과정의 청각장애학생에게는 가청 초등학생에 비하여 상대적으로 많은 노력과 배려가 필요한 수학교과 수업이 요구된다. 수학교과의 문장제 문제는 언어영역을 내포하는 특성으로 인해 수학을 언어의 구문론으로 접근하는 경우도 있다. 따라서 청각장애학생의 수학교과 지도에서 교사는 청각장애학생의 언어적 특성을 이해하고 지도해야 함을 알 수 있다. 청각장애학생의 수업설계에서 고려되는 학습자의 내적 조건에는 언어적 정보가 있다. 문장제 문제 또는 어휘의 개념지도에서 교사가 선제적으로 지도해야 하는 용어는 다음과 같다.

- ~ 이상과 초과
- ~ 이하와 미만
- ~ 만큼, 그 이상, 그만큼
- ~ 보다 크다는 것과 ~ 보다 작다.

④ 수학교과와 언어지도

수학교과에서 교사가 고려해야 하는 언어지도 전략은 다음과 같다.

- 수학 개념과 수학 계산을 위하여 수어로 대화를 나누도록 학습자를 격려한다.
- 문장제 문제를 위한 전략을 지도한다.

- 의미 있는 상황에서 문제를 해결한다.
- 아동이 직접 해 보는(hands-on) 활동을 격려한다.
- 협력 학습을 독려한다.
- 다양한 쓰기 활동을 포함한다.
- 매번의 수업 시간마다 개념을 발달시킨다.
- 조작물을 이용한다.
- 다른 교과내용과 수학을 통합한다.

(3) 사회

사회는 역사, 지리, 일반사회 등의 학문을 통합하고 있는 교과이다. 청각장애학생에게 사회교과가 어려운 이유는 설명제 문장의 기술이 많기 때문이다.

① 사회교과와 언어교과 수업

사회교과 교재는 상위 수준의 읽기 능력이 요구되므로 도전적 학습이 필요한 교과이다. 언어교과 수업과 통합될 수 있는 이유는 다음과 같다.

- 대부분의 읽기는 대화체보다는 설명적이다.
- 교재에는 추상적 개념과 익숙하지 않은 사건과 자료로 구성되어 있다.
- 교사에게 주어진 과제는 언어, 교과내용 그리고 비판적인 사고력의 통합이다.

② 인지 전략과 사회교과

사회교과의 주안점에 사건 또는 인물과 환경의 인과관계를 이해하기 위한 노력이 필요하다. 다음과 같은 인지 전략을 수행할 수 있어야 한다.

- 비교와 대조
- 수집
- 자료의 조직과 해석
- 가설 설정

- 결론 제시
- 지형을 인지하기 위한 언어와 장소 인지를 위한 공간 관계의 이해

③ L2 학습자를 위한 사회교과지도 계획

교사는 사회교과의 핵심 어휘를 정리하고, 관련 어휘를 의미망으로 구성할 수 있어야 한다. 국어 언어로 핵심 어휘를 준비하고, 수어를 이용하는 토론을 진행하여 핵심 어휘를 수어로 정의 내릴 수 있도록 다양한 자료를 준비한다. 교사는 청각장애학생에게 다음과 같은 목표를 설정하고 지도를 계획한다.

- 사전 지식의 활용을 촉진한다.
- 역사적 사건을 영화로 보여 준다.
- 인터넷, 상업용 서적, 백과사전, 신문 등에서 시각 자료를 찾는다.
- 시간, 원인, 기타 정보 등을 추적하여 그래프 조지표(graphic organizers)를 만든다.

교사는 효과적인 지도와 전략 수행을 위하여 청각장애학생이 사회교과내용에 대한 정보를 다음과 같은 형식으로 준비하게 한다. 특히 청각장애학생이 세 영역의 지식을 효율적으로 학습할 수 있도록 계획해야 한다.

첫째, 서술: 무엇을 학습했는지에 대하여 설명할 수 있다.

둘째, 절차: 어떻게 학습했는지 체계적으로 나열할 수 있다.

셋째, 조건: 언제 또는 왜라는 질문과 관련된다. 학습의 필요성을 '왜'라는 이유로 인과관계를 설정할 수 있어야 한다. 예를 들어, 민주주의와 선거라는 주제를 '언제' 또는 '왜'라는 물음에 초점을 두고 인과관계를 논리적으로 설명할 수 있도록 한다.

교사는 이와 같은 지식을 한국수어를 이용하여 제공하고, 그런 다음에 동등하게 국어를 이용하여 지식을 전달할 수 있도록 계획한다.

④ 사회교과지도 방법

교사의 사회교과지도 방법은 다음과 같다.

- 사회교과에 대하여 의사소통할 수 있는 기회를 제공한다.
- 가르쳐야 할 교과내용과 아동의 실생활에서의 경험을 연결한다.
- 학생의 사전 지식을 활성화한다.
- 수행 또는 과정중심의 활동을 제공한다.
- 비판적 사고와 학습 능력을 향상시킨다.
- 언어적 이슈에 집중하게 한다.
- 그래프 조직표를 사용하다.
- 청각장애학생은 협력학습과 활동 중심의 수업에 적극적으로 참여하고, 급우 중에서 또래 교사를 찾는다.
- 청각장애학생이 수업 과정의 방향성을 제대로 설정할 수 있는, 그리고 아동이 학업 과제로 전환할 수 있도록 도울 수 있는 모델을 준비한다.
- 역사의 다른 관점에 관하여 토론을 개최한다.
- 아동의 다른 학습 스타일에 대하여 수업방법을 조정한다.
- 바꾸어 쓸 수 있고 요약할 수 있는 기술을 지도한다.
- 조작매체와 다중매체를 사용한다.
- 지도, 지구본, 백과사전, 사진, 동영상, 복사지, 달력, 일기도 등을 사용한다.

(4) 과학

① 과학교과와 언어교과 수업

과학교과는 자연현상을 관찰, 사고, 탐구하고 이해하려는 학습자의 호기심에 더욱 세련된 답과 법칙을 전달하는 것이다. 과학교과 교육과정의 성격과 목표는 자연현상에 대한 ⓐ 호기심과 흥미, ⓑ 발견 및 해결하는 태도, ⓒ 문제해결 능력 배양을 통하여 과학, 사회, 기술의 관계를 인식하게 하는 것이다. 과학교과 수업에서 언어를 함께 공유하고 지도하기 위해 고려해야 하는 노력은 다음과 같다.

- 학습활동의 개념, 특정 어휘, 구문과 용어의 학습지도 방안
- 수어로 과학에 대한 사회적 상호작용

• 과학 교과서에 대한 수어 설명과 읽고 쓰기를 통한 과학교과 학습 전략 구축

② **과학교과지도를 위한 과학교과 언어**
과학은 사고 기술의 한 방법이다. 기초 탐구과정과 통합 탐구과정이 있다.

• 기초 탐구과정: 관찰, 분류, 측정, 예상, 추리, 의사소통 영역으로 구성된다.
• 통합 탐구과정: 문제인식, 가설설정, 변인통제, 자료변환, 자료해석, 결론도출, 일
  반화 절차로 구성된다.

기초 탐구과정과 통합 탐구과정에서 요구되는 과학교과 언어에 대한 개념 이해와 설
명 방법 등이 과학교과의 호기심과 흥미 유발의 단초로 작용한다. 과학교과 언어는 사
실적 내용에 대한 개념 설명보다는 동기부여 전략에 함께 적용하는 방안이 효과적이다.

③ **과학교과지도 방법**
교사는 청각장애학생이 과학교과내용을 정확하게 인지할 수 있도록 정확한 'input'을
제공해야 한다.

• '학습은 발견하는 것'임을 강조해야 한다.
• 여러 자료를 사용한다(과학실 장비, 참고문헌, 신문, 잡지, 과학자의 방문 요청, 현장 견
  학, 영화, 컴퓨터 프로그램).
• 인지 과정을 강조한다(관찰, 추론, 예측, 가설, 실험 등).

청각장애학생은 습작 활동과 시각 보조 자료를 사용할 수 있어야 한다(예: 그래프 조
직표, 의미망 구성). 교사의 시범, 집단 조사, 과학 일지, 과학 수업의 협력적 상호작용 등
으로 진행한다. 한국수어를 사용하여 개념과 어휘를 학습하고, 한국수어로 토론하고,
한국수어로 요약하고, 과학 용어를 한국수어로 표현하기 등이 있다.

④ 과학교과 수행을 위한 과학교과 언어

과학은 물리, 화학, 생물, 지구의 현상 등에 대한 실체, 원칙, 법칙 그리고 이론을 끌어내고 결정하는 것이다. 이를 위해 어휘 및 문장 그리고 논리적 사고를 공유하는 절차가 요구된다. 다양한 어휘에 대한 생소함 또는 수어 어휘가 존재하지 않는 경우를 대비하여 언어지도 전략을 세심하게 검토해야 한다. 엽록소, 광합성, 밀도와 부피 등의 개념 설명과 함께 학생의 발표를 쉽게 지도하는 방안 등을 교사는 고려해야 한다.

⑤ 과학교과 교수전략

과학교과 구성은 운동과 에너지, 물질, 생명, 지구 영역이 일반적이지만, 수와 연산, 변화와 관계, 과학과 사회 등의 영역이 포함되고 있다. 물리, 화학, 생물, 지구과학 등의 분야별 학문을 구분하는 분절 학습보다 통합교과 수업을 권장하고 있다. 청각장애학생의 특성상 문해력 및 수리적 이해의 수준이 과학교과 수업 운영을 어렵게 만드는 원인이 될 수 있다.

선지식을 활용하는 방안이 있다. 과학과 수업에서 사용한 어휘 및 개념에 대한 이해 수준을 고려해야 한다. 선지식에는 오개념도 포함되어 있다. 오개념을 활용할 수 있는 방안도 수업설계에서 고려되어야 하는 부분이다.

과학교과 수업 및 소비를 위하여 고려해야 할 내용을 간략하게 제시하면 다음과 같다.

- 과학교과 수업의 호기심과 흥미를 위하여 동기부여가 중요하다. 수업의 도입 단계에서 요구하는 '동기를 위한 동기부여'가 아닌, 학습에 적극적인 참여와 학습 목표 도달의 효율성이 보장되는 동기부여를 고려해야 한다.
- 언어를 수정하고, 일상생활에 과학 수업의 관련성을 인지시킨다.
- 과학 자료를 개작하기 위한 공동의 노력도 요구된다. 또한 수어와 국어 이중언어 자료(예: 다중매체)를 개발한다.
- 과학 개념을 설명하기 위하여 언어 교수방법을 활용한다.
- 농문화의 공헌문화를 고려하여 롤모델 활용은 동기부여에 효과적이다.
- 학습한 내용을 일상생활에 적용할 수 있는 방안을 제시하는 방안도 있다.
- 초인지 학습의 관점에서 수업을 설계하고 지도할 수 있어야 한다. 인지를 작동시키

는 초인지는 자동차 엔진을 작동시키는 열쇠(start) 같은 역할을 담당한다.

- 수업의 시간 단위, 주 단위, 학기 단위를 고려하여 실험의 시간을 고려해야 한다. 수업 시간에 바로 적용할 수 있는 실험도 있지만, 해돋이 시간의 비교 또는 온도의 변화 등은 매일의 관찰이 요구되기도 하고, 고구마 순이 자라는 관찰 등은 오랜 시간이 소요된다는 점에서 다양한 학습 내용을 사전에 준비하여 학습에 대한 호기심과 흥미를 작동시킨다.
- 시청적 자료(속도를 달리하는 자동차 영상)를 먼저 제시하고, 다음으로 영상적 표현(자동차의 속도와 같은 구체적 영상이 아닌, 간략화된 속도와 거리의 관계를 인식시키는 자료)을 제공한다. 끝으로 상징적 표현으로써 $s=vt$ 또는 $s=1/2at^2$ 등과 같은 공식을 지도해야 한다.
- 토론 및 발표 학습을 항상 진행해야 한다. 모둠 수업 또는 학급의 학생 수를 고려하여 토의하고 발표할 수 있는 기회를 가능하면 매번의 수업에서 제공해야 한다. 토론 및 발표 수업에 이수할 수 있도록 교사의 지속적인 노력이 요구된다.

⑥ **과학교과를 위한 언어교수방법**

과학적 방법, 비판적 사고, 문제해결 능력 신장을 위한 과학교과를 수어로 설명하여 활동 수업을 촉진한다.

- 교사는 한국수어를 사용하여 과학적 개념을 확장한다.
- 교사와 아동은 개념을 확장하고 요약하기 위한 언어 경험 접근(language experience approach: LEA)을 사용한다.
- 교사는 수업 방법을 개발한다.
- 그래프 조직표(개요, 일정표, 흐름도, 약도, 그래프, 벤다이어그램 등)를 이용한다.
- 수어와 국어 이중언어 교수방법 전략(예: 코드 전환, 번역, 예습-학습-복습 등)을 이용한다.

청각장애학생을 위한 교과교육에서 이중언어지도 방법에 익숙하지 않아도 교사의 의도를 청각장애학생의 정확하게 인지할 수 있는 전략을 적용할 수 있어야 한다. 교과

교육에서 언어교육방법의 선택보다는 청각장애학생의 초인지 학습을 촉진하고 유발하는 효율성이 우선이다. 교사의 수어 또는 구어 설명을 청각장애학생이 정확하게 인지했는가에 초점을 두어야 한다. 교사의 설명이 정확하게 입력(input)되는 조건이 성립되어야 한다.

☐ 확인학습

1. 제생원의 역사적 배경에 대하여 설명할 수 있다.
2. 청각장애학생의 성공적인 통합교육에 영향을 미치는 가장 중요한 변인은 무엇이며, 그렇게 생각하는 이유를 설명할 수 있다.
3. 청각장애학생을 위한 바람직한 교실 환경에 대하여 설명할 수 있다.
4. 교사가 사용하는 수어 또는 구어의 선택보다 정확한 입력(input)이 가장 중요하다는 의미에 대하여 알고 있다.

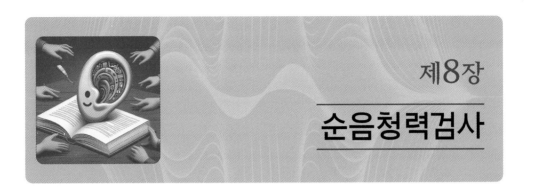

제8장

순음청력검사

청력은 주파수에 대한 음압의 정도를 이해하는 능력으로 설명된다. 제1장에서 서술한 소리의 이해와 같이 주파수와 음압은 별개의 단위이다. 주파수는 소리의 진동 횟수이며, 음압은 소리의 강도이다. 청각장애학생의 진단·평가를 위한 중요 과정인 청력검사의 목적은 소리의 주파수 감지능력을 알아보기 위하여 각 주파수에 대한 음압을 측정하는 것이다. 청력검사에서 가장 보편적으로 사용되는 방법이 순음(pure tone)을 이용한 순음청력검사이다. 순음이 아닌 어음(speech)을 이용한 어음청력검사, 그리고 순음 및 어음청력검사에 반응할 수 없는 신생아 또는 영유아를 위한 객관적 청력검사 등도 있다. 이 장에서는 주관적 청력검사 방법 중 하나인 순음청력검사에 대하여 알아본다.

1. 청력도

청력검사를 하기 전에 청력검사의 결과를 표기할 청력도를 준비해야 한다. 청력도는 [그림 8-1]과 같이 가로는 주파수(Hz; pitch)이며, 세로는 음압(dB; intensity) 또는 가청역치이다.

사람의 가청주파수는 20Hz에서 20,000Hz이지만, 음성주파수는 125Hz에서 8,000Hz

의 분포를 보인다. 또한 사람이 들을 수 있는 음압은 0dB에서 130dB이지만, 청력검사에서는 110dB까지만 측정하도록 규정하고 있다. 이와 같은 특성에 기초하여 청력도가 제작되었다. 참고로 청력도에 나타난 바나나 모양의 문양은 음성언어 영역의 주파수와 음압을 나타내기 위하여 그려진 것이다([그림 8-1] 참조). Speech banana로 설명된다.

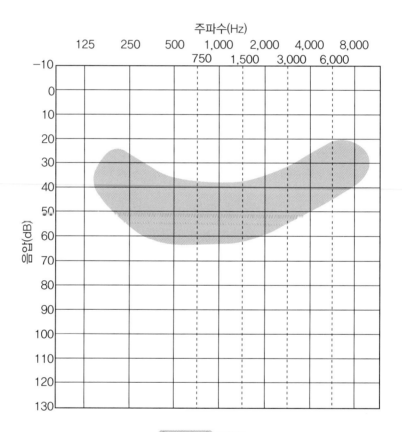

[그림 8-1] 청력도

청력검사의 결과를 청력도에 표기한 예는 [그림 8-2]와 같다. 1,000Hz에서 나타난 음압은 ○에서 75dB, ×에서 85dB을 보인다. 즉, 1,000Hz의 기도 청력검사에서 오른쪽 귀의 청력손실 정도(○)가 75dB, 왼쪽 귀이 청력손실 정도(×)가 85dB이라는 의미이다. 청력도에 표기하는 기호는 〈표 8-2〉에서 설명하기로 한다.

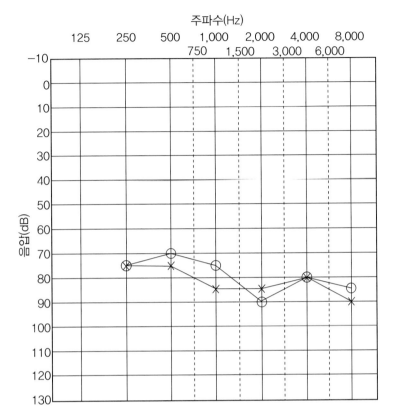

주파수(Hz)

[그림 8-2] 기도 청력검사의 결과를 표기한 청력도

2. 순음청력검사

소리가 귀를 통하여 뇌로 전달되는 과정의 경로는 외이-중이-내이-청신경의 순서이다. 특히 외이와 중이에 손상이 있는 경우는 전음성, 그리고 내이 또는 청신경에서 문제가 되는 경우는 감음신경성 난청으로 분류된다고 설명하였다.

헤드폰을 착용하고 소리를 외이-중이-내이-청신경의 순서로 전달하는 방법은 기도 검사이다. 기도검사만으로는 외이-중이-내이-청신경의 전달경로 중에서 어느 부위에 문제가 있는지를 확인할 수 없다. 그래서 오른쪽과 왼쪽 귀의 기도검사를 모두 마치고 나면, 다음으로 골도검사를 진행한다. 골도검사는 외이-중이의 전달경로를 생략하고 내이-청신경으로 소리를 전달한다. 따라서 기도검사와 함께 골도검사를 마치게 되면, 청각장애를 유발시키는 손상 부위를 알 수 있다. 즉, ① 전음성 또는 ② 감음신경성 난청임을 알 수 있으며, 또한 전음성과 감음신경성이 함께 나타나는 ③ 혼합성 난청임을 진단·평가할 수 있다.

1) 기도검사

기도검사의 소리 전달경로는 외이-중이-내이-청신경의 순서라고 하였다. 기도검사의 결과가 피검사자인 청각장애학생의 청력손실 정도이다. 그러나 기도검사의 결과만으로 외이-중이-내이-청신경 중에서 어느 부위에 손상이 있는지는 정확하게 알 수 없다. 골도검사를 마치기 전까지는 청력손실 부위에 대한 진단·평가 결과를 정확하게 제시할 수 없지만, 기도검사의 결과인 청력손실 정도의 dB 수치는 청각장애학생의 청력손실 정도이다. 기도검사 방법에 대한 설명은 다음과 같다.

(1) 어느 귀를 먼저 검사하는가
- 피검사자의 청력을 사전에 알고 있는 경우: 청력이 좋은 귀부터 먼저 검사한다. 모든 주파수에서 청력손실 정도인 음압을 찾는 기도검사를 마치고 나면, 다른 귀의 기도검사를 실시한다.
- 피검사자의 청력을 모르는 경우: 오른쪽 귀부터 먼저 실시한다. 기도검사의 모든 주파수에 대한 오른쪽 귀의 검사를 마치고 나면, 왼쪽 귀의 기도검사를 실시한다. 청력검사기의 헤드폰에 빨강 표시는 오른쪽, 파랑 표시는 왼쪽 귀에 착용시킨다. 검사 결과를 표기하는 방법에서도 오른쪽 검사 결과는 빨간색, 왼쪽 검사 결과는 파랑으로 기재한다.

(2) 주파수 선정 방법은 어떠한가
주파수 선정 방법은 상향법과 하향법이 있지만, 상향법 사용이 일반적이다. 하향법은 이론적으로 존재하지만, 잘 사용하지 않는다. 상향법의 주파수 선정은 다음과 같다.

1,000Hz-2,000Hz-4,000Hz-(8,000Hz)-1,000Hz-500Hz-250Hz-(125Hz)

자음과 모음을 구분하는 중요 주파수는 1,000Hz이다. 즉, 음성언어에서 가장 중요한 주파수 대역이 1,000Hz이다. 1,000Hz에서 청력손실 정도인 음압을 찾는 과정을 마친 다음에 2,000Hz로 진행한다. 계속해서 4,000Hz(또는 8,000Hz 까지)를 측정한 다음 저주파수로 진행할 때, 반복적으로 1,000Hz를 재차 측정한다. 1,000Hz의 중요성 때문이다.

참고로 기도검사에서는 8,000Hz의 청력손실 정도를 측정하지만, 골도검사에서는 8,000Hz를 측정하지 않는다. 125Hz도 기도검사에서는 측정주파수에 해당하지만, 골도검사에서는 생략한다. 골도검사에서 8,000Hz 또는 125Hz를 측정하지 않는 이유는 청력검사기의 한계로 인해 청력측정의 정확성이 떨어지기 때문이다. 8,000Hz와 125Hz의 골도검사를 정확하게 측정할 수 있는 청력검사기가 계발되면 측정이 가능할 것이다.

- 1,000Hz와 2,000Hz, 2,000Hz와 4,000Hz, 4,000Hz와 8,000Hz의 중간 값을 측정할 수 있다.
- 1,000Hz와 2,000Hz의 중간 값인 1,500Hz를 측정할 수 있다. 4,000Hz와 8,000Hz의 사이에 해당하는 6,000Hz를 측정할 수 있다.

두 주파수의 음압 차이가 10dB 이상인 경우는 필요에 따라서 사이에 해당하는 중간 주파수를 측정할 수 있다.

1,000Hz는 두 번 측정한다. 두 번을 측정하여 음압이 일치하는 경우도 있다. 그러나 5dB의 차이가 나타났을 때는 두 번째로 측정된 값으로 결정한다. 만약 10dB 이상의 차이가 나타났을 때는 모든 주파수에서 검사를 종결한 다음에 1,000Hz를 한 번 더 측정하는 절차를 가진다. 음성언어에서 1,000Hz의 중요성을 강조하는 절차이다. 참고로 dB의 표준편차는 5dB이다.

(3) 음압(dB)은 어떻게 제공하는가

앞에서 주파수 선정 방법에 대하여 설명하였다. 각 주파수에서 음압을 결정하는 방법은 다음과 같다.

> 40dB-70dB-90dB-100dB-110dB의 음압을 순차적으로 제공한다.

40dB은 보청기 착용을 결정하는 청력손실 정도이다. 70dB은 전음성 청각장애와 감음신경성 청각장애의 경계를 나타내는 중요 음압이다. 그리고 90dB은 최고도(심도 또는 농) 청각장애로 분류되어 보청기 착용 유무와는 상관없이 음성언어를 귀로 청취하기에 한계가 있다.

- (예를 들어, 1,000Hz에서) 40dB에 반응이 없으면 70dB을 제공한다. 70dB에서 반응이 나타나지 않으면 90dB을 제공한다.
- 90dB에서 반응이 없으면 100dB로 진행한다. 100dB에서 반응이 없으면 110dB의 음압을 제공한다. 110dB에서 반응이 없으면 검사를 종결한다. 청력검사에서 제공하는 가장 큰 음압은 110dB임을 알 수 있다.
- 40dB, 70dB, 또는 90dB에서 반응이 나타나는 경우는 다음과 같은 절차로 진행한다. 70dB에서 반응이 나타난 경우는 65dB의 음압을 제공한다.
  - 65dB에서 반응이 있는 경우는 60dB의 음압을 제공한다.
  - 65dB에서 반응이 없는 경우는 75dB로 음압을 제공한다.
- 40, 70, 90dB에서 반응이 있는 경우는 각각 35, 65, 또는 85dB로 올라간다(음압을 감소시킨다). 그리고 반응이 있으면 계속해서 5dB만큼 올라간다(음압을 감소시킨다). 그러다 반응이 없으면 10dB만큼 내려간다(음압을 증가시킨다).

(4) 음압은 어떻게 결정되는가

40dB, 70dB, 또는 90dB의 음압에 대한 반응 유무에 따라서 5dB 감소 또는 10dB 증가하는 방법으로 진행하면 검사에 대한 반응이 일정하게 반복되는 현상이 관찰된

다. 즉, 음압을 올리면 반응을 하다가 음압을 내리면 반응이 없기를 반복한다. 이런 현상이 나타나면 검사를 중단하고, 해당 주파수에 대한 최소가청역치(minimal audible threshold: 임곗값)로 결정한다.

최소가청역치 결정 방법은 다음과 같다. 정반응이 나타난, 즉 들린다고 반응한 음압의 횟수 중에서 50% 이상에 해당하는 음압이 최소가청역치이다. 들리지 않는다고 반응한 음압은 횟수에 포함시키지 않는다. 1,000Hz에서 제공한 음압에 대한 반응을 예로 들면 〈표 8-1〉과 같다.

〈표 8-1〉 1,000Hz에서의 음압에 대한 반응 유무

음압	반응 유무
40dB	−
70dB	−
90dB	+
85dB	+
80dB	−
90dB	+
85dB	+

참고: −는 들리지 않는 경우이며, +는 들린다고 반응한 경우임.

1,000Hz에서 검사를 진행한다고 가정한다. 먼저 40dB을 제공했는데, 반응이 없으므로 70dB로 진행한다. 70dB에서 반응이 없어서 90dB의 음압을 제공하였고, 반응(+)을 보였다. 그래서 85dB로 진행하였다. 85dB에서 반응(+)을 보여서 80dB로 진행하였다. 80dB에서 반응을 보이지 않아서(−), 90dB로 음압을 올렸다. 그랬더니 반응(+)이 나타나서 재차 85dB로 음압을 줄였다. 85dB에서 정반응(+)이 나타났다.

계속해서 80dB로 진행할 필요가 없다. 물론 80dB로 진행해도 결과는 차이가 없거나 5dB의 표준편차 범위에 있다. 정확하게 측정해야 하지만 신속하게 마쳐야 한다. 신속·정확이라는 차원에서 검사를 수행해야 한다.

위의 표에서 들린다고 정반응(+)한 경우는 90dB 2회, 85dB 2회이다. 모두 4회 중에

서 50%에 해당하는 음압은 2번째의 85dB이 된다. 낮은 음압을 기준으로 85, 85, 90, 90으로 나열하고, 50%에 해당하는 음압으로 결정한다. 따라서 1,000Hz의 검사에서 최소가청역치는 85dB이다.

기도검사의 결과는 두 가지의 의미를 제공한다. 하나는 기도검사의 결과가 청력손실 정도를 나타낸다. 또 다른 하나는 음성언어가 아닌, 사물의 소리에 대한 반응의 정도를 짐작할 수 있다. 사물의 소리에 대한 감지 정도를 [그림 8-3]과 같이 나타낼 수 있다. ○는 오른쪽 귀의 기도검사에서 나타난 각 주파수에서의 청력손실 정도를 의미하고, ×는 왼쪽 귀의 기도검사에서 측정된 각 주파수의 청력손실 정도이다. 점선보다 위에 제시된 사물의 소리는 들을 수 없지만, 점선보다 아래의 소리는 들을 수 있음을 의미한다. 기

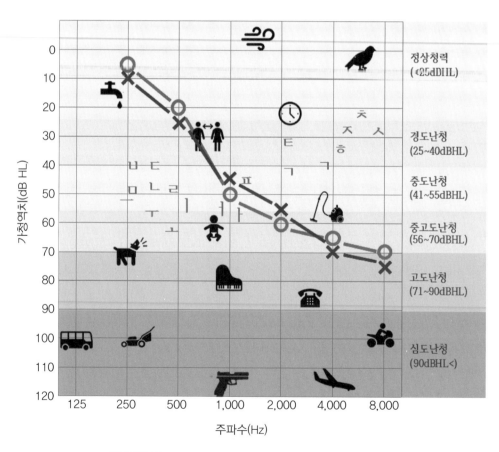

[그림 8-3] 기도검사 결과에 대한 청력도의 표기 및 사물의 소리

도검사의 결과를 청력도에 표기할 때는 실선으로 나타내고, 골도검사의 결과는 점선으로 이어서 표기한다. 여기서 점선으로 나타낸 것은 사물의 음에 대한 이해 정도를 설명하기 위함이다.

기도검사의 결과만으로는 음성언어에 대한 변별의 가능성을 예측할 수 없다. 음성언어는 다양한 주파수가 함께 나타나는 복합음이라는 점이며, 또한 골도검사의 결과를 함께 고려해야 한다. 골도검사에서 이상이 없는 경우는 기도검사의 결과가 곧 청력검사의 결과이며, 전음성 청각장애로 진단된다. 반면, 골도검사에서 문제가 되는, 즉 내이 또는 청신경이 손상된 경우는 기도검사의 결과에 비하여 음성언어를 인지하는 데 더욱 어려움이 가중될 수 있다. 감음신경성 청각장애는 전음성 청각장애에 비하여 음성언어를 변별하는 데 어려움을 보인다. 달팽이관의 청신경 유모세포의 문제 등으로 음성언어에 대한 정보처리를 제대로 수행할 수 없다.

2) 골도검사

두 귀의 기도검사를 마치면 골도검사를 진행한다. 골도검사를 실시하는 방법은 기도검사와 유사하다. 주파수별로 음압을 제공하는 절차는 기도검사와 동일하지만 8,000Hz와 125Hz는 측정하지 않는다. 또한 음압은 65dB까지만 제공하여 청력손실 정도를 측정한다. 따라서 주파수는 8,000Hz를 제외한 상향법을 적용하지만, 음압에서는 40dB을 측정하고, 반응이 없으면 50dB, 60dB, 65dB의 순으로 측정한다. 40dB에서 반응이 나타나면 35dB, 35dB에서 또 반응이 나타나면, 30dB의 순으로 진행한다. 골도검사의 최소가청역치를 측정하는 방법도 기도검사와 동일하게 50% 이상에서 반응을 보이는 역치로 결정한다.

3) 기도검사와 골도검사의 결과에 대한 설명

(1) 전음성, 감음신경성, 혼합성 청각장애의 진단 · 평가

기도검사와 골도검사를 모두 실시해야 하는 이유는 [그림 8-4]와 같이 전음성(a), 감음신경성(b), 혼합성(c) 청각장애로 진단 · 평가할 수 있다.

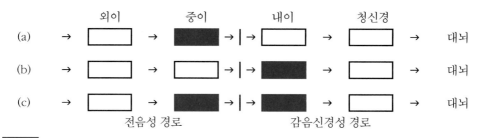

[그림 8-4] 청력검사에 대한 청력손실 부위

(a), (b), 그리고 (c)는 모두 기도검사에서 청력손실이 있는 것으로 나타났다. 다음으로 골도검사를 실시한다. (a)는 골도검사에서 이상이 없다. 기도검사에서 문제가 된 부위는 전음성 경로임을 알 수 있다. 따라서 전음성 청각장애로 진단·평가된다. (b)는 골도검사에서 이상이 나타났다. 기도검사의 결과가 60dB이면 골도검사의 결과도 동일하게 60dB이다. 따라서 감음신경성 청각장애이다. (c)는 기도검사와 골도검사에서 모두 이상이 있는 것으로 나타났다. 기도검사의 결과가 60dB인 반면, 골도검사의 결과가 40dB이었다. 그러면 감음신경성 경로에서 40dB이므로 전음성 경로에서 20dB의 청력손실이 있는 것으로 해석된다. 따라서 전음성 20dB, 감음신경성 40dB의 혼합성 청각장애로 진단·평가된다. 보다 자세한 설명을 위하여 청력손실 정도의 숫자를 대입해 본다.

	전음성 경로		골도검사		기도검사
(a)	(? dB)	+	(0dB)	=	60dB
(b)	(? dB)	+	(60dB)	=	60dB
(c)	(? dB)	+	(40dB)	=	60dB

세 사례의 청력검사에서 기도검사 결과는 모두 60dB로 나타났다. 계속해서 골도검사를 실시해야 한다. (a)는 골도검사에서 이상이 없는 것으로 나타났다. 따라서 기도검사의 결과는 모두 전음성 경로에 문제가 있는 것으로 판단된다. 전음성 청각장애이다.

(b)의 기도검사도 60dB이었다. 골도검사도 60dB로 기도검사와 동일하게 측정되었다. 전음성 경로에는 문제가 없다. 따라서 감음신경성 청각장애로 진단·평가된다. (c)는 혼합성 청각장애이다. 기도검사에서 60dB인데, 골도검사에서 40dB이었으므로 전음성 경로에서 20dB만큼의 저항이 있었다는 것을 알 수 있다.

기도검사의 결과는 청력손실 정도를 의미한다. 골도검사를 실시해야만 기도검사의 결과와 비교하여 전음성, 감음신경성 또는 두 경로에서 모두 저항이 있는 혼합성 청각장애로 진단·평가할 수 있다.

(2) 기도검사와 골도검사의 차이에 따른 청력손실 부위 진단·평가

기도검사와 골도검사의 결과에 기초한 전음성과 감음신경성 청각장애의 차이는 다음과 같이 정리된다.

① 정상

기도검사와 골도검사에서 모두 최소가청역치가 25dB 이하인 경우이다.

② 전음성 청각장애

기도검사의 최소가청역치가 25dB 이상이며 골도검사의 최소가청역치가 25dB 미만이다. 또한 기도검사와 골도검사의 차이를 의미하는 ABG(air and bone conduction gap: 기도와 골도검사의 차이)가 10dB을 초과한다(ABG>10dB). 즉, 골도검사의 최소가청역치는 정상이지만, 기도검사의 결과가 25dB 이상이므로 ABG가 존재한다. 참고로 5dB의 차이는 표준편차에 해당하므로 10dB 이상의 차이로 한정한다.

③ 감음신경성 청각장애

기도검사의 최소가청역치가 25dB을 초과한다. 골도검사의 최소가청역치도 25dB을 초과한다. 기도검사와 골도검사의 차이를 나타내는 ABG가 10dB 미만이다(ABG<10dB). 즉, 기도검사와 골도검사의 최소가청역치는 유사하므로 ABG는 없다. 10dB 미만은 5dB에 해당하고, 5dB은 표준편차이므로 기도검사와 골도검사를 동일하다고 판단하여 감음신경성 난청으로 진단·평가한다.

 청각장애학생의 교육적 지원과는 다소 거리가 있지만 청력검사 결과를 통해 다음과
같은 사안도 예상해 볼 수 있다. 전형적인 감음신경성 난청의 청력도는 [그림 8-3]과 같
이 고주파수로 갈수록 청력손실 정도가 급하게 하강하는 추세를 보인다. 고주파수 영
역의 연사를 위하여 요구되는 적절한 수의 청신경 유모세포가 손상 또는 활성도가 낮
은 원인으로 이해된다.

- 저주파의 감음신경성 난청: 청각장애와 함께 이명과 현기증을 유발하는 메니에르
  병(Meniere's disease)을 예상할 수 있다.
- 전형적인 감음신경성 청각장애: 두 귀의 청력손실 정도가 4,000Hz 고주파수에서
  청력손실 정도가 심해지는 하강형은 노인성 난청 또는 청신경 경로의 종양을 의심
  해 볼 수 있다.
- Carhart Notch: 전음성 난청의 청력도인데 2,000Hz에서 감음신경성 난청의 하강형
  이 나타난다. 등골 발판의 이경화증이 원인으로 이해된다. 최근에는 등골의 발판과

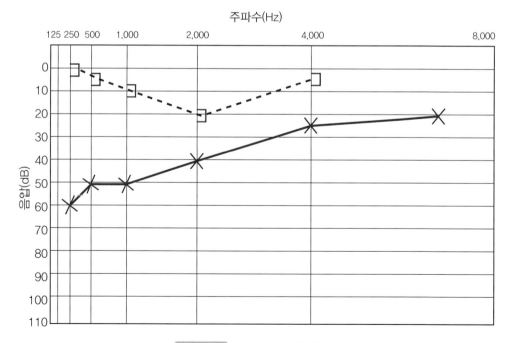

[그림 8-5] Carhart Notch의 청력도

함께 추골과 침골의 이경화증으로 500Hz와 1,000Hz의 청력손실이 나타난다. [그림 8-5]는 Carhart Notch를 나타내는 청력도이다.

④ 혼합성 청각장애

기도검사 및 골도검사의 최소가청역치가 모두 25dB을 초과한다. 그러나 ABG가 10dB을 초과한다(ABG〉10dB).

(3) 골도검사의 최고 음압

기도검사는 110dB까지 측정하고 골도검사는 65dB까지만 측정한다고 하였다. 기도 검사는 헤드폰을 착용하고 소리를 귀로 들려주지만, 골도검사는 진동자를 유양돌기에 부착하여 진동을 제공한다. 유양돌기를 통하여 달팽이관으로 소리가 전달된다. 소리의 전달 속도는 고체, 액체, 기체의 순으로 빠르다. 유양돌기를 통하여 65dB 이상의 음압이 제공되면 두개골을 통하여 반대쪽 달팽이관으로 소리가 전달되어 대뇌에서 인지하게 되므로 청력손실 부위에 대한 청력손실 정도를 정확하게 측정할 수 없다. 최근에는 골도검사 시 70dB에 이어서 75dB까지도 측정할 수 있는 청력검사기가 개발되었다. 그러나 전통적으로 골도검사는 65dB까지만 측정하고 있다. 청력검사기가 계속해서 개발되면 110dB 근사치까지 측정할 수 있을 것이다.

골도검사는 65dB까지만 측정하고 65dB에서 반응이 없으면 검사를 중단한다. 그런데 여기서 논리적인 모순이 있다. 예를 들면, 기도검사에서 110dB인데, 골도검사에서 70dB의 청력손실을 가정할 수 있다. 그럼에도 불구하고 혼합성 청각장애보다 감음신경성 청각장애로 진단·평가하는 모순이 있다. 즉, 65dB을 초과하면 기도검사의 결과에 따라서 청력손실 부위가 결정되는 문제점을 지적할 수 있다. 그러나 청각장애학생의 교육적 지원에서 큰 차이가 없다는 점을 알아야 한다. 즉, 기도검사에서 70dB이고, 골도검사에서 65dB에서 반응이 없으면 70dB의 감음신경성 청각장애로 진단·평가된다. 기도검사에서 110dB이고 골도검사에서 65dB에서 반응이 없으면, 전음성 40dB, 감음신경성 70dB의 혼합성 청각장애로도 예상될 수 있다. 그러나 감음신경성 청각장애로 70dB 이상인 경우는 보청기의 착용에 따른 음성언어 변별에 어려움이 있다는 점에서 논리적 모순보다 교육적 지원에 관점을 두게 된다. 감음신경성 경로의 70dB과

80dB, 또는 90dB의 차이가 음성언어 변별과 청각적 인지에 큰 차별성이 없음을 의미한다. 참고로 이는 미국 청각장애교육의 아버지로 불리는 Moores가 70dB 이상의 청력손실부터 감음신경성 난청으로 분류하는 근거이기도 하다.

(4) 기도검사의 결과와 청력손실 유형

전음성 청각장애는 70dB을 초과하지 않는다고 하였다. 교재에 따라서 65dB을 초과하지 않는다고 서술한다. 음압의 표준편차가 5dB이라는 점에서 모두 정답이다. 만약에 기도검사의 결과가 90dB이면, ① 전음성 청각장애만은 아니다. ② 혼합성 청각장애도 예상된다. ③ 물론 감음신경성 청각장애만으로도 90dB의 청력손실이 나타날 수 있다. 전음성, 감음신경성, 혼합성이라는 세 개의 부위를 모두 고려해야 한다. 다만 90dB이면 전음성 청각장애만은 아니므로 다른 두 개의 청각장애도 가능함을 알아야 한다.

- 기도검사의 결과가 60dB인 경우는 세 개의 청력손실 유형을 예상할 수 있다.
- 전음성 청각장애만으로는 70dB을 초과하지 않는다.
- 70dB을 초과하는 경우는 전음성을 제외한 나머지 두 개의 청력손실 유형을 예상할 수 있다.

4) 차폐검사

차폐검사에 대한 이해를 돕기 위하여 이간감쇠(interaural attenuation: IA)와 폐쇄효과(occlusion effect)에 대하여 먼저 설명하고자 한다.

(1) 이간감쇠

이간감쇠(양이감쇠)는 헤드폰을 착용하고 기도로 전달되는 소리가 다른 귀에 영향을 미치기 위하여 필요한 에너지의 양을 의미한다. 기도검사에서 주파수별 이간감쇠의 음압은 차이가 있지만 약 40dB이다. 60dB의 소리가 왼쪽 기도의 헤드폰을 통하여 오른쪽 귀에 전달되면 IA값은 40dB을 뺀 20dB HL이 된다. 반면, 헤드폰이 아닌, 인서트(insert) 이어폰을 사용할 경우에 IA값은 약 70dB 이상이 된다. 인서트 이어폰을 사용하면 IA값이 크기 때문에 차폐의 필요성이 줄어든다.

　반면, 골도로 전달되는 IA값은 0이다. 한쪽 귀의 골도검사에서 반응한 음압이 다른 귀에 전달될 때 감쇠가 나타나지 않는다는 것이다. IA는 주파수, 개인차에 따른 두개골의 두께, 사용하는 폰(헤드폰 또는 인서트), 그리고 기도 및 골도검사의 적용에 따라서 수치가 달라진다. 이간감쇠에 대한 이해를 돕기 위하여 [그림 8-6]과 같이 제시하였다.

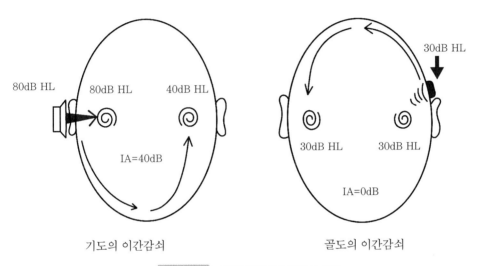

기도의 이간감쇠　　　　　　　골도의 이간감쇠

[그림 8-6] 기도와 골도의 이간감쇠 차이

출처: 대한청각학회(2008).

　기도의 이간감쇠는 40dB이다. 한쪽 귀의 기도에 80dB의 음압이 제공되면 다른 쪽 귀에는 40dB의 IA값을 제외한 40dB이 전달된다. 골도의 이간감쇠는 0dB이다. 한쪽 귀의 골도에 30dB이 입력되면 반대 귀의 골도에도 30dB의 음압이 전달된다. 각 주파수별 이간감쇠 수치는 다음과 같다.

250Hz : 35dB　　　　500Hz : 35dB　　　　1,000Hz : 40dB　　　　2,000(4,000Hz) : 45dB

(2) 폐쇄효과

폐쇄효과는 저주파수의 음이 울리는 현상으로 설명된다. 우물 또는 동굴에서 울리는 소리를 연상하면 된다. 또한 자신의 귀를 막고서 발성하면 소리가 증폭되는 현상을 느낄 수 있다. 외이도로 입력된 소리는 고막을 통해 전달되지만, 압력은 다시 귀 밖으로 나가야 한다. 그런데 손으로 귀를 막거나, 또는 보청기를 착용하여 외이도를 막고 있으면 중이공간과 외이도의 압력 차이로 인하여 폐쇄효과가 발생한다.

전음성 청각장애에게 폐쇄효과는 나타나지 않는다. 정상 또는 감음신경성 청각장애에게 귀의 막힘현상이 있으면 폐쇄효과가 나타난다. 외이도를 막게 되면 소리의 울림현상으로 외이도의 음압이 상승하면서 반대 측 귀의 역치를 낮추게 된다. 전음성 청각장애는 중이의 이상으로 증폭된 소리를 달팽이관으로 전달할 수 없지만, 감음신경성 청각장애는 헤드폰에 입력되는 소리가 반대 귀에 크게 들리는 효과로 나타난다.

골도검사에서 차폐가 필요하다고 가정해 보면 다음과 같다(차폐에 대한 내용은 곧 설명될 것이다.). 검사하는 귀(test ear: TE)의 유양돌기에 진동자가 장착되고, 검사하지 않는 귀(non-test ear: NTE)에는 헤드폰이 착용된다. 측정하는 250Hz, 500Hz 그리고 1,000Hz의 저주파수에 대하여 NTE에서 폐쇄효과가 나타난다. 즉, TE의 가청역치가 낮아지는(좋아지는) 결과가 나타난다. 폐쇄효과로 인하여 적절한 수준보다 낮은 소음 음압이 제공되어 TE의 반응이 실제 수준(청력손실정도)보다 좋게 나타난다. 따라서 폐쇄효과를 방지하기 위하여 차폐를 시작될 때 NTE에 소음 입력 음압을 추가해야 한다. TE의 가청역치에 비하여 10dB을 추가하여 NTE에 소음을 입력하지만, 폐쇄효과를 고려하여 추가적으로 소음 음압을 증가시켜야 한다. 250Hz에서 10dB를 추가하고, 500Hz와 1,000Hz에서는 5dB을 추가하는 것이 좋다. 결과적으로 250Hz에서 NTE에 입력되는 소음 음압은 TE의 기도검사(AC)의 가청역치보다 10dB 높은 음압으로 차폐검사를 시작해야 한다. 폐쇄효과가 나타나는 주파수별 음압은 다음과 같다.

250Hz : 20dB   500Hz : 15dB   1,000Hz : 10dB

(3) 차폐의 정의

두 귀의 청력검사 결과가 일정 정도 이상의 차이를 보일 때는 청력검사 결과에 대한 신뢰성을 재고해야 한다. 청력이 좋은 귀에서는 검사 결과의 신뢰성을 확보할 수 있지만, 청력이 나쁜 귀의 검사 결과는 신뢰성에 의문을 가질 수 있다. 청력이 나쁜 귀의 검사 결과에 대한 신뢰성을 확보하기 위하여 청력이 좋은 귀에 일정 수준의 소음을 제공하여 검사하는 방법을 차폐라고 한다.

① 차폐검사와 차폐음 제공

차폐검사를 해야 하는 귀는 청력이 나쁜 귀이다. 청력이 나쁜 귀(test ear: TE)를 검사하기 위하여 청력이 좋은 귀(non test ear: NTE)에다 소음을 제공하는 것이다. TE는 차폐검사를 하는 귀를 의미하며 NTE는 차폐음을 제공하는 귀를 나타낸다. 차폐검사에서 제공하는 모든 소음은 NTE의 기도를 통하여 입력된다. 특히 차폐음은 골도를 통해 제공되는 경우는 없으며, 모든 차폐음은 기도를 통하여 제공된다.

② 차폐음의 종류

순음청력검사에서 제공하는 소음은 협대역 소음(narrow-band noise)이며, 어음청력검사에서는 광대역 소음(wide-band noise)으로 300~3,000Hz 사이의 소리 에너지(sound energy)로 구성된다.

(4) 기도차폐와 골도차폐

① 기도차폐

순음청력검사의 기도검사에서 두 귀의 청력손실 정도가 40dB 이상의 차이를 보일 때 기도차폐를 실시한다. 청력이 나쁜 귀를 차폐검사하고, 청력이 좋은 귀에 차폐음을 입력해야 한다. 두 귀의 청력손실 정도가 40dB 이상의 차이가 나타날 때 차폐를 해야 하는 이유는 이간감쇠의 영향이다.

② 골도차폐

골도차폐는 동일한 귀의 기도검사와 골도검사의 가청역치가 15dB 이상의 차이를 보일 때 해당된다. 그래서 ABG, 즉 기도검사(air conduction: AC)와 골도검사(bone conduction: BC)의 차이(gap)로 설명하였다. 그러나 골도검사의 이간감쇠는 0dB이다. 따라서 기도검사의 차폐는 두 귀의 청력검사 결과가 40dB 이상을 보일 때지만, 골도검사는 검사 결과를 고려하여 차폐를 결정한다. 이해를 돕기 위하여 '청력이 좋은 귀' 또는 '청력이 나쁜 귀'라는 용어를 사용하여 설명하고 있지만, 이는 기도검사에만 해당된다. 골도검사의 차폐에서는 '청력이 좋은 귀' 또는 '청력이 나쁜 귀'보다 차폐를 하는 TE와 소음을 제공하는 NTE로 구분한다.

이간감쇠로 인한 값이 0이라는 점에서 모든 검사 결과에 대하여 골도차폐를 해야 한다고 주장하는 경우도 있다. 그러나 IA값이 0이라는 점은 이간감쇠가 나타나지 않음을 의미하는 것이지, 모든 검사 결과에 대하여 골도차폐를 실시해야 하는 당위성과는 거리가 멀다. 즉, 청력검사의 결과에 따라서 골도차폐를 생략할 수 있다. 다음과 같은 경우는 골도차폐를 하지 않는다.

첫째, 두 귀의 청력이 정상에 해당된다.

둘째, 한 귀는 정상이고, 다른 귀에 청각장애가 있을 때, 정상 귀에 대한 골도차폐는 생략한다. 청각장애가 있는 귀의 ABG가 15dB 이상인 경우에 해당한다.

셋째, 두 귀가 대칭형의 감음신경성 청각장애인 경우에 골도차폐는 생략한다.

넷째, 비대칭형 감음신경성 청각장애라고 하더라도 청력이 좋은 귀의 골도차폐는 생략한다.

(5) 차폐음압의 적절성

제공되는 소음 입력의 정도에 따라서 과소 및 과대 차폐 그리고 적절한 수준의 차폐가 나타난다. 전통적으로 고원 방법(plateau method)을 통하여 NTE에 제공하는 소음의 적절한 음압수준을 알아볼 수 있다.

(6) 고원 방법

차폐음으로 제공하는 소음의 음압은 NTE의 기도검사(AC) 역치보다 10dB 상향하여 기도에 제공한다. TE에서 반응이 나타나면, NTE의 소음을 5dB 증가시킨다. TE에서 반응이 없으면, 반응이 있을 때까지 계속해서 TE의 음압을 5dB씩 증가시킨다. 일반적으로 NTE에 소음 음압이 5dB씩 증가함에 따라서 TE의 가청역치 또한 5dB씩 상승한다.

즉, NTE의 기도에 제공하는 음압이 5dB씩 상승시키면 TE의 가청역치 또한 5dB씩 증가한다. 그러나 소음 음압을 계속해서 5dB을 세 차례나 증가시켜도 TE의 가청역치에 변화가 나타나지 않으면 세 개의 소음 음압이 적절한 수준의 차폐음압으로 결정된다. 세 개의 소음 음압이 모두 적절한 수준의 차폐음이다. TE에 제공하는 입력 음압과 NTE의 소음 음압에 대한 고원 방법의 예는 [그림 8-7]과 같다(Martin, 1972).

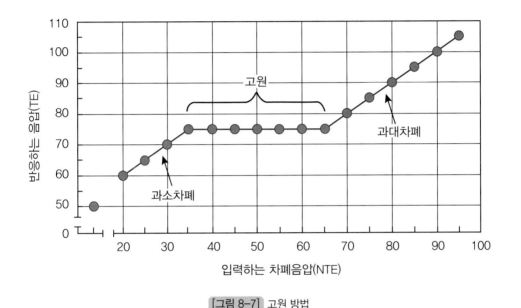

[그림 8-7] 고원 방법

(7) 칵테일 파티 효과

칵테일 파티 효과는 여러 사람의 이야기가 들리는 파티 환경에서 자신이 참여하는 대화에 집중할 수 있는 능력으로 설명된다. 뇌의 선택적 주의 집중이다. 다양한 다른 자극을 분리하고, 그중에서 가장 관련성이 높은 자극에 집중할 수 있도록 결정한다. 청각적으로 수용된 다양한 정보를 자신과 관련된 정보와 그렇지 않은 정보로 조정할 수 있는 능력인데, 자신의 이름에 대해서는 무의식적으로 감지할 수 있는 능력으로도 설명된다. 무의식적으로 자신에게 필요 없는 소리에 대한 차폐가 자동으로 작동된다.

5) 평균청력손실 정도

순음청력검사에서 기도검사와 골도검사를 마치고 나면 평균청력손실 정도를 계산한다. 음성신호에서 가장 중요한 주파수는 1,000Hz라고 하였다. 1,000Hz를 중심으로 500Hz와 2,000Hz 등의 최소가청역치를 중심으로 계산하여 산출된 평균값이 평균청력손실 정도이다. 평균값을 산출하는 방법은 3분법, 4분법, 6분법이 있다.

3분법	$(a + b + c) / 3$
4분법	$(a + 2b + c) / 4$ 또는 $(a + b + c + d) / 4$
6분법	$(a + 2b + 2c + d) / 6$

a: 500Hz, b: 1,000Hz, c: 2,000Hz, d: 4,000Hz의 최소가청역치

평균청력손실 정도는 3분법 또는 4분법 등으로 계산하여 소수점 첫째자리에서 반올림하여 정수로 제시한다. 최근에는 청력검사를 마치면 평균청력손실 정도가 자동으로 계산되는 청력검사기가 보급되어 있다. 평균청력손실 정도의 계산 방법은 역사적으로 여러 연구자에 의해 다양하게 제안되었으나, 어느 방법을 적용해도 차이가 크게 나지 않는다.

6) 청력도 표기 방법

순음청력검사가 종료되면 기도검사의 결과와 골도검사의 결과를 청력도에 기재하게 된다. 차폐검사의 결과 또한 함께 기재한다. 순음청력검사의 결과를 기재하는 표기 방법은 〈표 8-2〉와 같다.

〈표 8-2〉 순음청력검사 표기

		오른쪽	왼쪽
기도검사	차폐 없음	○	×
	차폐검사	△	□
골도검사	차폐 없음	〈	〉
	차폐검사	[	]
반응 없음	차폐 없음	↙	↘
	차폐검사	↙	↘
음장검사		S	S
보청기 착용 검사		A	A

스피커를 이용하여 청력검사를 실시하는 음장검사의 결과는 S로 표기한다. 두 귀를 구분하지 않고 검사를 실시할 때도 있다. 그럴 때는 ▨표를 사용할 수 있다. 기도검사의 결과는 주파수(X축)와 음압(Y축)이 교차하는 위치에 표기하고, 골도검사는 주파수와 음압이 교차하는 교차점의 오른쪽(오른쪽 위의 검사 결과)과 왼쪽(왼쪽 귀의 검사 결과)에 표기한다. 차폐검사의 결과도 기도와 골도의 표기 방법과 동일하다. 순음청력검사의 결과를 표기한 청력도는 [그림 8-8]과 같다.

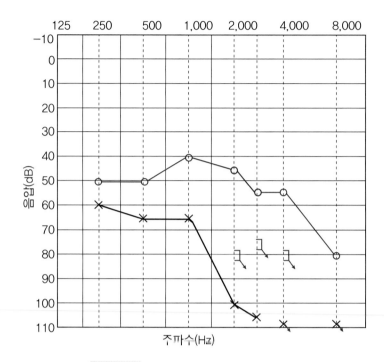

[그림 8-8] 순음청력검사 결과를 표기한 청력도

□ 확인학습

1. 순음청력검사에 기도검사와 골도검사를 모두 적용해야 하는 이유에 대하여 안다.

2. 전음성 난청과 감음신경성 난청의 진단·평가 결과에서 나타나는 차이점에 대하여 안다.

3. 차폐를 설명할 수 있다. 또한 차폐를 제공하는 귀와 차폐음을 제공하는 귀를 구분할 수 있다.

제9장

어음청력검사 및 객관적 청력검사

순음청력검사는 '삐' 소리로 제시되는 순음을 제공하는 검사이다. 어음청력검사는 말소리(어음, speech)를 들려주는 검사방법이다. 소리를 듣는 것과 말을 인지하는 것은 상당한 차이가 있다. 가청학생은 순음과 어음을 인지하는 수준이 같지만, 특히 감음신경성 난청은 상당한 차이를 나타낸다. 순음은 달팽이관에서 왜곡 현상이 나타나도 소리로 인지할 수 있으나, 달팽이관에서 일어나는 어음의 왜곡 현상은 의미 파악이 어려워진다. 감음신경성 난청은 청력손실 정도가 높을수록 왜곡 현상이 심해지면서 모든 어음을 '쉬'라는 소음으로 인식한다. 순음청력검사와 어음청력검사의 결과를 비교하면, 전음성 난청의 검사 결과는 같을 수도 있지만, 감음신경성 난청은 어음청력검사의 결과가 나쁜 경우가 일반적이다. 소리를 듣는 것과 말을 인지하는 것은 별개의 차원이다.

1. 어음청력검사

순음청력검사는 순음을 제공하여 청력을 진단하는 절차인 반면, 어음청력검사는 말소리를 들려주면서 청각장애의 정도를 측정하므로 말소리검사라고도 한다. 순음청력검사는 기도검사와 골도검사로 구분되지만, 어음청력검사는 기도로 말소리를 들려주는 검사이므로 골도를 통한 검사는 진행하지 않는다. 따라서 어음청력검사만으로는 전음성 또는 감음신경성 등과 같은 청력손실 부위를 진단·평가할 수 없다. 그러나 어음청력검사에서도 필요에 따라서 차폐검사를 실시한다.

어음청력검사에는 어음가청역치(speech reception threshold: SRT), 어음감지역치(speech awareness/detection threshold: SAT/SDT), 그리고 어음변별력/명료도 검사(speech discrimination/recognition test: SDT/SRT) 등이 있다. 특히 SDT/SRT에서 사용하는 어휘는 음성학적으로 균형 잡힌 단어(phonetically balanced word: PB 단어)를 사용한다. 청각장애 및 어린아이의 발성 및 이해력을 알아보기 위하여 사용하는 PB 단어의 선정 방법에 대해서는 많은 연구가 수행되었다. 그러나 음성 및 음소에서 완벽하게 균형 잡힌 단어로 명명되는 PB 단어의 목록을 제시한다는 것은 불가능을 전제하고 있다(Martin, Champlin, & Perez, 2000).

어음청력검사를 위한 말소리는 녹음(CD) 또는 육성으로 들려준다. 피검사자는 청각적으로 인지한 말소리를 따라서 발음하든지 또는 해당하는 그림을 손가락 등으로 짚거나 지시하면 된다. 나이가 어린 아동일수록 녹음보다는 육성과 그림을 이용한 반응 방법을 사용하는 것이 바람직하다.

청력의 역치를 알아보기 위한 검사는 SRT 및 SAT/SDT 등이 있으며, 음성언어의 이해를 알아보기 위한 검사는 SD/SDS 등이 있다. 어음감지역치(SDT)는 SAT와 동의어지만, 피검사자의 과제수행 능력을 세부적으로 알아볼 수 있다는 점에서 SDT가 보편적으로 사용되는 용어이다. SDT는 SW(spondee word: 강강격)를 사용하지 않아도 된다. 말소리의 정확성보다 소리의 유무에 대한 반응에서 50% 이상의 정반응을 요구한다. 순음청력검사의 최소가청역치에서 요구되는 정반응 50% 이상과 동일하다. SW 목록은 SRT 검사에서 주로 사용된다.

1) 어음가청역치(어음 최소가청역치)

어음청력검사는 청력검사기를 이용하여 음성언어에 대한 이해 정도를 알아보기 위한 검사이다. 어음청력검사 중에서 어음가청역치를 알아보는 검사 중의 하나가 speech recognition threshold(SRT)이다. '어음청취역치'로 번역되기도 한다. SRT는 아동 또는 성인 모두에게 사용할 수 있다. SRT와 순음청력검사의 결과를 함께 비교해 보면 의미 있는 해석이 가능하다. 그러나 순음청력검사를 실시할 수 없는 아동에게 어음청력검사를 적용할 수 없다. 순음 또는 어음청력검사를 실시할 수 없는 아동은 이비인후과의 객관적 청력검사를 통하여 청각장애에 대한 진단·평가가 가능하다.

(1) 강강격의 이해

① 강강격의 정의

어음가청역치(어음 최소가청역치)를 진단·평가하기 위하여 들려주는 말소리를 강강격 또는 장장격이라고 한다. 영어로 spondaic word 또는 spondee word(SW)라고 하는 강강격 또는 장장격은 각각 다른 의미를 가지고 있는 두 개의 음절이 합쳐진 복합음이다. 두 개의 음절은 강세(악센트)가 동일(강강격)하게 구성되어 있으며 장모음으로 길이가 동일(장장격)하다. 두 개의 각기 다른 의미를 가진 음절이 합쳐진 2음절의 복합음은 다른 의미를 생성한다. 다음은 spondaic word의 정의를 원문으로 제시하였다.

Spondaic word: A two-syllable word, as airplain, with each syllable stressed in pronunciation.

출처: Katz (1985), p. 1068.

② 강강격 목록

SW는 성인을 위한 목록과 성인 목록의 축약판(half list)이 있으며, 아동을 위한 SW 목록이 있다. 미국과 같은 영어권에서 사용하는 아동을 위한 SW 목록은 〈표 9-1〉과 같다(Frank, 1980).

cow[kau] + boy[bɔi] = cowboy[káubɔi]이다. cow와 boy는 각각 장모음을 가지고 있으며, 또한 동일한 강세(악센트)를 가지고 있다. 그러나 한국어의 음성학적 특성상 영어의 SW를 적용한다는 것은 구조적으로 어렵다. 학력과 나이 등과 상관없이, 특히 그림으로 제시할 수 있는 SW는 한국어에서 2음절 선정은 불가능에 가깝다. [닭발] 등과 같은 어휘는 가능하다. 그래서 최성규(1996)는 한국의 SW는 2음절이 아닌, 3음절로 제안

〈표 9-1〉 영어권 아동을 위한 SW 목록

cupcake	toothbrush	popcorn	flashlight
airplane	bathtub	fire truck	bluebird
baseball	icecream	mailman	toothpaste
cowboy	shoelace	snowman	reindeer
hotdog	football	sailboat	seesaw

하였다. 임상적으로 사용하고 있는 SW는 검사방법의 취지와는 맞지 않지만, 한국어의 특성상 [기차] [육군] 등과 같은 용어를 사용하고 있다. 최성규(1996)가 제안한 한국어의 SW는 〈표 9-2〉와 같다.

〈표 9-2〉 한국의 SW 목록

비행기	소나무	거북선	파랑새
다락방	해시계	속눈썹	토끼풀
쌀과자	운동장	목욕탕	잠자리
딸기잼	놀이방	책꽂이	콩나물
자동차	고무줄	꿈나무	연필통
참고서	때때옷	눈사람	코끼리
태극기	짜장면	반딧불	다람쥐
포도당	뽕나무	하수도	민들레

(2) 어음가청역치 진단 · 평가 절차

어음가청역치를 알아보기 위한 진단 · 평가 방법은 연구자에 따라서 다양하게 제시되고 있다. 정확한 정보를 신속 · 정확하게 결정할 수 있으면 어떤 방법이든 가능하다. 허승덕(2015)은 어음가청역치의 시작을 순음청력검사의 평균 역치보다 20~30dB 높은 음압에서 시작하도록 추천하고 있다. 다음은 ASHA(American Speech-Language-Hearing Association)에서 제안하고 있는 어음가청역치의 진단 · 평가 방법이다(ASHA, 1988).

- 순음청력검사의 최소가청역치보다 30~40dB 높게 설정하고 SW를 피검사자에게 제시한다. 정반응으로 응답하면 10dB 감소하여 다시 피검사자에게 들려준다. 만약 30~40dB을 높게 설정하여 들려주었는데도, 피검사자가 반응이 없거나 틀리게 반응하면 정반응으로 응답할 때까지 20dB씩 상향한다. 정반응 후에는 10dB씩 감소시킨다(Martin & Stauffer, 1975).
- 첫 번째 제시한 SW에 대한 반응이 틀리면 두 번째 SW를 제시한다. 동일한 음압에서 두 개의 SW에 대하여 모두 틀리게 반응할 때까지 10dB씩 증가시키는 내림차순으로 진행한다. 순음청력검사에서는 한 번에 하나의 반응을 제시하지만, 어음가청역치검사에서는 두 번의 기회를 제공한다. 한 단어는 정반응, 다른 한 단어는 오반응일 때는 틀리게 반응한 것으로 간주하고 10dB을 상승시킨다.
- 정반응의 50% 이상에 해당하는 음압이 어음가청역치가 된다. 순음청력검사의 최소가청역치 산출 방법과 동일하다. 단, 어음가청역치는 '평균' 가청역치가 아니다. 어음청력검사는 1,000Hz 등과 같은 주파수를 선정하지 않는다.

　　10dB 하강, 5dB 상승을 적용하면서 각 음압에서 2개의 단어로 제공하여 50%에 해당하는 역치를 결정하는 것을 ASHA에서는 권장한다. 〈표 9-3〉은 허승덕(2015)이 사용하는 검사표와 절차를 나타내고 있다.

〈표 9-3〉 어음가청역치 산출 검사표

입력 음압	Spondee Word: 정반응(○) 오반응(×)				반응
90dB	하늘 ○	방송 ○	교통 ○	정말 ○	100%
80dB	국군 ○	대답 ○	손님 ○	담배 ○	100%
70dB	마을 ○	생각 ○	까닭 ×	귀신 ×	50%
60dB	유명 ○	운동 ○	편지 ×	외국 ×	50%
50dB	동생 ×	오빠 ○	신문 ×	건설 ×	25%
40dB	민족 ×	소원 ×	지금 ×	거울 ×	0%

출처: 허승덕(2015), p. 240.

제공한 입력 음압에 대한 정답과 오답을 기준으로 50%에 해당하는 dB은 60dB과

70dB이지만, 최소가청역치는 낮은 음압, 즉 60dB로 결정한다. 제공한 SW 어휘를 보면 청각장애학생에게 단어를 들려준 다음에 그림으로 반응하도록 하지 않고, 들은 단어를 발성하도록 지시한 검사임을 알 수 있다. 들려준 단어에 대하여 바르게 응답하지 않으면 오반응으로 처리하고 10dB을 올리는 방식으로 진행하였다.

(3) 어음가청역치 차폐

양측 순음청력검사 차이가 40dB 이상이거나 반대쪽 귀(NTE)의 순음청력검사의 기도 또는 골도검사의 평균값에 비하여 어음가청역치(TE)가 40dB 이상의 차이를 보일 때, 어음가청역치 차폐를 적용한다. 차폐에서 사용되는 소음은 광대역 소음(broad band/white noise, 100~10,000Hz) 또는 음성 스펙트럼 소음(speech band noise, 300-3,000Hz)을 사용한다. 참고로 순음청력검사의 기도검사와 골도검사의 결과는 같거나 골도보다 기도검사의 결과가 나쁘다. 즉, 기도의 청력손실 정도가 골도와 동일하거나 나쁘다.

2) 어음변별력/명료도 검사
(speech discrimination/recognition test: SDT/SRT)

영어로 speech discrimination 또는 speech recognition으로 설명되는데, 국내에서 변별력, 이해도 또는 명료도로 혼용되고 있다. 독자의 이해가 요구된다. 이 책에서는 청각적으로 인지하는 능력을 변별력으로 설명하고 있으며, 명료도는 발성의 또렷함으로 설명한다. 청각장애교육에서 변별력은 청취 능력이며, 명료도는 발성의 표현과 관련된 용어이다.

엄격하게는 SDT와 SRT는 차별성이 있다. SDT 역치가 SRT보다 5~10dB 정도 우수하게 측정된다. SDT는 물질명사 또는 그림으로 인식할 수 있는 단어를 사용하지만, SRT는 추상명사도 사용하기 때문이다. 검사 단어의 친숙도가 제공한 차이로 이해된다.

(1) PB 단어

어음변별력 또는 어음명료도를 알아보기 위한 검사에서 사용하는 단어는 CID W-22

(central institute for the deaf W-22), NU-6(Northwestern University auditory tests #6), 또는 PB 단어(phonetically balanced word) 등에 제시되어 있다. 미국에서는 어음검사를 위하여 약 15종의 검사 도구가 개발되었고, 각각의 단어 목록을 제시하고 있지만, 단어의 음압이 2~4dB 정도의 차별성을 가지므로 특정 목록이 다른 목록에 비하여 효율적이라고 할 수 없다. 음압의 표준편차는 5dB이다. 다음의 〈표 9-4〉는 4개의 조로 구성된 400개의 PB 단어 목록이다(Martin, Champlin, & Perez, 2000).

〈표 9-4〉 4개 조로 구성된 400개의 PB 단어 목록

List A		List B		List C		List D	
for	hall	pill	jug	black	gate	ripe	sick
lie	crop	ban	lip	milk	cold	gear	feed
cart	tone	seat	dive	rock	first	shop	look
mint	verse	draw	flesh	toe	club	toll	print
cry	rank	ant	cat	rank	rule	heal	ring
gel	cute	gate	ham	blind	hunt	ink	bread
smoke	ace	plant	heat	fix	lamp	key	year
flag	wind	robe	off	man	phone	cut	skirt
beat	bin	bank	vent	play	keep	bill	work
peg	dump	east	sharp	reach	back	way	boat
hat	price	mail	clock	shoe	dot	shy	trick
last	root	right	kind	tax	bed	head	line
bash	seam	time	worm	will	side	dwell	green
four	wood	vase	zone	wait	box	leave	long
mush	void	slope	ball	flow	run	hat	smooth
boat	ear	old	tell	look	set	point	cap
rest	flap	pear	quick	dorm	worn	sold	stone
orange	here	ask	inch	dust	why	coat	trade

lump	glaze	noise	mode	heart	born	hate	hold
home	hand	poor	shark	grow	light	room	rag
choke	drew	set	crew	note	size	less	red
mind	land	high	best	learn	net	rail	close
pan	match	brain	hack	proud	call	rope	park
roll	bag	waste	ice	hang	wind	top	show
blank	fish	proud	pull	band	seize	sheet	pin

한국의 PB 단어라고 할 수 있는 단어 목록도 여러 연구자에 의해 제안되었다. 함태영은 단음절과 이음절로 구성된 검사 어휘 목록을 각각 개발하였다(허승덕, 2015 재인용, p. 249). 단음절 어휘는 50개씩 4개 조로 구성하였다. 1개 조만을 소개하면 〈표 9-5〉와 같다.

〈표 9-5〉 함태영의 유의미 단음절(1조)

귀	힘	논	맛	솔	잔	국	솜	닭	옆	불	남	숙	감	윷	들	잣	배	침	꿀	반	멋	키	딸	겁
향	법	산	골	짐	녹	끌	통	삼	뽕	되	폭	설	뜻	명	은	북	점	밑	싹	벼	왕	색	물	개

함태영의 유의미 2음절은 〈표 9-6〉과 같다(허승덕, 2015 재인용, p. 249). 이비인후과 또는 치료실 등에서 2음절 어음검사로 사용하고 있다.

〈표 9-6〉 함태영의 유의미 2음절

육군	꽃병	독약	찰떡	팥죽	까지	석탄	발톱	접시	학생	권부	약국
필통	송곳	빛깔	극장	톱밥	뚜껑	양복	눈물	책상	합격	딱총	전차
목욕	엽서	방석	국수	땅콩	색칠	달걀	폭발	연필	찹쌀	욕심	콩팥

최성규(1996)는 아동을 대상으로 어음검사를 적용할 수 있도록 단어를 그림으로 나타내고 있다. 어음검사와 관련된 국내의 5종과 미국의 15종 연구를 참고하여 한국표준

어음검사 도구를 개발하였다. 한국표준어음검사에는 어음변별력 검사와 어음명료도 검사를 따로 개발하였다. 특히 유아동을 대상으로 단어의 수용 정도를 표준화하였다. 어음변별력 검사 도구는 25장의 검사지로 구성되어 있으며, 각 검사지에 5개의 그림 어휘를 제시하고 있다. 어음변별력 검사를 위해 개발한 어휘는 〈표 9-7〉과 같다. 특히 검사를 인지시키기 위하여 두 번의 연습 기회를 제공하고 있다.

〈표 9-7〉 최성규의 어음변별력 검사 어휘

순번	1조	2조	3조	4조	5조
	단어	단어	단어	단어	단어
연습1	달	발	칼	팔	탈
연습2	가방	가마	가지	가위	가발
1	불	풀	줄	술	물
2	손	종	공	논	곰
3	밤	삽	감	밥	담
4	몸	김	껌	뱀	금
5	돈	눈	문	산	선
6	콩	총	향	왕	창
7	해	배	새	개	대
8	옷	빗	붓	못	낫
9	집	신	입	길	실
10	탑	탈	턱	톱	통
11	뿔	뺨	빵	뼈	뽕
12	우산	우동	우표	우유	우물
13	바늘	바위	바퀴	바다	바지
14	나무	나사	나팔	나비	나귀
15	거지	거위	거미	거울	거북
16	모래	모빌	모자	모기	모과

17	장구	장미	장화	장기	장갑
18	치즈	치마	치솔	치약	치과
19	파리	팽이	포도	피리	풍선
20	전축	전화	전철	전구	전선
21	사탕	사자	사과	성냥	수박
22	책장	창문	촛불	참외	찻잔
23	박쥐	낙타	국화	책상	악어
24	탁구	토끼	트럭	탱크	택시
25	하마	휴지	화살	호박	호두

미국은 약 15종의 어음검사 도구가 있다. CID W-22, NU-6, 또는 PB words 등이 있는데, 어떤 검사 도구를 사용하여도 최대 어음변별력은 PB Max로 표기가 가능하다. PB Max는 최대 어음변별력(어음이해도 또는 어음명료도)을 나타내는 수치이다. 다음의 [그림 9-1]은 SDT/SRT를 통해 산출된 가청, 전음성, 감음신경성 그리고 후미로성이라는 신경성 또는 중추신경성 등의 최대 어음변별력(PB Max)의 차이를 나타내고 있다(Katz, 1985).

가청(Normal)은 약 45dB의 음압을 제공하면(X축) 가장 높은 수준인 100%(Y축)의 어음변별(이해)력을 보인다. 반면, 30dB의 청력손실을 가진 전음성(conductive) 청각장애의 최대 어음변별력은 약 80dB의 음압을 입력할 때, 100% 수준을 나타낸다. 그러나 감음신경성(Cochlear) 청각장애의 최대 어음변별력은 약 70dB 음압에서 60%의 변별력을 보이지만, 음압을 70dB 이상으로 상승시켜도 최대 어음변별력의 수치 변화가 나타나지 않는다. 반면, 후미로성(Retrocochlear) 청각장애는 약 70dB에서 55%의 정점을 보인 다음에 음압을 상승시켜도 최대 어음변별력이 낮아지는 결과를 나타낸다. 이와 같은 차별성에 기초하여 청력손실 부위에 대한 진단·평가가 가능하다.

가청 또는 전음성 청각장애는 음압을 올리면, 최대 어음변별력이 100%에 도달한다. 그러나 감음신경성은 일정 이상의 음압에 도달하면, 최대 어음변별력은 증가하지 않는다. 또한 후미로성 난청 또는 중추신경성 장애는 일정 수준의 PB Max에 도달하면 그 이상의 음압을 제공하는 경우, 도리어 어음변별력이 낮아지는 roll-over 특성을 보인다.

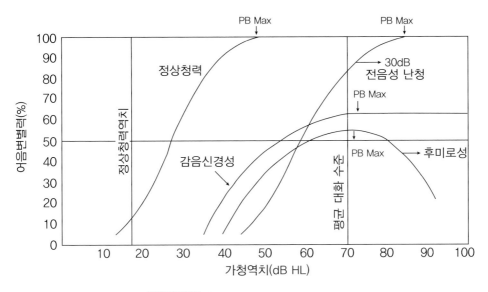

[그림 9-1] 최대 어음변별력(PB Max)의 차이

PB Max는 최대 어음변별력 수치라고 하였다. 그러나 PB Max의 절반을 나타내는 PB HPL(half of peak level)과 PB 50은 구분되어야 한다. 가청 또는 전음성 난청의 PB 50은 PB Max의 절반 수준일 수도 있으나, [그림 9-1]과 같이 감음신경성 난청은 절반의 특성으로 나타나지 않는다. 그래서 PB HPL을 제안하게 되었다.

[그림 9-1]에서 감음신경성의 PB Max는 70dB이 입력될 때, SDT는 60%를 나타낸다. PB HPL은 PB Max가 나타나는 60%의 절반, 즉 30%가 된다. 30%에 해당하는 감음신경성의 PB HPL은 40dB이 된다. 전음성 난청의 PB Max가 100%이므로 절반은 50%가 된다. 50%의 변별력에 해당하는 음압은 약 60dB(58dB)이 된다. 다음의 〈표 9-8〉은 어음변별력의 PB Max와 PB 50 검사표를 나타내고 있다.

〈표 9-8〉 어음변별력의 PB Max와 PB 50의 검사표

입력 음압	PB 단어: 정반응(○) 오반응(×)										반응
50dB	입○	눈×	못×	말×	옷×	목×	잣×	날×	돌×	닭×	10%
60dB	불×	남○	숫×	감○	옺×	돌○	강○	배×	침×	꿀○	50% (PB 50)

70dB	반○	멋○	키 ✕	딸○	겁○	향○	법 ✕	산○	골○	짐○	80%
80dB	녹○	공○	통○	삼○	뽕○	되○	폭○	설○	뜻○	명○	100% (PB Max)
90dB	은○	북○	점○	밑○	싹○	벼○	왕○	색○	물○	개○	100%

출처: 허승덕(2015), p. 246.

3) 최대가청역치

인간이 들을 수 있는 최고의 음압을 최대가청역치라고 한다. 인간의 최대가청역치는 약 130dB이지만, 개인에 따라서 ±5dB 정도의 차이가 있을 수 있다. 보청기에서 출력되는 최대출력 음압은 일반적으로 약 125dB이다. 보청기를 착용하는 사람의 청각을 보호하기 위하여 130-5dB=125dB로 최대출력 음압을 설정하고 있다. 127dB 정도의 최대출력 음압을 제공하는 경우도 있지만, 음압의 표준편차가 5dB이라는 점에서 통상적으로 125dB을 보청기의 최대출력 음압으로 설명한다.

개인에 따라서 말소리에 대한 최대가청역치는 차이를 보일 수 있다. 최대가청역치를 결정하기 위한 방법은 다음과 같다.

① 청력검사실에서 피검사자에게 소리가 계속해서 높아질 것이라고 설명한다.
② 소리가 너무 커서 귀가 아플 정도가 되면 손을 들거나 소리를 질러야 한다고 설명한다.
③ 피검사자에게 헤드폰을 착용시킨다.
④ 검사자는 음압을 계속해서 올리면서 "소리가 계속해서 커지고 있습니다. 귀가 아프면 손을 들어 주십시오." 등과 같이 이야기하면서 음압을 상승시킨다.
⑤ 피검사자가 반응을 보이면 최대가청역치가 결정된다.

4) 최적가청역치

최적가청역치는 가장 편안하게 들을 수 있는 음압이다. 최적가청역치의 산출방법은 다음과 같다.

① 먼저 10dB 단위로 두 음압을 비교한다. 예를 들면, 70dB과 80dB을 각각 들려준다.
② 70dB이 편안하다고 하면 60dB을 들려주고, 두 음압을 비교하도록 한다. 만약 80dB이 편안하다고 하면 90dB과 비교한다.
③ 임의의 dB이 결정되면 그 수치를 기준으로 ±5dB을 비교한다.
  - 70dB과 60dB의 비교: 70dB이 편안하다고 하면 5dB 단위로 65dB과 75dB을 각각 비교해야 한다. 즉, 70dB과 65dB 비교 그리고 70dB과 75dB을 각각 비교한다. 만약 60dB이 편안하다고 하면 다시 60dB과 50dB을 비교하는 절차로 진행된다.
  - 80dB과 90dB의 비교: 80dB이 편안하다고 하면 75dB과 85dB을 80dB과 비교한다. 이와 같은 절차를 통하여 최적가청역치를 결정한다. 최적가청역치는 보청기 착용 후의 출력 음압을 결정할 때 참고하는 주요 자료이다.

2. 객관적 청력검사

순음청력검사와 어음청력검사의 결과는 피검사자인 청각장애학생의 반응에 따라 결정되므로 주관적 청력검사라고도 한다. 반대로 객관적 청력검사는 피검사자의 반응보다 청력검사기에서 제공하는 물리적 소리 또는 전기로 생체 반응을 유발하여 청각의 반응을 측정한다. 객관적 검사는 주로 신생아 또는 영유아를 대상으로 적용한다.

신생아를 위한 청성경악검사, 청성눈꺼풀검사는 청각장애의 유무를 인지할 수 있는 검사이다. 그러나 강한 소리를 자극으로 제공하여 반응하는 행동을 관찰한다는 점에서 안전에 대한 의구심 그리고 정확한 청력손실 정도 및 유형 등을 알아보는 데 한계가 있다는 점에서 이비인후과 병원에서 진행하는 청성뇌간반응 검사 등으로 대체되고 있다.

유아를 위한 주관적 청력검사인 행동관찰청력검사, 놀이청력검사, peep show test

등이 있지만, 조건강화를 위한 훈련이 요구된다는 점에서 검사 진행에 개인차 및 많은 시일이 요구된다는 문제점이 있다.

임피던스 청력검사(impedance audiometry), 이음향방사(otoacoustic emission: OAE) 검사, 청성뇌간반응(auditory brainstem responses: ABR) 검사에 한정하여 원리 등에 대하여 간략하게 설명하고자 한다.

1) 임피던스 청력검사

임피던스 청력검사는 중이검사 또는 이미턴스(immittance) 청력검사로도 불린다. 객관적 청력검사의 일종인 임피던스 청력검사는 외이, 고막 및 중이의 상태를 알아볼 수 있다. 외이, 중이 및 내이를 통과하는 에너지 전달 방식을 통하여 고막운동성검사(tympanometry), 등골근반사역치검사(acoustic reflex threshold test: ART) 등을 수행할 수 있다.

(1) 고막운동성검사
고막은 중이(middle ear) 방향으로 약간 볼록한 형상을 유지하고 있다. 외부의 소리에 반응하기 위한 고막의 형상으로 이해된다. 220Hz(실험실에서는 226Hz)의 주파수를 가진 음(tone)을 -200에서 400daPa(decapascals; 과거에는 mmH_2O 사용)의 압력을 변화시키면서 외이도로 전달하여 그 결과를 측정한다. 650Hz 등(실험실에서는 678Hz 등)의 음을 입력하여 검사를 시행하기도 한다. 검사에 약 5초 정도가 소요된다. 감기 또는 중이염 등으로 이관(Eustachian tube)이 막히면 중이 압력에 변화를 제공하므로 유아를 대상으로 소아 · 청소년과에서 진단 전에 임피던스 검사를 간단히 시행하기도 한다.

① 고막운동성검사의 원리
고막운동성검사의 원리는 다음과 같다.

- 외이도에 프로브(prove)를 삽입하여 밀착시킨다. 프로브에는 세 개의 장치(구멍)가 있다. 하나는 220Hz의 음을 입력하는 역할이고, 두 번째 장치는 공기압을 -200에

서 400daPa로 제공한다. 세 번째 장치는 입력된 음과 공기압에 대한 고막의 진동을 측정한다.

- 측정 범위는 외이도 용적, 고막 정적 탄성, 중이강 압력, 고막운동 정도의 폭과 기울기 등이다.
- 성인과 유아의 외이도 용적은 차이가 있다. 외이도 용적이 기준치보다 낮으면 외이도 협착 또는 귀지가 많은 것으로 의심된다. 외이도 용적이 기준치보다 높으면 고막천공을 의심한다.
- 고막운동성검사에서 가장 중요한 정보는 고막 정적 탄성이다. 고막 정적은 검사 결과의 그래프에서 피크가 나타나는 압력의 범위가 –100에서 50daPa에 위치하면 정상이다. 고막 정적 탄성이 정상의 범위에 비하여 피크가 –100daPa 이하이면 높은 부압(negative pressure)을 보인다. 반대로 높은 양압(positive pressure)은 +50daPa 이상에서 고막 정적 탄성이 나타난다. 고막 탄성은 고막이 압력에 반응하여 움직이는 변화의 정도를 의미한다. 고막 움직임의 폭이 좁으면, 즉 탄성이 낮으면 이소골의 움직임이 적절하지 않다는 것이다. 반면, 고막의 움직임이 너무 지나치게 넓으면 이소골이 연결되어 있지 않음을 의미한다.

② **검사 결과 해석**

검사 결과를 해석하기 위한 정상범위를 제시하면 〈표 9-9〉와 같다. 아동과 성인의 고막운동성검사 결과는 고막의 용적과 탄성에 따른 차이를 보인다. 그러나 아동과 성인의 검사 결과가 넓은 범위에서 합계에 해당하면 정상으로 평가하기도 한다.

〈표 9-9〉 고막운동성검사의 정상 범위

구분	Peak Y(compliance) (mmho 또는 cm³)		Vec (ear canal volume; cm³)		TW (tympanometric width)	
	평균	범위(90%)	평균	범위(90%)	평균	범위(90%)
아동	0.5	0.2~0.9	0.7	0.4~1.0	100	60~150
성인	0.8	0.3~1.4	1.1	0.6~1.5	80	50~110
합계		0.2~1.4		0.4~1.5		50~150

Y축의 수치, 외이도 부피, 고막의 운동성 너비 등의 범위를 기준으로 검사 결과는 다음과 같이 해석된다.

- A형: 가청(정상)에 해당하지만, 감음신경성 청각장애에서도 나타난다.
- As형: 고막 정적(움직임이 없는 상태)은 정상이지만, 고막 탄성의 변화가 낮아서 이소골 유착, 고실 경화증 또는 이경화증 등을 의심할 수 있다.
- Ad형: 고막 정적은 정상이지만, 고막 탄성이 비정상적으로 증가되어 이소골 단절, 고막 노화 또는 고막 반흔성 천공 등을 의심할 수 있다.
- B형: 고막 정적에서 최대점이 나타나지 않고 수평형을 보인다. 외이도 부피가 정상이면 중이염을 의심할 수 있다. 외이도 부피가 좁을 때는 귀지를 의심할 수 있다.
- C형: A형과 유사한 고막 정적을 보이나, 피크가 나타나는 압력이 −100daPa 이하이다. 외이도 용적 등을 참고하여 중이염을 의심할 수 있다.

각 유형에 따른 고막성운동의 검사 결과는 다음과 같다.

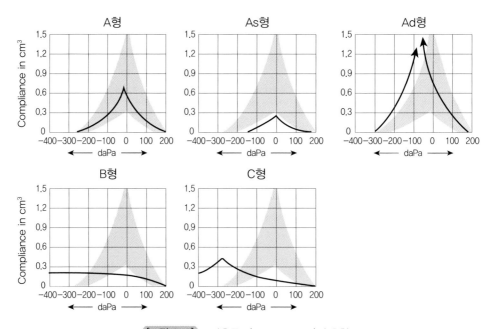

[그림 9-2] 고막운동도(tympanogram)의 유형

출처: Jerger, 1970; 홍성화, 2001에서 재인용

(2) 등골근반사역치검사

중이에는 외부의 큰 소리로부터 귀를 보호하기 위한 이내근이 있다. 이내근에는 고막장근과 등골근이 있는데, 특히 등골근은 고막을 통해 전달되는 음압에 반사적으로 반응하는 역할을 담당한다. 등골근을 분석하면 내이 및 청신경의 기능을 알아볼 수 있다. 이것이 등골근반사역치검사의 목적이다.

골근반사역치검사는 두 가지의 형태가 있다. 하나는 한쪽 귀의 등골근 수축을 검사하는 동측검사와 양쪽 귀의 등골근 수축을 알아보기 위한 대측검사가 있다. 동측검사에서는 와우, 청신경, 와우핵, 상 올리브 복합체를 거쳐 안면신경을 통해 등골근으로 전달되는 경로이다. 대측검사에서는 반대쪽 귀의, ① 와우핵에서 대측귀의 상 올리브 복합체로 전달하고 다시 안면신경으로 전달, ② 반대쪽 귀의 상 올리브 복합체에서 대측귀의 안면신경을 통해서 등골근으로 전달하는 경로를 가진다. 동측 및 대측 검사의 결과에 기초하여 중이, 내이 또는 안면신경의 이상을 진단평가한다.

2) 이음향방사검사

이음향방사 검사는 내이의 청신경유모세포의 기능을 측정한다. 달팽이관의 청신경유모세포에서 방사된 소리 에너지가 중이를 거쳐 외이도로 전달되는 과정에서 방사된 전기 에너지를 측정하여 내이의 기능을 알아볼 수 있다. 영유아동의 청각 기능을 알아보기 위한 선별검사로 유용하다. 그러나 중이에 병변이 있는 경우는 이음향방사 검사를 실시할 수 없다. 검사방법은 작은 프로브를 귀에 삽입하여 톤 또는 클릭 음을 제공한다. 검사는 작은 방음실에서 수행되고, 검사시간은 약 30분이 소요된다.

3) 청성뇌간반응검사

뇌파를 이용한 청력검사이다. 주로 ABR(auditory brainstem response) 검사로 불린다. 뇌파 간(특히 I번, III번, V번)의 소리에 대한 반응 시간을 측정하는 방법으로 청각적 정보처리 상태를 확인하고 있다. 일반적으로 청각적 정보를 가장 잘 처리하는 V 뇌파의 정보를 분석하는 데 초점을 둔다.

음성주파수에 해당하는 모든 대역에서의 청력손실 정도를 측정할 수 있다. 신생아 또는 유아의 경우는 수면 상태에서 측정한다. 검사에 필요한 병원의 진료비 수가가 높지 않고 객관적인 결과를 산출한다는 점에서 선호하지만, 저주파수 대역의 검사 결과에 대한 신뢰도가 낮다는 문제점도 있다. 미국과 유럽 등에서는 모든 신생아의 청력검사를 위한 선별검사에 ABR 검사가 포함된다.

한국은 2018년부터 건강보험의 지원으로 선천성 난청의 고위험군 아동뿐만 아니라 모든 신생아가 생후 1주일 이내에 신생아 청력 선별검사를 시행하고 있다. 검사방법은 자동화유발이음향방사(automated otoacoustic emissions: AOAE) 또는 자동화청성뇌간유발반응검사(automated auditory brain stem response: AABR)이다. 신생아 청력 선별검사에서 어느 한쪽이라도 검사 결과가 통과(pass)가 아닌 재검(refer)이 나오면 생후 3개월 이내에 실제 청력을 측정하는 정밀청력검사를 받는다. 최종 난청으로 진단받은 경우에는 생후 6개월 이내에 보청기 등의 청각재활치료가 시작된다.

☐ 확인학습

1. 어음청력검사를 실시하는 이유에 대하여 설명할 수 있다.
2. 순음청력검사와 어음청력검사의 차이에 대하여 설명할 수 있다.
3. 강강격 어휘의 특성에 대하여 안다.
4. PB HPL과 PB 50의 차이점에 대하여 안다.
5. Tympanometry의 결과에서 As와 Ad의 차이를 설명할 수 있다.
6. 청성뇌간반응 검사를 통하여 청력검사를 수행하는 이유에 대하여 설명할 수 있다.

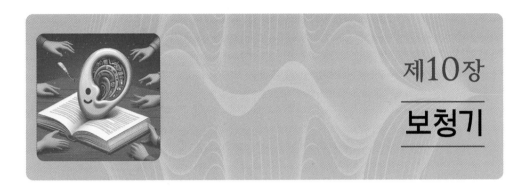

제10장

보청기

보청기는 듣는 기능을 보조하는 장치이다. 잔존청력이 있어야 보청기의 착용 효과를 기대할 수 있다. 보청기를 착용하면 무조건 잘 들을 수 있는 것이 아니다. 잔존청력이 있어도 개인의 청각적 특성에 맞게 보청기를 피팅(fitting)하는 적합검사가 요구된다. 안경 착용을 위해서 시력검사와 함께 개인의 시각적 및 광학적 특성 등이 고려되는 것과 같이 보청기를 효과적으로 착용하기 위해서는 안경 착용보다 훨씬 복잡한 과정이 요구된다.

1. 보청기 개발의 역사

보청기 개발 과정은 과학 발달의 역사와 함께한다. 전자공학이 발달하지 않았던 시절에는 맨손 또는 두루마리 종이, 소뿔을 사용하여 소리를 집음하기도 하였다. 탄소를 이용한 보청기에 이어서 진공관을 증폭 장치로 이용하는 보청기가 개발되었지만, 무게와 부피가 커서 휴대는 곤란하였다.

트랜지스터에 이어서 IC칩이 개발되면서 개인용 보청기의 착용이 보편화되었다. 오늘날 보청기는 DSP(digital signal processing) 칩이 개발되면서 소형화 및 디지털 신호처리가 가능해졌다. 보청기 개발은 전자공학의 보편적 보급과 맥락을 함께하고 있음을 알 수 있다. 19세기 중반까지 사용한 보청기의 형태를 소개하면 [그림 10-1]과 같다.

2. 보청기의 구조

[그림 10-1] 19세기 중반까지의 보청기

보청기의 구조는 크게 세 부분으로 나눌 수 있다. Microphone이라고 하는 송화기, 송화기로 입력되는 소리의 증폭을 담당하는 증폭기, 그리고 증폭된 소리를 귀로 전달하는 수화기이다. 보청기의 형태와 크기가 달라도 구조는 모두 같다. 내부에 장착된 증폭기의 유형 또는 DSP칩의 사용 여부에서 차이가 있을 뿐이다. [그림 10-2]는 보청기의 구조를 설명하고 있다.

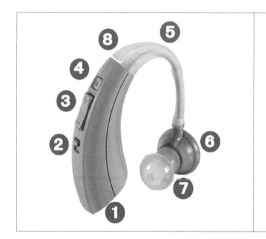

1. 건전지
2. 전원
3. 음량(볼륨)
4. 형식 선택
5. 훅(hook)
6. 수화기
7. 플러그
8. 송화기(microphone)

[그림 10-2] 보청기의 구조

3. 보청기 분류

보청기는 개인용과 집단용으로 구분된다. 개인용 보청기는 착용 위치 및 음성신호 처리방식 등에 따라 분류된다. 집단용 보청기는 사용 목적에 따라 개발되어 있다.

1) 보청기의 착용 위치에 따른 분류

보청기의 착용 위치에 따라 구분하면, 주머니형(포켓형 또는 박스형과 동의어), 귀걸이형, 개방형, 귓속형(외이도형), 고막형, 안경형 그리고 골도형 등이 있다. 보청기의 크기가 작아질수록 외형에 대한 만족도는 높아지지만, 보청기의 출력은 떨어진다는 단점도 있다. 보청기의 착용 위치에 따른 보청기의 종류는 [그림 10-3]과 같다.

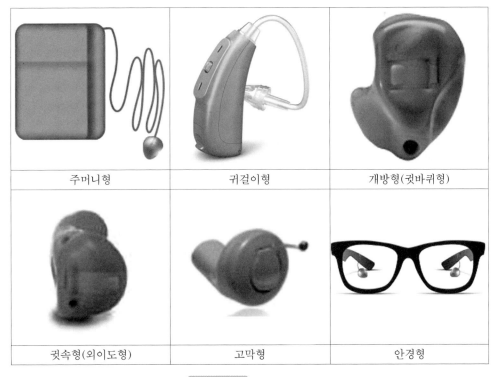

| 주머니형 | 귀걸이형 | 개방형(귓바퀴형) |
| 귓속형(외이도형) | 고막형 | 안경형 |

[그림 10-3] 보청기의 종류

귀걸이형 보청기를 사용하는 사람이 안경을 착용해야 하는 경우는 안경형 보청기를 사용할 수 있다. 안경형 보청기는 안경테의 템플(다리)에 보청기를 착용할 수 있도록 개발되었다. 안경을 교체해도 동일한 템플을 사용할 수 있다. 또한 소이증이나 무이증 또는 만성중이염 등으로 보청기 착용이 어려운 경우는 골도형 보청기를 착용할 수 있다. 외이도 폐쇄로 기도를 활용할 수 없는 경우 소리가 외이와 중이를 통과하지 않으므로, 골도형 보청기를 착용하여 내이의 달팽이관을 진동시킴으로써 소리 인지를 돕는다. 다음은 여러 보청기의 특성 등에 대한 설명이다.

(1) 주머니형 보청기

보청기를 주머니에 넣을 수 있어서 주머니형(포켓형) 보청기라고 한다. 생김새에 따라 박스형 보청기(box type hearing aid)라고도 한다. 보청기가 성인의 손바닥 또는 손바닥의 반 정도의 크기이므로 음을 크게 증폭할 수 있다는 장점이 있다. 고도 이상의 청각장애학생에게 유용한 보청기로 평가된다.

전원 스위치는 독자적으로 장착되어 있거나 볼륨과 함께 작동된다. 일상적인 대화를 지원하기 위한 M, 전화를 받을 때 유용한 T 그리고 전화와 일상적인 대화를 동시에 지원하는 MT 스위치가 부착되어 있다. 사용하는 건전지는 일반적인 A형이다. 소형 보청기가 아니므로 가격이 저렴하다는 장점이 있지만, 큰 외형으로 타인에게 쉽게 노출되는 단점도 있다.

보청기의 전원을 끄지 않고 탈착하면 하울링(howling) 현상이 나타난다. 이 현상은 송화기와 수화기의 거리가 가까워지거나, 음량이 필요 이상으로 높을 때도 발생한다.

수화기 줄(line)이 보청기 본체 및 리시버로 연결된 관계로 두 개의 연결 부위가 쉽게 끊어지거나 접촉 불량이 나타날 수 있다. 사용상에 유의할 점이지만, 오랫동안 사용하면 흔히 일어나는 현상이다.

(2) 귀걸이형 보청기

귀 뒤에 착용한다는 의미에서 귀걸이형 보청기(behind the ear: BTE)로 명명한다. 귀걸이형 보청기는 송화기, 음향처리기, 수화기 등이 일체형으로 구성되어 있다. 귀걸이형 보청기는 주머니형 다음으로 부피가 크다. 그래서 중주파수 및 고주파수 대역에서 높은 출력이 가능하다. 귀걸이형 보청기도 최근에는 다양한 형태로 개발되어 무게에 대한 부담이 없으며 착용감도 향상되었다.

최근에는 귀걸이형 보청기에 집단용 보청기의 FM 시스템을 탑재하여 보급하고 있다. 개인용 보청기로 사용하면서 필요에 따라서 FM 보청기로 호환할 수 있는 장점이 있다.

귀걸이형 보청기의 장점은 높은 출력으로 중고도 청력손실의 청각장애학생에게 적합하며, 신체발달에 따른 외이도의 변화에 맞추어 수화기의 플러그를 교체할 수 있는 점 등 다양한 편의를 제공하고 있다. 단점으로는 개인에 따라 크기 및 노출에 대한 부담감과 활동상에 불편을 느낄 수 있다는 것이다.

(3) 개방형 보청기

개방형 보청기는 귓바퀴형 보청기와 동의어지만, RIC(receiver in the canal), RITE(receiver in the ear), RIE(receiver in ear) 등으로 불리기도 한다. 개방형 보청기는 귀걸이형 보청기의 크기를 줄이고 음향 전달의 단점을 보완하기 위하여 개발되었다. 귀걸이형 보청기에 이어몰드(earmold)를 이용하여 외이도 입구를 막는 경우에 귀울림 현상이라는 폐쇄효과가 나타날 수 있다. 또한 귀걸이형 보청기의 외이도 입구의 폐쇄는 외관상 거부감을 줄 수 있다. 개방형 보청기는 외이도를 막지 않고 수화기를 보청기의 본체와 분리하여 귓구멍에 장착시키기도 한다.

이어팁이라고 하는 플러그의 종류에 따라서 이어몰드의 특성을 반영할 수 있다는 장점이 있으며, 외이도의 환기구 형태에 따라서 폐쇄효과 및 소리의 공명에 대한 문제점 등을 최소화할 수 있다. 특히 보청기 본체의 송화기와 외이도의 수화기 간의 거리가 멀어져서 하울링 현상을 줄일 수 있다. 귀걸이형 보청기와 유사하게 중고도 청력손실을 가진 경우에 착용 효과가 좋다. 최근에는 보청기 본체를 소형으로 개발하여 외관상 귓속형 보청기와 같은 효과를 제공하기도 한다. 또한 충전식 개방형 보청기가 개발되면서 건전지 교체에 대한 부담은 줄었지만, 크기 및 충전 장치 보급 등과 같은 과제는 계속해서 보완되어야 할 것이다.

(4) 귓속형 보청기

귓속형 보청기는 보청기를 착용했을 때 육안으로 보이는 정도에 따라서 갑개형 보청기(in the ear: ITE)와 외이도형 보청기(in the canal: ITC)로 구분된다. 갑개형 보청기에 비하여 외이도형 보청기는 귓속 깊숙이 착용된다. 다만 갑개형 보청기는 출력과 건전지 사용에서 외이도 보청기에 비하여 장점을 가지고 있지만, 외관적으로 보이는 부분이 많다는 단점도 있다.

보청기의 크기가 작아지면 타인의 시선에 대한 의식도 줄어든다. 개인에 따라서 보청기 착용에 대한 주요 거부감에 타인의 시선이 포함된다. 다만 보청기의 크기가 줄어들면 출력 또한 낮아지는 문제점이 있다. 보청기의 크기가 작아질수록 부담해야 하는 문제점은 출력의 제한에 따른 맞춤형의 한계와 함께 건전지 교체 주기가 빨라진다는 점이다.

고도의 청력손실을 가진 경우에 귓속형 보청기의 출력으로는 음향지원에 한계가 있다는 지적이 일반화되어 있다. 최근에는 이와 같은 문제점을 보완하여 중고도 난청을 위한 귓속형 보청기를 보급하고 있다. 특히 보청기를 착용하고 편의시설을 사용할 수 있는 다양한 무선기기들의 개발은 보청기 착용 효과에 도움이 되고 있다. 휴대폰의 블루투스 이용, 방수기능 적용, 보청기 사용 및 AS를 위한 원격지원 등이 있다.

(5) 고막형 보청기

고막형 보청기(completely in the canal: CIC)의 가장 큰 장점은 착용 시 눈에 잘 띄지 않는다는 것이다. 그러나 고막형 보청기는 고도 이상의 청각장애학생에게는 추천하지 않는 것이 일반적이다. 비록 고막형 보청기의 출력에 대한 문제점은 계속해서 보완되고 있지만, 가장 큰 문제점은 건전지 수명이다. 보청기 크기와 건전지 수명은 비례 관계에 있다. 성인의 경우는 보청기의 건전지 수명을 본인이 감지할 수 있지만, 나이가 어릴수록 건전지 수명에 대한 인지가 낮아진다. 또한 아동은 성장기의 특성으로 외이도 크기가 발달하면서 잘 맞던 고막형 보청기가 빠져나가는 경우도 있다. 고막형 보청기가 아동의 외이도에 비하여 조금 크게 제작되면 외이도 통증을 감수해야 하는 문제점도 있다. 따라서 성장기 청각장애아동에게는 고막형 또는 초소형 고막형(invisible in the canal: IIC)보다 개방형 또는 귀걸이형 보청기 착용을 먼저 고려하는 것이 바람직하다. 고막형 또는 초소형 고막형 보청기의 장점은 폐쇄효과 및 공명현상에서 상대적으로 자유롭다. 다른 보청기에 비하여 보청기에서 고막까지의 공간이 좁기 때문이다.

(6) 편측성 청각장애를 위한 보청기

편측성 청각장애는 두 귀의 청력손실 정도에 차이가 있는 경우이다. 심한 경우 한 귀는 정상이고, 다른 귀는 청력손실 정도가 90dB을 초과하는 예도 있다. 두 귀의 청력손실 정도의 차이로 인하여 CROS(contralateral routing of signals) 또는 BICROS(bilateral microphones with contralateral routing of signals) 보청기를 착용한다.

① CROS 보청기

CROS 보청기는 청각장애가 있는 귀에 송화기를, 기능적으로 정상인 청력이 좋은 귀[정상 또는 경도/중도(moderate)]에 수화기를 착용하는 방식으로 소리를 듣게 한다. 청력이 나쁜 귀에서 소리를 입력(microphone)하여 청력이 좋은 귀의 수화기(receiver)로 신호를 보내는 방식이다. 두 귀로 분리된 송화기와 수화기의 위치 차이로 인하여 음원의 방향을 인지하는 데 도움을 받을 수 있다. 최근에는 기도가 아닌 골도를 통하여 소리를 전달하는 CROS 보청기가 개발되기도 하였다. 송화기와 수화기를 연결하는 유선 장치가 최근에는 무선으로 보급되면서 착용의 편리성을 보완하였다. 반면, 한쪽의 귀는 청력손실이 없는 정상이라면, 보청기 착용이 필요 없을 수 있다.

② BICROS 보청기

BICROS(bilateral microphones with contralateral routing of signal) 보청기는 두 귀 모두 청력손실이 있는 편측성 난청을 위해 개발되었다. 잔존청력이 조금 있거나 전혀 없는 귀에 송화기를 장착하고 상대적으로 청력이 좋은 귀에 송화기와 수화기를 장착한다. 청력이 나쁜 귀에서 보낸 신호를 청력이 좋은 귀에서 수집하여 소리 정보를 함께 처리한다.

CROS 보청기는 하나의 송화기와 하나의 수화기를 장착하지만, BICROS 보청기는 두 개의 송화기와 하나의 수화기로 구성되어 있다. 또 다른 차이는 CROS 보청기는 한쪽 귀는 정상(또는 경도/중도)인 반면, BICROS 보청기는 두 귀가 모두 청각장애가 있으며,

청력손실 정도의 차이가 심하고, 청력이 나쁜 귀는 보청기를 착용하는 데 한계가 있을 정도의 청력손실이 있다.

2) 신호처리 방식에 따른 분류

아날로그 또는 디지털 보청기가 별도로 개발된 것이 아니다. 개인용 보청기의 신호처리방식이 아날로그 또는 디지털로 구분된다. 개인용 보청기의 주머니형, 귀걸이형 또는 귓속형 보청기에서 신호 처리방식이 아날로그로 진행되면 아날로그 보청기라고 한다. 역시 개인용 보청기의 신호 처리방식이 디지털로 진행되면 디지털 보청기라고 한다. 신호 처리방식에 따라 아날로그 또는 디지털 보청기라고 한다.

보청기 개발은 전자공학의 발달과 관련된다고 하였다. 오늘날 사용하고 있는 디지털 체제는 프랑스 수학자 Joseph Fourier(1768-1830)가 제안한 푸리에 변환(Fourier tranoform)이라는 신호 처리 공식에 근거하고 있다. 약 200년 전에 제안된 이 공식이 공학의 발달로 휴대전화기, 보청기 및 인공와우 기계 등에 적용되고 있다.

기존의 아날로그 보청기와 디지털 보청기의 차이는 푸리에 공식에 근거하여 음성신호를 처리할 수 있는 DSP(digital signal processing)칩의 개발과 관련된다. DSP칩이 개발되지 않았다면, 디지털 휴대전화기 또는 디지털 보청기 개발은 여전히 기대할 수 없었을 것이다. 보청기 및 인공와우에 입력되는 신호를 모두 DSP에서 디지털 신호로 변환하여 증폭하고, 증폭된 신호를 다시 아날로그로 처리할 수 있다. 신호 처리방식의 차이에 따라서 아날로그 보청기와 디지털 보청기로 구분할 수 있다.

(1) 아날로그 부청기

음성신호는 다양한 주파수가 혼용된 복합음이다. 아날로그 보청기의 음성신호 처리는 주파수의 특성과는 관계없이 일정한 수준의 증폭을 지원한다. 1,000Hz를 기준으로 고주파수와 저주파수로 구분하여 증폭을 달리하는 장치가 지원되지만, 주파수 영역에 따른 지원은 한계가 있다. 즉, 아날로그 보청기에서는 특정 주파수에 대한 증폭의 범위를 다양하게 변화를 줄 수 없다.

증폭의 범위를 이득(gain)이라고 한다. 보청기를 착용하기 전의 청력검사 결과인 청력손실 정도와 보청기 착용 후의 소리에 대한 반응의 차이로 설명한다. 주파수별로 이득에서 차이가 있을 수 있지만, 아날로그 보청기에서는 주파수별 이득을 조정하기에 쉽지 않다. 다음의 [그림 10-4]는 주파수별 이득에 대한 설명이다.

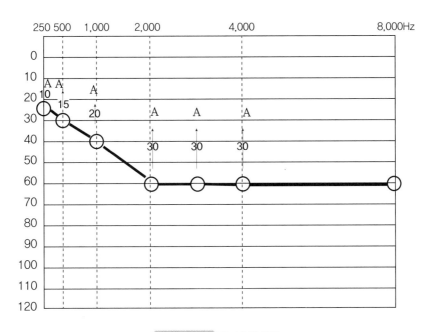

[그림 10-4] 주파수별 이득

[그림 10-4]에 기초할 때 1,000Hz의 이득은 20dB이다. 2,000Hz와 4,000Hz의 이득은 모두 30dB이다.

입력되는 신호가 증폭되면 일정 음압까지는 원음을 유지하지만, 그 이상을 넘어가게 되면 청각기관의 보호를 위해서 음압을 차단한다. 소리가 증폭되어 음압의 포화(saturation)가 나타나면 그 이상의 음압은 절단(clipping)시키는 것이다. 절단은 모든 주파수에서 실행되므로 음의 왜곡이 일어난다. 음압을 처리하는 수준을 초과할 때 나타나는 절단을 [그림 10-5]와 같이 나타내었다.

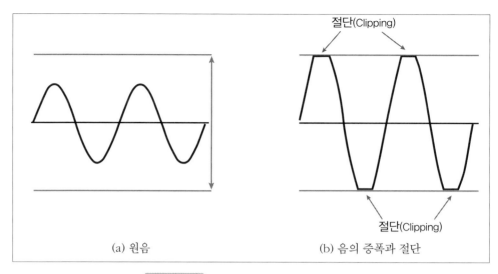

(a) 원음   (b) 음의 증폭과 절단

[그림 10-5] 아날로그 신호에 대한 음압의 절단

[그림 10-5]는 보청기에 입력된 원음(a)이 증폭되면서 필요 이상의 음압을 절단하고 있다(b). 아날로그 보청기의 절단은 음의 왜곡현상을 유발하고 이 문제점에 보완하기 위하여 아날로그 보청기에서는 1,000Hz 이상의 고주파수대와 1,000Hz 이하의 저주파수대의 음압을 독립적으로 지원하기 위한 장치가 있다. 청력손실 정도가 저주파수대와 고주파수대 영역에 맞추어 일관되게 나타나지 않으므로 음압 조절에 한계가 있다. 또한 이득 조정에는 다소 도움을 줄 수 있지만, 절단에 따른 음의 왜곡현상을 조정하지는 못한다. 디지털 보청기는 DSP를 활용하여 이와 같은 문제점을 해결하고 있다.

(2) 디지털 보청기

디지털 보청기는 아날로그 보청기와 비교하여 크게 두 가지의 장점이 있다. 압축과 다채널이다. 다채널을 구성하는 각 채널에는 자동 이득 장치라고 하는 automatic gain control(AGC)이 있다. 다채널과 AGC의 역할로 소음을 줄일 수 있는 부가적 장점도 가지고 있다.

① 압축

아날로그 보청기는 절단을 통하여 필요 이상의 음압을 제한한다. 디지털 보청기는 압축을 통하여 필요 이상의 음압을 절단하지 않고 통제한다. 음의 왜곡현상 또한 최소화할 수 있다. 그러나 고도 이상의 청각장애처럼 청력손실 정도가 심할수록 압축 효과는 떨어진다. 압축은 최소가청역치보다 낮은 음압에서 시작할 필요가 없기 때문이다. 최소가청역치보다 높은 음압에서 압축이 시작된다. 즉, 70dB의 청력손실이 있으면 보청기의 출력 음압이 70dB보다 높은 음압에서 압축해야 한다. 따라서 90dB의 청력손실을 가진 경우는 압축 시점이 90dB 이상의 출력 음압에서 시작한다는 점에서 압축 효과가 크게 나타나지는 않는다. 90dB 이상의 최고도 청각장애학생은 디지털 보청기의 압축 효과를 기대하기 어렵다.

압축을 시작하는 시점을 Knee Point(KP) 또는 압축 역치(compression threshold: CT)라고 한다. 아날로그 보청기의 압축 비율은 1:1로 결정되고, 필요 이상의 음압을 출력해야 할 시점에서는 절단한다. 그러나 디지털 보청기의 압축 비율은 ① 2:1 또는 ② 4:1로 결정할 수 있다. [그림 10-6]은 압축 비율이 2:1을 보인다.

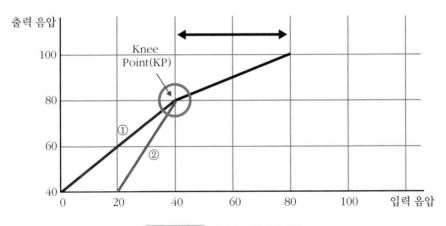

[그림 10-6] 디지털 보청기의 압축

입력 음압의 이득이 40dB(80dB-40dB=40dB)인 반면, 출력 음압의 이득이 20dB(100dB-80dB=20dB)이다. 40:20, 즉 압축 비율은 2:1이다. KP 이전의 입력과 출력 음압의 비율은 1:1로 나타나지만, KP 이후에는 압축 비율이 2:1로 유지된다. 참고로 [그림 10-6]은 hard knee 압축 방식이다. 디지털 보청기의 압축 유형에는 soft knee 압축 방식도 있다. [그림 10-7]로 알 수 있듯이 도달 압축은 같지만, hard knee 압축은 직선 구조이고, soft knee 압축은 포물선 형태를 보이는 차이점이 있다.

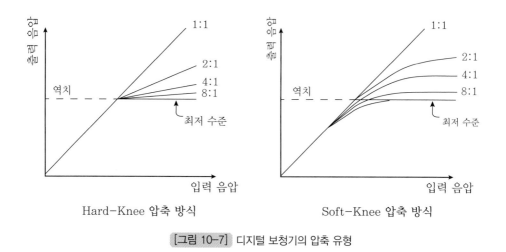

[그림 10-7] 디지털 보청기의 압축 유형

② 디채널

디지털 보청기의 다른 장점은 다채널을 통하여 입력 신호의 주파수를 분류할 수 있는 점이다. 특히 음성신호는 여러 주파수가 혼합되어 있고, 청각장애학생의 청력손실 정도와 유형은 개인의 특성에 따라서 다양하다. 즉, 입력 신호를 청각장애 개인에 맞춰 보청기의 다채널에 입력 음압을 조정해 줄 수 있다. 9개 또는 13개 채널로 구성된 디지털 보청기가 일반적이다. 채널의 수가 필요 이상으로 많을 필요는 없으며, 최근에는 48개 채널까지 개발되어 있다. 모든 것이 DSP에서 처리된다. [그림 10-8]은 아날로그와 디지털 보청기에서 지원할 수 있는 이득을 보여 주고 있다.

아날로그 보청기는 두 개의 채널, 즉 저주파수(base)와 고주파수(treble)를 조정할 수 있는 반면, 디지털 보청기는 주파수 대역별로 이득을 달리 조정할 수 있다. 각 채널에 담당할 주파수 대역을 배정한다.

주파수 배정은 DSP에 의해 결정된다. DSP의 역할은 다음과 같다. ① 입력되는 아날로그 소리를 디지털로 변환(A/D converter), ② 입력 신호의 주파수별 분류, ③ 담당 주파수 대역의 채널(필터)로 전송, ④ 각 채널에서 이득을 결정(AGC), ⑤ 각 채널에서 조정된 디지털 소리를 동시에 받음, ⑥ 디지털 신호를 아날로그 체제로 변환(D/A converter), ⑦ 아날로그 소리로 수화기에 전달한다.

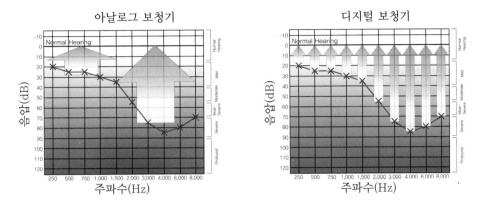

[그림 10-8] 아날로그와 디지털 보청기의 이득

디지털 보청기의 입력 신호에 대한 처리 절차를 요약하여 제시하면 [그림 10-9]와 같다.

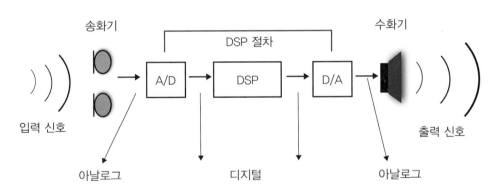

[그림 10-9] 디지털 보청기의 신호처리 방식 절차

(3) 프로그램형 보청기

아날로그 보청기가 디지털 보청기로 발전되는 과정에 프로그램형 보청기 (programmable hearing aid)가 개발되었다. 프로그램형 보청기는 아날로그 보청기의 문제점인 저주파수와 고주파수의 일률적 이득을 해결하기 위하여 신호처리를 조절하는 프로그램을 개발하여 지원한다. 아날로그 신호는 디지털로 변환하지 않고 증폭시키지만, 보청기에 내장된 반도체의 프로그램을 통하여 증폭을 조절한다. 아날로그 보청기

로는 이득 결정에 어려움이 있는 저주파수와 고주파수의 심각한 차이도 지원이 가능하
다는 장점이 있다. 프로그램형 보청기는 기존의 소프트 반도체에서 하드 반도체 사용
을 적용하여 보청기의 성능을 발전시키려는 시도였으나, 최근에는 디지털 보청기의 상
용화로 대체되었다.

(4) 주파수 전위보청기

주파수 전위(frequency transposition) 보청기는 입력 신호의 주파수를 변환, 즉 변위하
는 역할을 담당한다. 고도 이상의 감음신경성 청각장애와 같이 고주파수 대역에서 청
력손실 정도가 심하지만, 저주파수 대역에서는 상대적으로 청력손실 정도가 경미한 경
우에 효과적이다. 고주파수 대역의 주파수를 저주파수로 전위 및 압축시켜서 저주파수
대역의 잔존청력을 이용할 수 있도록 개발되었다. 그러나 최근에는 디지털 보청기가
이와 같은 역할도 대신한다.

3) 집단용 보청기

개인이 소유하면서 매일 착용하고 다니는 보청기를 개인용이라고 하고, 학급 학생이
단체로 하나의 주파수에 맞추어서 사용하는 보청기를 집단용이라고 한다. 개인적으로
착용하는 개인용 보청기는 일반형 또는 특수형으로 선택할 수 있다. 개인용 보청기에
는 일반형 또는 특수형이 있으므로 다음은 집단용 보청기에 한정한 설명이다.

(1) FM 보청기

FM(frequency modulation) 보청기는 음성을 전달할 때 송신하는 FM 방법을 보청기에
적용한 것이다. 방송국에서 사용하는 FM은 AM(amplitude modulation)에 비해 음질 및
날씨 등에 영향을 받지 않는 장점이 있다. 참고로 FM은 주파수 변조이며, AM은 진폭
변조이다. FM의 주파수 변조는 전파를 송신하는 반송파에 음파를 함께 실어 보내는 것
으로 설명된다. 잡음은 전파의 진폭에 영향을 받는데, FM은 주파수 변조를 사용하므로
AM보다 잡음의 영향을 덜 받게 되어 음질이 깨끗하다.

AM은 낮은 주파수(500~1,600KHz)를 사용하여 멀리까지 전파되지만, FM보다 음질

이 떨어진다. FM은 높은 주파수를 사용(87~108MHz)하여 거리상의 한계가 있지만, 음질은 AM보다 좋다. 라디오 방송에 FM을 사용하고, TV 방송에 AM을 사용하는 이유이다. FM 보청기는 FM의 주파수 변조를 보청기에 적용하였다.

FM 보청기는 송신기, 수신기 그리고 보청기로 구분할 수 있다. 송신기는 교사가 착용하고 청각장애 학생은 수신기로 교사의 소리를 전달받는다. 수신기는 청각장애학생의 보청기에 교사의 정보를 받아들이는 역할을 담당한다. 이렇게 FM 보청기로 소음 방해 없이 직접적으로 교사의 설명을 인지할 수 있다. 최근에는 수신기가 보청기에 장착되기도 하며, 수신기가 장착된 인공와우도 있다. 과거 FM 보청기의 송신기는 박스형으로 교사의 허리에 장착되어 마이크와 함께 사용되었고, 수신기는 큰 탁자의 형태였지만, 오늘날의 송신기는 교사의 입 가까이에 부착하는 마이크 한 대, 수신기로는 접시형인 회의용 또는 다양한 형태의 개인용 보청기가 사용된다. FM 보청기의 장점은 다음의 세 가지로 정리된다.

① 거리

거리는 음성신호 전달에서 소리의 약화에 영향을 미치는 주요 요인이다. 음원에서 멀어질수록 음압의 감소가 나타난다. 교사의 음성이 60dB이고, 교사와 3미터 떨어진 학생이 교사의 음성을 50dB로 감지했다고 가정해 본다. 50dB로 감지한 학생을 기준으로 3미터씩 뒤로 멀어질수록 교사의 음성은 계속해서 6dB씩 감소한다. 교사보다 9미터 뒤에 앉아 있는 학생은 교사의 음성을 38dB의 음압으로 들을 수 있다는 것이다. 거리에 따른 음압의 변화는 화자의 음압과 화자와 청자의 거리를 알면 계산이 쉽다.

FM 보청기 착용으로 교사와 학생 간의 거리는 말소리 지각에 영향을 미치지 못한다. 휴식 또는 점심시간이라도 거리와 관계없이 교사의 요구에 학생은 응답할 수 있다. 그러나 다른 교실에서 동시에 FM 보청기를 사용하게 된다면 주파수대가 달라야 한다. FM 보청기에는 주파수를 달리 설정하는 기능이 있다.

② 소음

음성신호에서 소음 제거는 중요한 과제이다. 음성신호 전달에서 신호(음성)와 잡음(소음)의 비율은 SNR(signal-to-noise ratio)로 나타낸다. 교사의 음성이 60dB인 반면, 교실의 소음이 54dB이면 SNR은 60dB-54dB=+6dB이 된다. +6dB SNR은 교사의 음성이 소음에 비하여 6dB 높음을 의미한다. 반면, -6dB은 교사의 음성보다 교실의 소음이 6dB 더 높음을 의미한다.

교실의 소음이 5~10dB일 때, 가청학생은 +6dB SNR만 되어도 교사의 설명을 이해할 수 있다. 청각장애학생은 개인에 따라서 +15~+25dB SNR을 필요로 한다. 일상적으로 +24dB SNR이 바람직하다. 참고로 SNR을 계산하기 위해서는 비율의 나눗셈을 적용하지만, 데시벨(dB)은 로그함수이므로 뺄셈으로 계산한다.

교사의 음성과 교실 내 소음의 음압 차이를 SNR로 적용하지만, 최근에는 교사(화자)의 음성에 대한 청각장애학생의 이해 정도를 SNR로 나타낸다. 청각장애학생의 청력손실 정도 및 유형에 따라서 교사의 음성에 대한 이해 정도가 높으면 +24dB SNR이 가능하지만, 감음신경성 청각장애와 같이 교사의 음성에 대한 이해가 낮아지면, SNR 수치가 -6dB 등과 같이 떨어질 수 있다. 결과적으로 청각장애학생의 음성신호에 대한 이해는 SNR 수치가 높을 때 가능하다. 또한 SNR 수치가 높다는 것은 교사의 음성에 대한 이해가 전제된다는 것으로도 설명된다. 청각장애학생에게 SNR 수치를 높게 제공하는 방안은 과거의 잡음(소음)을 줄이는 방법에서 최근에는 모음과 자음의 인지에 대한 지원의 차별성으로 설명되고 있다.

③ 반향효과

반향효과(reverberation effect)는 음의 반사와 관련된다. 소리가 장애물로부터 반사되며 들리는 현상을 반향이라고 하며, 반사된 소리를 반향음이라고 한다. 교사의 음성이 먼저 보청기에 전달되지만, 같은 양의 에너지를 가진 음성이 반향되어 다시 보청기에 입력된다. 최단 경로를 통하여 입력된 교사의 음성과 시간적으로 늦게 수신되는 교사의 음성이 함께 보청기에 입력되어 동시에 증폭되므로 음향의 왜곡현상에 노출된다. 반향이 심할 경우는 부딪힌 소리가 되풀이하여 반사된다. 반향이 심한 환경에서는 가청학생도 교사의 설명을 이해하는 데 어려움이 있다.

FM 보청기는 교사의 목소리만 전파로 전달하기에 반향효과가 없다. 교사의 음성이 교실에서 반사되어도 청각장애학생의 보청기에 직접적으로 입력되지 않는다. 따라서 FM 보청기를 이용하면 반향효과가 나타나지 않거나 최소화할 수 있다. 반향효과를 줄이기 위한 환경지원은 방음장치 설비, 바닥에 양탄자 깔기, 창문에 커튼 달기 등이 있다.

(2) Loop 보청기

Loop 보청기는 FM 보청기와 유사한 특성을 가진다. Loop 보청기는 전자회로를 교실의 양탄자 아래 또는 교실 벽면의 1미터 이하에 설치한다. 전자회로가 깔린 공간을 벗어나면 FM 보청기의 특성이 나타나지 않는다. 소음 및 반향효과를 최소화한다는 것은 FM 보청기와 같으나, FM 보청기와의 차이점은 '거리'에 있다. Loop를 설치한 공간을 벗어나면 FM 보청기의 효과를 기대할 수 없다. FM 보청기에 비하여 비용을 절감할 수 있다는 점에서 선호된다.

(3) 기타

① 적외선 보청기

강연 등을 위한 극장 또는 강당에 청각장애학생을 지원하기 위한 다양한 기기가 있다. 적외선을 이용하여 음파를 전달하는 방식의 적외선 보청기가 있다. 화자의 송신기를 통하여 음성이 적외선 시스템으로 전달되어 적외선 변환과정을 거쳐 청각장애학생의 수신기에 전달된다. 적외선은 빛의 성격이 가지는 직진성과 조도 등을 고려하여 사용할 수 있다.

② 유도파 보청기

유도파 배선이 설치된 공간에서 보청기의 M, T, MT 등을 설정하면, 개인의 용도에 맞도록 증폭하는 유도파 보청기가 있다. Mt 또는 mT 등과 같은 부호에서 대문자는 강조해서 증폭해야 하는 신호음의 용도를 의미한다.

③ 인공중이

보청기와 같은 원리이나, 수신기 대신에 진동체를 이소골에 이식한다. 이소골의 진동에너지를 달팽이관으로 전달하는 방식이다. 만성중이염 등으로 보청기를 착용할 수 없는 경우에 시술을 결정할 수 있다. 인공중이는 외부기에 음향처리기, 체내부에 수신기와 임플란트로 구성된다. 체외에서 건전지를 교체한다.

4. 첨단 보청기 개발

1) 다중(다방향) 마이크로폰

보청기에는 한 개의 마이크로폰이 장착되는 것이 일반적이다. 다중(다방향) 마이크로폰 보청기는 여러 개의 어레이(array)를 이용하여 방향성, 소음, 그리고 바람의 영향 등을 최소화하고 있다. 2개 이상의 마이크로폰을 장착하여 음원을 이해하는 능력의 향상, 소음 소거 지원, 그리고 바람이 강하게 불면 바람 소리로 인한 보청기 착용의 어려움 등을 해소하는 데 효과적이다. 목걸이 형태의 마이크로폰을 9개 장착한 보청기가 개발되기도 하였다. 오늘날 2개 또는 4개의 마이크로폰을 장착한 보청기가 시판되고 있다.

2) 인공 뇌간

인공와우는 달팽이관을 통하여 청신경에 음성신호를 전달하는 방식이다. 그러나 청신경에 이상이 있으면 인공와우 시술이 불가능하다. 이 경우, 인공 뇌간을 중추청각신경계인 와우핵에 부착해서 전극신호를 뇌간에 직접적으로 전달하여 음성신호를 인지시킨다.

5. 보청기 적합검사

보청기 적합검사는 선택한 보청기의 외형과 작동 상태, 청력검사 결과에 따른 전기음향적 기능 확인 그리고 보청기 착용에 대한 만족도 등을 검정하는 과정이다. 보청기 적합검사는 개인의 청력손실 정도 및 부위 등과 같은 특성에 기초한 지원이다.

1) 외형 및 작동 상태

보청기의 외형을 먼저 육안으로 관찰해야 한다. 관찰 항목은 주문한 보청기의 색상, 형태 등이다. 건전지 장착 및 전원 등의 작동 상태도 확인해야 한다.

2) 전기음향적 기능 확인

보청기의 최대출력, 최적이득, 최대이득, 주파수 범위 그리고 건전지 전류 소비량 등을 확인하는 과정이 요구된다.

(1) 최대출력

최대출력(saturation sound pressure level: SSPL)은 보청기에서 출력되는 최대음압을 측정한다. 사람이 들을 수 있는 최대음압이 130dB이다. 귀를 보호하기 위해 −5dB을 적용하여 일반적으로 보청기의 최대출력은 125dB이다. 보청기의 최대출력은 125dB을 기준으로 ±2dB 정도를 적용한다. 특히 어음청력검사를 통한 최대가청역치를 초과하지 않도록 적용한다. 개인차를 고려하는 것이 중요하다.

보청기의 전기음향적 최대출력 음압은 음량 조절기를 최대의 위치에 두고 90dB SPL을 입력하여 1,000Hz, 1,600Hz, 2,500Hz의 평균을 산출한다. 이때의 최대출력을 포화음압(saturation pressure) 또는 출력 음압 90(output sound pressure 90)이라고 한다. 각 주파수의 최대출력 음압은 다소 차이가 있다. 보청기 제조사에서 제시한 최대출력의 3% 이내 또는 고주파수의 최대출력보다 4dB 이내가 되도록 규정하고 있다.

(2) 최적이득

최적이득(optimal gain)은 일상생활에서 가장 편안하게 들을 수 있는 음압이다. 가청인의 최적이득은 40~45dB이다. 청각장애학생의 최적이득은 개인의 청력손실 정도 및 유형 등에 따라 다양하다.

보청기는 아날로그식의 선형(linear)과 디지털의 비선형(non-linear, 압축이라고도 한다.)이 있다. 선형 또는 비선형 보청기를 위한 적합검사의 피팅 상자에서 적합공식을 선정하여 최적이득을 산출한다. 디지털 보청기를 위한 적합검사 피팅 상자는 상위 버전이므로 아날로그 보청기도 함께 적합검사가 가능하지만, 선형의 아날로그 보청기를 위한 적합검사의 피팅 상자는 디지털 보청기의 비선형 적합검사 공식은 탑재되어 있지 않다. 최적이득 공식은 보청기 제조사마다 독자적으로 개발하고 있다.

선형과 비선형 보청기에 적용하는 1/2 이득법이 가장 기본적인 방법이다. 1/2 이득법은 보청기의 이득을 역치의 절반으로 결정하는 것이다.

선형 보청기를 위한 적합공식에는 BERGER, POGO(prescription of gain and output), NAL(National Acoustic Labotories) 등의 처방법이 있다. 선형 보청기의 최적이득은 보통 크기의 소리(65dB SPL)를 기준으로 1,000Hz, 1,600Hz, 2,500Hz에 입력하여 최적이득 곡선을 산출한다.

비선형 보청기를 위한 적합공식은 FIG6(Figure 6), IHAFF(Independent Hearing Aid Fitting Formula), DSL I/O(Desired Sensation Level I/O) 그리고 NAL-NL1과 NAL-NL2 등이 있다. 보청기에 1,000Hz, 1,600Hz, 2,500Hz을 기준으로 각각 45dB SPL(작은 소리), 65dB SPL(중간 소리) 그리고 85dB SPL(큰 소리)을 입력하여 최적이득 곡선을 산출한다.

(3) 최대이득

최대이득(full-on gain: FOG)은 음량조절기를 최대로 설정하고 60dB SPL을 입력하여 주파수 곡선을 측정한다. AGC가 내장된 디지털 보청기는 50dB SPL을 제공한다. 1,000Hz, 1,600Hz, 2,500Hz에서 나타난 주파수 반응곡선의 평균값에서 20dB을 뺀 수치를 최대이득으로 결정하고, 주파수 반응곡선의 하한인 F1, 상한인 F2의 사이를 주파수 범위로 설정한다. 적합검사를 실행하고 있는 컴퓨터 화면에 F1과 F2의 수치가 명시된다. F1과 F2에 대한 설명은 이 장 뒷부분에서 설명할 것이다.

(4) 배음 왜곡

배음 왜곡(harmonic distortion)은 원음에 의해 새로운 주파수가 생성되는 것으로 정의된다. 500Hz, 800Hz, 1,600Hz에 65dB SPL을 입력하여 전체 배음 왜곡의 정도가 500Hz와 800Hz에서는 2% 미만 그리고 모든 주파수의 배음 왜곡은 1% 미만이어야 한다.

(5) 건전지 전류 소비량

보청기의 음량조절을 최대로 설정하고 1,000Hz에 65dB의 순음을 제공하여 건전지의 전류 소모를 측정한다.

6. 보청기 착용지도

1) 보청기의 음성언어 처리

보청기에 음성언어가 입력되면 소리의 증폭이 일어난다. 소리가 증폭될 때 나타나는 음성언어의 음향적 특성을 알아야 한다. 음성언어의 음향적 특성을 이해하기 위하여 기본주파수와 공명주파수에 대하여 설명하고자 한다. 음성은 기본주파수와 공명주파수가 함께 나타난다.

(1) 기본주파수

기본주파수는 성문주파수 또는 배음주파수와 동의어이다. 기본주파수는 성문에서 발생하기 때문에 성문주파수라고도 한다. 연못에 돌을 던지면 단 한 번의 파장만이 일어나는 것이 아니라, 계속해서 배음으로 파장이 증가한다. 유사하게 성문을 통해 발생한 기본주파수가 대기상에 발성되면 배음으로 주파수가 증폭되므로 배음주파수라고도 한다.

기본주파수는 성문의 두께와 길이에 영향을 받는다. 풀피리를 불 때, 이파리의 두께가 얇아질수록 고주파수 소리가 난다. 관악기를 불 때, 관의 길이가 길어질수록 저주파수가 발생한다. 남성, 여성, 아동의 순으로 성문의 길이와 두께가 짧아지고 얇아진다. 기본주파수를 간략하게 제시하면 남성은 150Hz, 여성은 250Hz, 아동은 350Hz이다. 10진수로 간략하게 제시한 이유는 기본주파수의 표준편차가 약 50dB이기 때문이다. 다음의 [그림 10-10]은 기본주파수가 150Hz인 남성의 배음주파수를 나타내고 있다.

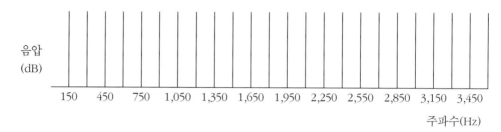

[그림 10-10] 기본주파수 150Hz에 대한 배음주파수

3,450Hz 다음의 배음주파수는 150Hz를 더하면 3,600Hz가 된다. 이론적으로는 6,000Hz 이상 또는 12,000Hz 등으로 증폭이 가능하지만, 음의 쇠약 현상으로 4,000Hz를 넘어가면 소리가 소멸한다.

(2) 공명주파수

사람의 발성기관에는 4대 공명강이 있다. 성문에서 발성된 기본주파수가 4대 공명강을 통과하면서 새로운 주파수가 형성된다. 참고로 기존의 기본주파수는 그대로 존재하고 있음을 유의해야 한다. 기본주파수와는 별개로 새롭게 생성된 주파수를 공명주파수라고 한다. [그림 10-11]은 4대 공명강이다.

4대 공명강에 의해 생성된 새로운 주파수가 공명주파수라고 하였다. 공명주파수는 음성의 특성에 따라서 주파수를 달리한다. 음성의 특성을 대표하는 공명주파수는 F1, F2, F3 등으로 나타낸다. 이론적으로는 F4 등이 있을 수 있지만, 음성에서는 F3까지만 존재하고, F4는 음의 쇠약 현상으로 나타나지 않는다. 학자에 따라서는 공명주파수 F3도 쇠약 또는 유사한 주파수 특성을 보이므로 F1과 F2에 한정하여 설명하기도 한다.

4대 공명강에서 형성된 첫 번째 공명주파수를 F1, 두 번째로 생성된 주파수를 F2라고 한다. 특히 공명주파수 F1과 F2는 음성의 음가를 결정한다. F1과 F2의 거리가

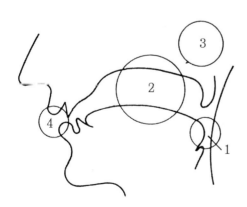

① 인두강 ② 구강 ③ 비강 ④ 순강(입술강)

[그림 10-11] 4대 공명강

가까우면 청각적으로 인지하기 쉬운 소리가 된다. 반면, F1과 F2의 거리가 멀어질수록 청각적 인지가 어렵다. 청각적 인지가 어려운 음성은 발성에서도 어려움을 보인다. 또는 F2÷F1(F2/F1)로 나타내면 비율이 된다. F2/F1의 숫자가 커질수록 청각적으로 인지가 어려운 모음이다.

/이/ 등과 같은 전설모음의 F2/F1 비율이 /우/ 등과 같은 후설모음에 비하여 높은 수치를 나타낸다. 청각적으로 /이/가 /우/에 비하여 청각적 변별능력이 떨어지고, 발성의 명료도 또한 낮아진다. 모음의 공명주파수 또한 표준편차를 고려하여 100Hz 단위로 간략하게 제시하면 〈표 10-1〉과 같다.

〈표 10-1〉 모음의 공명 주파수

모음	F_1	F_2	F_3	모음	F_1	F_2	F_3
아	800	1,100	2,700	오	600	900	2,700
애	600	2,200	3,000	우	400	1,000	2,700
이	300	2,700	3,300	으	400	1,200	2,700

출처: 최성규(2011).

모음 6개의 F1을 비교해 보면 최저 300Hz에서 최고 800Hz이다. 차이가 500Hz이다. 모음 6개의 F2를 비교해 보면 최저 900Hz, 최고 2,700Hz이다. 차이가 1,800Hz이다. F3는 최저 2,700Hz에서 최고 3,300Hz로 600Hz의 차이를 보인다. F3는 음의 쇠약 현상이 시작된 공명주파수이다.

음성언어에서 F1과 F2의 중요성을 알 수 있다. 모음 /아/에 대한 공명주파수를 제시하면 [그림 10-12]와 같다.

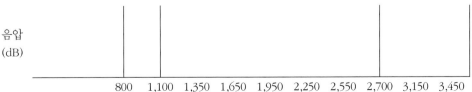

[그림 10-12] 공명주파수

/아/의 공명주파수는 800Hz, 1,100Hz, 2,700Hz이다. 기본주파수의 750Hz 근처에 800Hz의 공명주파수 F1이 생성되었다. F2는 기본주파수 1,050Hz 인근에 생성되었다. F3는 기본주파수와 동일하게 2,700Hz를 생성하였다.

(3) 음성주파수

4대 공명강에 의해 생성되는 공명주파수는 기본주파수의 영향을 받지 않는다. 기본주파수와는 관계없이 공명주파수가 생성된다. 다시 말해, 기본주파수와 공명주파수는 독립적으로 존재한다. 음성언어, 즉 음성주파수는 기본주파수와 공명주파수가 합쳐서 형성되는 복합음이다. [그림 10-13]은 기본주파수와 공명주파수가 함께 존재하는 음성주파수를 나타내고 있다.

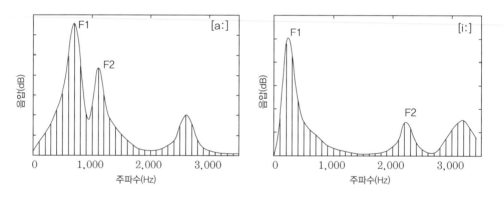

[그림 10-13] /아/와 /이/ 음성주파수의 스펙트로그래프

/아/의 음성주파수는 /이/에 비하여 F1과 F2의 거리가 가깝다는 것을 알 수 있다. X축이 주파수(Hz), Y축이 음압(dB)을 나타내는 그래프는 스펙트로그래프(spectrograph)라고 한다. 반면, X축이 시간, Y축이 주파수(Hz) 그리고 음압(dB)은 진하기로 표시하는 3차원 공간의 표기를 나타내는 그래프는 스펙트로그램(spectrogram)이라고 한다. 이 교재에서는 [그림 10-13]과 같이 스펙트로그래프로 설명하고 있다.

2) 보청기 작동 여부 점검

교사는 매일 아침 그리고 수시로 보청기를 점검해야 한다. 나이가 어린 아동일수록 보청기 자가 점검에 어려움이 있다. 먼저 링(Ling)의 6개 음을 통하여 보청기를 점검할 수 있다. 링의 6개 음은 과거의 5개 음(/ee/ /oo/ /ah/ /sh/ /ss/; /이/ /우/ /아/ /쉬/ /쓰/)에서 /m/(/음/)이 하나 더 추가되었다.

보청기는 음성언어의 공명주파수 F1과 F2에 대한 대표 주파수를 기준으로 조정되어 있다. 모음을 기준으로 할 때, F1과 F2의 주파수 범위는 평균적으로 최저 300Hz에서 최고 2,700Hz까지 분포된다(최성규, 1996, 2011). 이와 같은 원리에 기초하여 링의 6개 음 역시 F1과 F2의 주파수 범위가 모음은 300Hz에서 2,500Hz 사이가 되며, 자음의 /s/와 /sh/는 F1과 F2의 범위와 상관없이 2,000Hz에서 6,000Hz의 분포를 보인다. 자음 /m/은 음향학적으로 모음의 성격이 강하여 F1과 F2의 범위가 300Hz에서 900Hz의 범위를 가지고 있다.

모음 및 자음에 대한 주파수 범위를 F1과 F2를 기준으로 제시하면 다음과 같다. /u/는 F1이 300Hz이며, F2는 900Hz, /a/의 F1은 800Hz이며 F2는 1,100Hz, /i/의 F1과 F2는 300Hz와 2,500Hz 그리고 /m/의 F1과 F2는 각각 300Hz와 900Hz이다. /sh/는 2,000Hz에서 6,000Hz 사이에 분포하며, /s/는 4,000Hz에서 6,000Hz 사이에 분포한다.

링의 6개 음은 보청기를 통한 저주파수에서 고주파수에 대한 반응을 점검하고 있지만, 엄격히 설명하면 보청기를 통한 음성언어의 공명주파수인 F1과 F2에 대한 반응을 점검하는 것이다. 교사는 입을 가리고 청각장애학생에게 링의 6개 음 음성을 들려주면서 보청기의 작동을 점검할 수 있다.

보청기 작동이 의심될 경우는 다음과 같은 점검 절차가 요구된다.

첫째, 전원의 on-off 상태를 확인한다.

둘째, 보청기의 건전지 상태를 점검한다. 건전지의 전압 상태를 확인하기 위하여 전압 측정기를 이용해야 한다.

셋째, 전원 및 건전지에 이상이 없음에도 불구하고 작동이 정상적으로 되지 않는 경우는 보청기 수리를 의뢰해야 한다.

3) 건전지 종류 및 교체

가정에서 사용하는 건전지는 AA 또는 AAA 등의 알카라인(Alkaline) 전지가 대부분이다. 보청기의 건전지는 상자형의 경우는 AA 또는 AAA 건전지를 사용하고 있지만, 귀걸이형부터 소형 보청기의 경우는 수은 건전지를 사용한다.

가정용 건전지의 전압은 일반적으로 1.5V이다. 보청기에 장착되는 건전지는 1.5V도 있지만, 1.2V가 많다. 1.5V에 비하여 1.2V 건전지는 수명이 길다는 장점이 있다. 징크(zinc) 또는 실버(silver) 건전지가 보청기에 많이 사용된다. 각 보청기 제조사에서는 보청기의 크기에 맞는 건전지를 따로 시판하거나 공급하는 사례도 있다.

보청기는 소리의 크기가 점점 약해질 때 건전지를 교체해야 한다. 1.5V는 점진적으로 소리가 줄어드는 현상이 나타난다. 1.2V는 상대적으로 출력이 작으면서 오랫동안 지속되나 건전지의 수명이 다하면 갑자기 소리가 들리지 않는 특성이 있다. 건전지 크기가 작아질수록 건전지 수명 또한 줄어들므로 교사는 청각장애학생이 착용하고 있는 보청기의 특성에 따라 건전지 교체 시간을 고려하면서 지도해야 한다.

4) 보청기 착용과 적응

보청기를 착용하면 소리의 증폭현상에 대한 적응이 필요하다. 청각장애학생에 따라서 개인차가 있다. 보청기를 처음으로 착용하는 경우, 하루 평균 8시간 정도의 착용을 가정할 때 약 4주 정도의 적응 기간이 요구된다.

보청기 착용 후에 교사는 청각장애학생의 소리에 대한 적응과 변화과정을 관찰해야 한다. 보청기 착용에 대한 심리적 기피가 아닌, 물리적 고통을 지속적으로 호소할 경우는 보호자에게 상황을 알려야 한다. 교사는 먼저 음향의 크기를 조절하여 고통을 감소시킬 수 있다.

5) 하울링 관리

보청기의 송화기와 수화기의 거리가 가까워지면 '삐~~~' 소리가 나는 하울링 현상이 발생한다. 체육시간에 보청기를 빼서 가방 또는 서랍에 넣을 때, 전원을 끄지 않으면 계속해서 '삐~~~' 소리를 내게 된다. 지속적인 소리 증폭은 건전지 수명에 영향을 미친다. 교사는 보청기의 하울링 소리가 들리면 보청기를 찾아서 전원을 꺼야 한다. 송화기와 수화기의 거리가 가까운 귀걸이형 보청기, 고막형 보청기 등에서 자주 발생한다.

보청기를 착용하고 전화기 또는 휴대전화를 사용할 때 전화기의 각도에 따라서 하울링 현상이 발생할 수 있다. 전화기와 보청기의 각도 등을 관찰하여 하울링이 일어나지 않는 각도 또는 방향을 인지시켜야 한다.

6) 보청기 관리

보청기는 전자제품이다. 모든 전자제품에는 수명이 있듯이 보청기 또한 사용방법과 환경 등에 따른 차이는 있으나 교체 주기는 5년 내외이다. 보청기 사용기간을 연장하기 위해서는 습도 관리를 잘해야 한다. 체육시간 등과 같이 땀을 흘리는 경우는 보청기 작동에 부정적인 요인으로 작용한다. 전자제품은 습도에 취약하다. 특히 여름철 물놀이와 관련하여 보청기 관리에 유의해야 한다. 보청기를 빼지 않고 물에 들어가는 경우는 치명적이다.

7) 집단용 보청기 사용을 위한 개인용 보청기 관리

FM 보청기와 같은 집단용 보청기 사용과 관련된 유의사항은 다음과 같다. FM 보청기와 연계하여 사용하는 개인용 보청기가 있다. 하나의 FM 보청기에 여러 대의 개인용 보청기를 사용할 수 있다. 이때 개인용 보청기는 해당 청각장애학생에게만 착용시켜야 한다. 위생관리 및 보청기 음향조정 등을 고려하기 위함이다.

☐ 확인학습

1. "보청기는 소리를 듣게 해 주는 기계이다." 이와 같은 설명이 잘못된 이유를 설명할 수 있다.

2. 보청기의 분류 기준이 되는 '착용 위치'와 '신호처리 방식'의 차이에 대하여 설명할 수 있다.

3. 디지털 보청기의 장점에 대하여 설명할 수 있다.

4. FM 보청기의 장점 세 가지를 알고 있다.

5. 보청기의 하울링 현상이 일어나는 두 가지의 원인에 대하여 알고 있다.

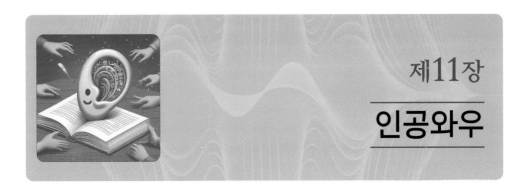

제11장

인공와우

청각장애교육에서 중요한 화두 중의 하나가 인공와우이다. 청력손실 정도가 70dB 이상인 감음신경성 난청은 보청기를 착용해도 말소리 이해에 한계가 있다. 수어를 통한 의사소통을 선택하는 경우가 많으나, 인공와우 시술을 통하여 듣기 기능이 정상 수준에 가까워질 수 있다. 청각장애가 인공와우 시술로 해결될 수 있다는 점에서 청각장애교육에 많은 변화가 예상된다. 그러나 인공와우 시술과 함께 청각재활을 위한 다양한 노력이 필요함을 알아야 한다.

1. 인공와우 개발의 역사

1) 개발의 서막

이탈리아의 물리학자이며 화학자인 Alessandro Volta(1745~1827)는 전기 배터리를 개발한 과학자이다. 전기 화학분야의 발전을 견인한 Volta는 1770년경 금속막대를 자신의 귀에 넣고 50볼트 회로에 연결하였다. 이 실험은 인공와우 개발을 위한 최초의 시도로 알려졌으며, 청각에 제공한 전기 자극은 청각 감각을 생성할 수 있음을 증명하였다. 1855년에 Duchenne de Boulogne는 직류가 아닌 교류로 달팽이관을 자극하여 윙윙하는 소리와 울리는 소리를 경험하기도 하였다.

2) 전기 에너지 연구

1930년대 많은 연구자들은 귀에 전기를 제공하면 청각적 반응이 나타난다는 사실을 알게 되었다. 또한 전기 에너지가 내이에 도달하기 전에 소리로 변형시킬 수 있다는 점도 알게 되었다. 1930년에 Wever와 Bray는 달팽이관에서 소리 자극의 파형에 밀접하게 영향을 받는 전위를 발견하였다. 이 연구를 통하여 전기적으로 청각을 복원할 수 있으며, 청각장애를 회복시킬 수 있다는 가능성이 제시되었다. 그리고 1957년 André Djourno와 Charles Eyriès는 인간의 청각기관에 최초로 전기 자극을 직접적으로 제공하는 연구를 수행하게 된다.

3) 인공와우 개발

인공와우 시술을 하더라도 내이의 유모세포 기능 회복은 불가능하다는 점에서 일반화에 어려움을 겪었으나, 1956년 인공보철물의 개발은 인공와우 개발의 새로운 지평을 열어 주었다. 그리고 1961년 달팽이관의 전극을 자극하는 인공와우 이식이 시작되었다.

1961년 로스앤젤레스에서 이비인후과 의사인 House와 신경외과 의사인 Doyle은 최초로 인공와우 시술을 수행하였다. 이때 삽입한 인공와우는 5개의 전극 배열로 구성된 단일 와이어로 제작되었다. 이를 계기로 House는 인공와우의 아버지로 불리게 되었다. 1966년 Simmons는 청각장애인 자원봉사자에게 단일 와이어 전극을 이식하기도 하였다.

인공와우 기술은 1970년에서 1990년대를 통하여 도약적인 발전을 거듭하게 된다. 인공와우 시술을 희망하는 사람들이 늘어나게 되고, 인공와우 기계 또한 채널이 추가되는 연구를 진행하게 된다. 1984년 성인의 인공와우 시술에 대한 미국 식품의약청(Food and Drug Administration: FDA)의 승인을 얻게 되었고, 1985년에 인공와우의 임상적 타당성 확립과 상용화가 확정되었다(Niparko, 2009).

4) 인공와우 개발의 과제

(1) 최소가청역치의 한계

인공와우 기기의 발전과 수십 년의 인공와우 시술 역사에도 불구하고 인공와우 시술은 여전히 약 30~40dB의 청력손실은 감수해야 한다.

달팽이관에서 음성을 완벽하게 인지하기 위해서는 장소론과 연사론이라는 음성신호처리방식이 동시에 요구된다. 초기의 인공와우 개발연구는 연사론을 활용하여 진행되었으나 기술적 결함으로 인한 한계에 봉착하였고, 오늘날 인공와우 기기 개발에는 장소론만이 적용되고 있다.

인공와우 기기는 크게 체외부와 체내부로 구분되며, 체내부 중 전극이 배열된 와이어가 달팽이관에 이식된다. 와이어에 배열된 전극의 채널(장소)에 따라 인식 가능한 주파수 대역이 달라진다.

인간의 달팽이관은 유모세포의 형태와 탄력성에 따라 인지하는 주파수 대역이 달라지는 장소론과 주파수의 에너지에 따라 유모세포 진동의 스케일이 달라지는 연사론이 동시에 작용하지만, 오늘날 장소론만 적용된 인공와우 기기는 음성신호처리방식의 한계로 최소가청역치가 0dB에 도달하지 못한다.

미래에 인공와우 기기의 신호 처리 방식에 장소론과 연사론이 동시에 적용된다면 0dB의 최소가청역치를 기대할 수 있을 것이다. 또한 인공와우를 대체할 수 있는, 즉 달팽이관에서 손상된 청신경 유모세포 및 청신경 기능을 대체할 수 있는 줄기세포가 개발될 수 있기를 기대한다.

한편, 인공와우 시술이 성공적으로 이루어졌다고 하더라도 음성언어를 듣고 말하기에 한계가 있는 경우가 30% 정도의 확률로 발생된다. 시술이 성공적으로 수행되었음에도 이와 같은 현상이 발생하는 이유를 현재로서는 알 수가 없다. 인공와우 시술 후의 음성언어 발달을 예측할 수 있는 진단평가 기술이 개발되어야 할 것이다.

(2) 저주파수 잔존청력의 활용

초기에는 저주파수 청력이 살아 있는 경우 인공와우 시술에 어려움이 있었다. 저주파수의 잔존청력까지도 손상을 줄 수 있기 때문이다. 그러나 오늘날 인공와우 시술에서는 저주파수 영역의 유모세포를 손상하지 않고 인공와우 작동이 가능한 장치가 개발되기도 하였다.

(3) 전자제품의 관리

인공와우는 다른 전자제품과 유사하게 자석의 자기장 영향을 받을 수 있다. 특히 MRI 등과 같은 자기공명장치에 노출되면 기기 손상이 우려된다. 최근에는 MRI 촬영이 가능한 인공와우 기기가 개발되기는 하였지만, 여전히 주의를 요하고 있다.

(4) 인공와우 재이식

인공와우 시술자의 약 4.2% 정도는 재이식을 받아야 한다. 한국의 경우 1990년부터 2007년까지 인공와우를 시술한 720명 중에서 30명(4.2%)이 재이식을 받았다(Kim, Kim, Suh, Oh, & Chang, 2008). 외국의 경우도 시술자의 약 4%가 재이식을 필요로 했다고 보고하고 있다. 재이식에 대한 불안감을 완전하게 해소할 수 있도록 노력해야 할 것이다(O'Neill & Tolley, 2020).

(5) 인공와우의 장점 및 문제점

① 인공와우 착용의 장점
- 음성언어를 전혀 이해할 수 없었던 수준에서 거의 정상적인 청각기능을 보장받는다.
- 인공와우 시술 즉시 착용 효과가 나타나는 경우도 있지만 최소 3개월 정도의 보정 기간이 필요하다. 그리고 사용자의 만족도는 계속해서 향상될 수 있다.
- 성인에 비하여 나이가 어린 아동의 인공와우 착용 효과는 완만한 속도로 향상될 수 있다. 특히 아동은 새로운 소리에 대한 경험을 청각적으로 인지할 수 있도록 청지각 단계별 재활 프로그램이 요구된다.
- 일상의 사물음을 이해하는 데 어려움이 없다.
- 필요에 따라 인공와우 작동을 끌 수도 있다.
- 화자의 입술을 읽는 데 도움이 된다.
- 음성언어를 이용한 통화가 가능하지만, 때로는 만족하지 못하는 예도 있다.

- 화자의 얼굴을 보면서 대화를 나누기가 쉽다. 시각적 단서가 없는 라디오 청취가 TV 시청보다 어려운 경우가 많다.
- 인공와우 착용은 음악 감상에 도움을 줄 수 있다.
- 단일 또는 두 개의 인공와우를 착용할 수 있다.

② 인공와우 시술의 문제점

- 시술을 위한 전신 마취에는 마취 가스 또는 주사 약물을 사용한다. 개인의 건강에 따라서 마취의 위험에 노출될 수 있다.
- 인공와우 시술 중에 안면 신경에 영향을 미칠 수 있다. 안면 신경의 일시적 또는 영구적 마비가 나타날 수 있다.
- 드물기는 하지만 개인의 내이 구조에 따라서 뇌 표면의 내벽 감염, 수막염, 뇌척수액 또는 림프액 누출 등의 위험에 노출될 수 있다.
- 시술 부위의 피부 상처 감염, 현기증, 이명, 미각장애, 귀 주위의 감각 상실, 예측하지 못한 합병증 등의 위험에 노출될 수 있다.

③ 인공와우 사용에 따른 문제점

- 인공와우에서 방사하는 자극은 정상적인 청력에서 인지하는 소리와 차이가 있다. 인공와우에서 방사하는 음을 듣는 사람은 기계음 또는 디지털의 합성음이라고 한다. 인공와우에 적응하면서 이와 같은 인공적인 음질은 느끼지 못한다.
- 달팽이관에 전극 삽입으로 청신경 유모세포가 손상되면서 저주파수의 음을 예전에 비하여 잘 듣지 못하는 일도 있다.
- 인공와우는 전류를 이용하여 신경을 자극하는 장치이다. 장기간 전류에 의한 신경 손상과 관련한 영향은 알려지지 않았다.
- 인공와우 시술이 성공적으로 실행되어도 시술 후의 음성언어의 이해에 대한 예측은 불가능하다.
- 매우 드문 합병증이기는 하지만, 인공와우 시술 후 감염이 발생하였을 때 일시적 또는 영구적으로 기기를 제거할 수 있다.
- 인공와우 기기의 장애가 나타날 수 있다. 추가 시술이 필요하며 시술의 위험에 다

시 노출될 수 있다.
- 새로운 인공와우 제품이 개발되면, 호환이 가능할 수도 있지만, 업그레이드가 불가할 경우는 새로운 제품으로 교체해야 한다.
- 과거와는 달리 충전식 건전지를 사용한다.
- 격렬한 운동경기, 자동차 사고, 낙상 또는 넘어짐, 충격 등으로 인공와우가 손상될 수 있다. 이런 경우에 처음의 시술에 비하여 나쁜 결과가 나타날 수 있다.
- 개인의 부주의에 의한 액세서리 부품 교체는 건강보험 혜택이 없다. 비싼 비용을 지급할 수도 있다.
- 인공와우는 전자제품이므로 금속 탐지기, 보안 시스템, 휴대전화 또는 무선 송신기, 항공기의 이착륙 등에 영향을 미칠 수 있다.
- 정전기에 주의해야 한다. 정전기는 인공와우를 일시적 또는 영구적으로 손상할 수 있다. 어린이 플라스틱 놀이기구, TV 화면, 컴퓨터 모니터 또는 합성 섬유와 같은 징진기 빌생 물 힘괴 접촉하기 전에 어음처리기와 송신기를 제거하는 것이 좋다.
- 인공와우는 주파수에 따라서 지원이 가능한 영역을 설정하고 있다. 인공와우 착용자의 음향환경에 따라서 조정이 가능하다.
- 체외부의 부품은 습기에 주의해야 한다. 목욕, 샤워, 수영 또는 수상 스포츠를 즐길 때 체외부 부품은 미리 제거해야 한다.

2. 인공와우 개발 회사

인공와우 기기를 개발하고 있는 회사는 다음과 같이 정리된다. 한국에 가장 잘 알려진 회사로는 호주의 Cochlear사가 있으나, 최근에는 MED-EL과 Oticon Medical 등이 지분을 나누고 있다. 인공와우 기기를 개발하고 생산하는 회사를 정리해 보면 〈표 11-1〉과 같다(www.cochlear.com/Kanso/LearnMore).

〈표 11-1〉 인공와우 기기 개발 회사

회사 이름	국적	비고
Cochlear	호주	1981년 설립
Advanced Bionics	미국	1993년 설립
MED-EL	오스트리아	1977년 설립
Oticon Medical	덴마크, 스웨덴, 프랑스	2007년 설립
Sophono	아일랜드	2009년 설립

Cochlear사는 1981년 이전에 인공와우 기기를 개발하였으나, 인공와우 기기를 연구하고 개발하기 위한 회사의 설립이 1981년이다.

3. 인공와우 구조

인공와우는 체외부와 체내부로 구분된다. 신체의 외부(유양돌기 피부 바깥)에 노출되는 체외부에는 마이크로폰, 어음처리기, 송신기가 있으며, 신체의 내부(유양돌기 피부 안쪽과 달팽이관)에 삽입되는 수신기와 전극이 있다. 소리의 입력에 따른 인공와우의 구조를 제시하면 [그림 11-1]과 같다.

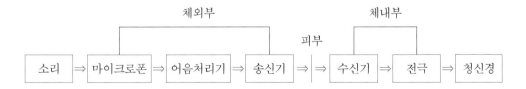

- 마이크로폰: 마이크로폰은 귀 위에 있거나 머리에 착용한 장치의 부분에 위치한다. 마이크로폰은 하나 이상이 장착되어 있다.
- 어음처리기: 어음처리기도 체외부에 해당한다. 마이크로폰에서 입력된 소리를 어음처리기로 보내면 디지털 정보(인공와우의 경우) 또는 음파(인공중이)로 변환시킨

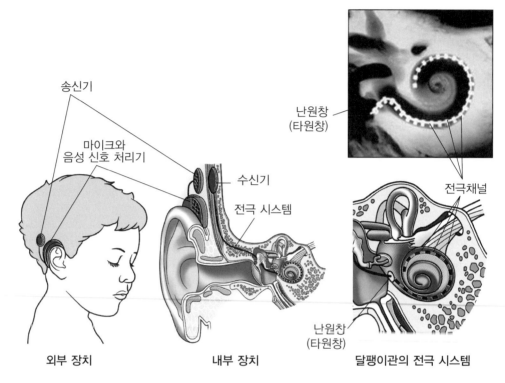

송신기

마이크와
음성 신호 처리기

수신기

전극 시스템

난원창
(타원창)

전극채널

외부 장치

내부 장치

난원창
(타원창)

달팽이관의 전극 시스템

[그림 11-1] 인공와우 구조

출처: 곽호완 외(2018), p. 386.

다. 최근에는 귀걸이형으로 보급되는 추세이다. 그러나 개인의 취향에 따라서 어음처리기를 바지 또는 상의 주머니 등에 넣는 무선의 분리형을 선호하기도 한다.

• 송신기: 어음처리기에서 보내진 정보를 수신기로 보내는 장치이다. 유양돌기 위 또는 귀 근처 피부의 체외부에 위치한다.

• 수신기: 수신기는 귀 뒤의 유양돌기가 위치한 피부 아래에 이식된다. 인공와우의 경우 디지털 정보는 어음처리기에서 송신기로, 송신기에서 수신기로 전달되어 전기신호 체제로 변환된다.

• 전극: 달팽이관에 삽입된 와이어에 전극이 배열되어 있다. 현재는 회사마다 차이는 있지만, 22쌍 또는 23쌍 채널이 보편적이다. 음성의 주파수에 해당하는 전극에 전자 충격을 제공하여 청신경을 자극한다.

2. 인공와우 개발 회사 **251**

인공와우 제품과 시술 후의 착용 모습을 제시하면 [그림 11-2]와 같다. 인공와우의 코일과 언어처리기가 일체형으로도 생산된다.

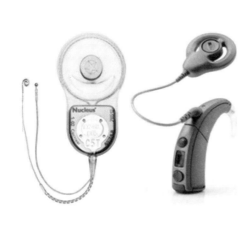
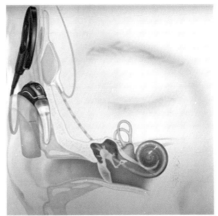

인공와우 제품	시술 후의 착용 모습

[그림 11-2] 인공와우 제품과 시술 후의 착용 모습

인공와우의 작동원리는 보청기와 다르다. 보청기는 소리를 증폭시켜 청력손실을 보상한다. 그러나 인공와우는 고도 또는 최고도(심도) 이상의 청력손실이 있는 청각장애 학생에게 효과적인 선택이다. 인공와우는 첨단 의료 기기이며 오감 중 하나인 청각적 기능을 복원시킬 수 있는 유일한 기술로 이해된다. 보청기는 소리를 증폭시킨다. 반면, 인공와우는 소리 증폭을 사용하지 않는다.

보청기의 증폭은 전음성 난청의 청취에 도움이 되지만, 70dB 이상의 감음신경성 난청의 청취에 도움을 제공하는 데 한계가 있다. 인공와우는 감음신경성 난청의 문제점을 해결하기 위한 효율적 대안이다. [그림 11-3]은 달팽이관에 삽입하는 체내부의 전극에 대한 담당 주파수의 장소를 표기하고 있다.

[그림 11-3]과 같이 전극의 앞 부근은 고주파를 담당하고 있으며, 달팽이관의 안쪽으로 갈수록 저주파수를 담당하고 있다. 달팽이관의 장소론에 기초하여 전극의 담당 주파수 대역을 설정하고 있음을 알 수 있다. [그림 11-4]는 달팽이관에 전극을 삽입한 모습을 제시하고 있다.

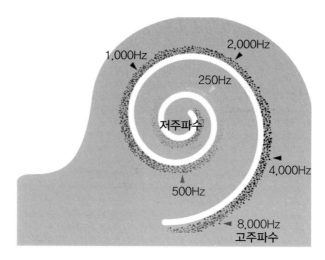

[그림 11-3] 전극의 담당 주파수 대역의 위치

[그림 11-4] 달팽이관에 삽입된 전극의 모양

달팽이관의 안쪽으로 갈수록 전극의 굵기가 가늘어지고 있다. 달팽이관의 안쪽으로
갈수록 담당하는 주파수 대역은 낮아진다.

4. 인공와우 시술 대상

인공와우 시술을 결정하기 위하여 몇 가지 고려해야 할 사안이 있다. 다음과 같은 세 가지 관점에서 인공와우 시술을 결정할 수 있다.

1) 청력손실 부위

청력손실 부위에 따라서 전음성과 감음신경성으로 분류한다. 외이 또는 중이에 청력 손실이 있는 전음성 청각장애인 경우는 인공와우 착용이 필요하지 않다. 내이, 즉 달팽이관에 문제가 있는 감음신경성 청각장애인 경우에 한정하여 인공와우 시술을 고려할 수 있다. 따라서 감음신경성이 아닌 전음성 청각장애인 경우는 보청기 착용이 요구된다. 달팽이관의 유모세포 손상으로 음성을 전기 에너지로 변환시키는 데 한계가 있는 감음신경성 청각장애가 인공와우 시술 대상으로 선정될 수 있다.

2) 보청기 착용의 한계

보청기를 착용해도 음성언어를 듣고 이해하는 데 어려움이 있는 경우에 한정하여 인공와우 시술을 고려할 수 있다. 보청기 착용 효과가 뛰어난 경우는 인공와우 시술 대상이 아니다.

3) 어음변별력의 한계

보청기를 착용하고 소리를 들을 수는 있지만, 음성언어를 이해하는 데 한계가 있는 경우에 인공와우 시술을 고려할 수 있다.

4) 보건복지부의 인공와우 시술 기준

보건복지부에서 고시한 인공와우 시술 대상의 기준(보건복지부 고시 제2018-185호)은

〈표 11-2〉와 같다.

〈**표 11-2**〉 보건복지부 인공와우 시술 대상의 기준

인공와우(Artificial Ear Cochlear Implant)는 다음의 경우에 요양급여함.	
가. 급여 대상	
1) 1세 미만	양측 심도(90dB) 이상의 난청 환자로서 최소한 3개월 이상 보청기 착용에도 청능발달의 진전이 없는 경우
2) 1세 이상 19세 미만	양측 고도(70dB) 이상의 난청환자로서 최소한 3개월 이상 보청기 착용 및 집중교육에도 청능발달의 진전이 없는 경우. 다만, 시술 후 의사소통 수단으로 인공와우를 사용하지 못할 것으로 예상되는 경우는 제외함.
3) 19세 이상	양측 고도(70dB) 이상의 난청환자로서 보청기를 착용한 상태에서 단음절에 대한 어음변별력이 50% 이하 또는 문장언어평가가 50% 미만인 경우, 다만, 시술 후 의사소통 수단으로 인공와우를 사용하지 못할 것으로 예상되는 경우는 제외함.

4) 상기 1), 2), 3)의 난청환자 중 뇌막염의 합병증 등으로 시급히 시행하지 않으면 수술시기를 놓치게 될 경우는 예외적으로 시행할 수 있음.

5) 아래의 대상자 중 양이청(Binaural Hearing)이 반드시 필요한 경우 상기 1), 2), 3), 4) 각 해당 조건에 만족 시 반대 측 또는 양측 인공와우를 요양급여함.
다만, 아래의 가), 나)의 경우 순음청력검사 및 단음절어에 대한 어음변별력, 문장언어 평가 결과는 인공와우를 착용하지 않은 상태에서 실시한 결과를 적용함.

가) 요양급여적용일(2005.1.15.) 이전 편측 인공와우 이식자
나) 19세 미만의 편측 인공와우 이식자
다) 19세 미만의 양측 동시 이식 대상자

나. 급여 개수

1) 인공와우는 1set(내부장치, 외부장치)에 한하여 요양급여하되, 분실, 수리가 불가능한 파손 등으로 교체 시 외부장치 1개를 추가 요양급여함.

2) 상기 가, 5)의 19세 미만에서 양측 인공와우 시술이 필요한 경우는 2set(내부장치, 외부장치)를 요양급여하되, 이후 분실, 수리가 불가능한 파손 등으로 교체 시 외부 정치 2개 이내에서 추가 요양급여함.

2. 상기 1.의 급여 대상 및 개수를 초과하여 사용한 치료재료 비용은 「선별급여 지정 및 실시 등에 관한 기준」에 따라 본인 부담률을 80%로 적용함.

보건복지부 고시 제2009-180호에서는 인공와우 이식수술에 대한 보험 요양급여 기준을 만 15세 미만에 한정하였다. 2017년 2월 1일부터 '요양급여적용방법 및 세부사항 고시' 개정안에서 인공와우 시술의 보험 요양급여 기준을 만 15세 미만에서 만 19세 미만으로 연령을 확대 적용하였다. 보건복지부에서는 2018년 11월에 기준을 변경하여 고시하였다. 2017년과 2018년의 변경 내용은 다음의 〈표 11-3〉과 같이 정리된다.

〈표 11-3〉 인공와우 건강보험 급여 기준의 변경 비교

개정 전	개정 후
2세 미만의 양측 90dB 이상에 한정	1세 미만의 90dB, 1세 이상에서 2세 미만의 70dB로 완화
외부장치 교체 시 만 19세 미만의 편측시술자에 대한 1개 보험 적용	양측 시술한 19세 미만의 환자에게 2개까지 보험 적용

5. 인공와우 시술 및 관리

인공와우는 장소론에 기초하여 신호처리가 가능하다. 보청기와 유사한 방식으로 신호를 처리하고 있지만, 체내에 삽입되는 전극이 있다는 점이 차별적이다. 다음은 시술 및 관리 방법 등에 대하여 설명하고자 한다.

1) 시술

인공와우 시술 시간은 약 1~2시간 정도 소요된다. 수신기 및 전극을 삽입하기 위해 귀 뒤의 피부를 절개한다. 개인차에 따라 시술 당일 귀가가 가능한 경우도 있으며, 며칠 입원하여 경과를 지켜보는 경우도 있다.

2) 회복

시술 이후의 회복은 절개 부위의 접합과 관련된다. 몇 주 정도의 시일이 요구된다. 이 기간에는 체외부의 어음처리기와 체내부의 수신기를 연결하지 않는다. 시술 후에 현기증을 호소하는 경우도 있는데, 와우각 림프액의 변동으로 일어나는 현상이며 시간의 경과로 해소된다.

3) 활성화

시술 2~4주 후에 인공와우를 작동시키고 활성화하여 처음으로 소리를 듣게 된다. 어음처리기의 음성에 대한 반응 방식과 전극의 자극 수준을 조정한다.

4) 시술 후 관리

(1) 기기 조정

시술 후에 조정된 인공와우 기기의 작동 등을 계속해서 관찰하고 어음처리기 및 인공와우 전극의 자극 수준을 계속해서 조정한다. 지속적으로 모니터링하는 것이 좋으며, 인공와우의 정상적인 작동을 위하여 최대 6개월 정도 청각 전문가의 도움이 요구된다.

(2) 인공와우 적응

인공와우 전극에서 제공한 전기신호를 뇌에서 소리로 처리하고 인지하는 방법을 학습해야 한다. 인공와우 착용에 대한 청각재활이 요구된다. 음성언어의 수용과 표현에 대한 경험이 많은 성인의 경우는 인공와우 시술 후에 적응이 빠르지만, 소리에 대한 경험이 부족할수록 뇌에서 소리를 인지하기 위한 청각재활이 필요하다.

나이가 어릴수록 인공와우 착용효과는 높다. 어릴수록 음성언어 정보처리 방식에 대한 뇌의 적응력과 학습 속도가 빠르다. 그렇지만 부모는 자녀가 청력을 최대한 활용할 수 있도록 정기적인 인공와우 조정 및 청각재활을 위하여 수년간의 노력과 지원이 필요하다.

(3) 기타

두 귀의 청력손실이 인공와우 착용을 요구하면, 두 개의 인공와우 시술이 필요하겠지만, 경제적 이유 등으로 불가한 경우는 다른 한쪽 귀는 보청기 착용을 권장한다.

6. 인공와우 매핑

인공와우는 100Hz에서 8,000Hz의 주파수 범위에 반응하도록 설계되어 있다. 개인의 특성에 따라서 입력되는 음성에 적절하게 반응하도록 인공와우 기기를 프로그래밍하는 과정을 매핑(mapping)이라고 한다.

1) 어음처리기의 신호처리 방식

어음처리기는 아날로그 신호를 디지털로 변환하여 주파수를 전극에 전달하는 장소와 시간을 결정하는 역할을 담당한다. 장소는 대표적 성격을 가지는 주파수를 단일화하여 전극의 특정 배열에 전달하기 위한 절차이고, 시간은 시기부호(time code)로 명명되는데, 배열에 전달할 신호의 시간을 결정하는 과정이다. 음성은 단일 주파수가 아니다. 음성주파수의 F1과 F2 등을 스펙트럼으로 나타낼 때, 전극 배열의 활성화(장소) 및 자극 속도(시기부호)를 결정해야 한다. 인공와우 개발 회사에서는 어음처리기가 작동하는 공식을 제각기 다른 용어로 사용하고 있으며, 신호의 전달 방식 또한 다른 용량과 방식을 적용하고 있다. 그러나 다른 용어로 사용하고 있다고 하더라도 작동원리는 동일하다. 가청인이 인지할 수 있는 음성신호와 동일하게 인공와우에서 작동되도록 알고리즘과 프로그램을 적용하고 있다.

주파수, 즉 스펙트럼에 기초한 신호처리 방식은 크게 Feature extraction strategies, Analog strategies, CIS strategies, N-of-M strategies 등이 있다. 오늘날 인공와우 어음처리기의 신호처리 방식은 CIS와 N-of-M strategies를 사용하고 있다.

Feature extraction strategies에서는 F0/F2, F0/F1/F2, MPEAK 등을 사용하고 있으며, Analog strategies에서는 compressed analog strategy(CA)와 simultaneous analog straty(SAS) 등을 사용한다. CIS strategies에서는 많아진 채널에 용이하도록 전극에 따라 순차적인 자극을 빠른 속도로 제공할 수 있는데, CIS, HiResolution, Fidelity120, FineHearing 등의 방식을 적용하고 있다. N-of-M strategies는 1994년에 개발한 Nucleus-22에서 사용하고 있는데, SPEAK, ACE, N-of-M 등의 방식을 적용하고 있다.

2) 프로그래밍

인공와우의 착용효과를 극대화하기 위해서는 프로그래밍이라는 매핑 과정이 중요하다. 초기 자극 제공 및 정기적인 검사와 프로그래밍 제공을 통하여 인공와우 사용의 안정화를 보장받을 수 있다.

매핑을 위한 프로그래밍에서 결정하는 주요 파라미터는 T-수준(T-level)이라는 최소가청역치(threshold)를 찾는 것이다. 또한 C-수준(C-level) 또는 M-수준(M-level)이라는 쾌적역치(comfortable threshold)를 찾아야 한다. 소리를 들은 경험이 있는 아동은 T-수준과 C-수준을 찾는 데 큰 어려움이 없지만, 인공와우를 착용하고 처음으로 소리를 듣게 되는 많은 청각장애아동을 위한 두 수준의 역치를 찾는다는 것은 쉬운 일이 아니다.

또한 매핑 초기에 제공한 두 역치가 지속되는 것이 아니라, 계속해서 변화를 제공해야 한다. 매핑은 2주에 한 번씩, 총 6회를 받는다. 이후에는 한 달에 한 번, 2~3달에 한 번 그리고 인공와우 착용 1년차 이후에는 6개월에 한 번으로 프로그래밍이 진행된다. 인공와우 3년차 이후에는 1년에 한 번씩 역치를 확인하고 조정한다. 인공와우를 착용한 아동은 초기 매핑 과정에서 다음과 같은 반응을 보이기도 한다.

- 너무 소리가 작다고 불만을 표현한다.
- 음소가 누락되어 음이 왜곡되게 들린다고 한다.
- 소음으로 소리를 인지하는 데 어려움이 있다고 한다.
- 소리를 듣고 발성을 하게 될 때 발성의 명료도가 이전의 수준으로 떨어진다.

이와 같은 반응에 따라서 매핑의 프로그래밍이 달라질 수 있다. 그러나 매핑을 할 때 컴퓨터에 나타나는 수치에 의존하기보다 아동의 연령에 따라서 행동특성과 발성 등을 관찰하면서 적용하는 것이 바람직하다.

매핑은 인공와우를 착용하고 부드럽고 편안하게 큰 소리를 인지할 수 있는 데 필요한 전기 자극의 한계를 결정하는 과정이다. 청각적으로 고통역치는 약 125dB이며, 쾌적역치는 40~60dB이다. 그러나 수신기의 전류 범위는 6~15dB에 불과하다. 따라서 인공와우에서 처리해야 하는 125dB의 범위를 6~15dB의 전기 에너지로 압축해야 한다. 인공와우 매핑 과정에서 컴퓨터에서 볼 수 있는 화면은 [그림 11-5]와 같다.

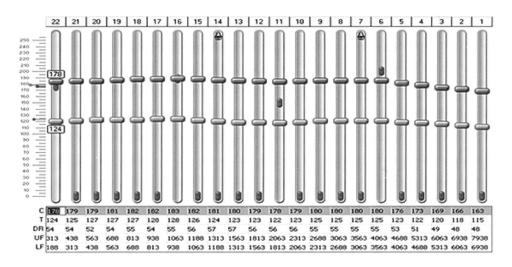

[그림 11-5] 매핑 화면

상단에 표시된 수준은 쾌적역치이며, 하단에 표시된 수준은 매핑을 통해 찾는 최소역치이다. 음압을 증가시키면서 각 전극에서 나타나는 C-level과 T-level의 변화를 점검한다. 피검사자는 음압의 증가에 따라서 귀에 입력되는 소리의 크기가 달라짐을 느낄 수 있다.

인공와우 착용 아동이 매핑에서 최소역치에 도달하면 소리를 인지하게 된다. 이때 손을 드는 훈련이 필요하다. 3세 미만의 유아는 VRA(Visual Response Audiometry) 방법을 적용한다. 먼저 소리에 따라 움직이는 장난감을 보는 훈련이 요구된다. 다음에 소리를 감지할 수 있는 가장 낮은 수준까지 자극을 감소시킨다. 3세에서 6세 사이의 아동에게는 play audiometry를 사용한다. 아동은 손에 블록이나 다른 장난감을 가지고 있다가, 인공와우를 통하여 소리를 인지할 때 블록이나 장난감을 탁자에 놓도록 훈련한다.

C-level 결정은 연령에 따라서 다양한 방법을 적용할 수 있다. 초등학교 학생부터는 음량을 1에서 10까지의 값을 주고, 구두로 응답하는 방법을 사용할 수 있다. 그러나 5세 미만의 아동에게는 객관적인 검사를 통하여 C-level을 결정한다. 신경반응 또는 뇌파분석 등을 통하여 C-level을 결정할 수 있다.

□ 확인학습

1. 인공와우의 구조에 대하여 안다.
2. 인공와우의 주파수 분포에 대하여 설명할 수 있다.
3. 매핑의 의미에 대하여 안다.
4. 인공와우 프로그램의 C-level과 T-level의 의미를 설명할 수 있다.

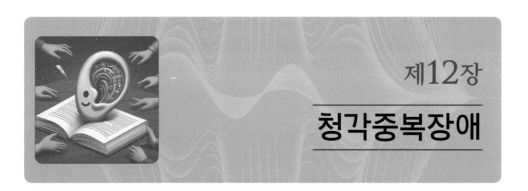

제12장

청각중복장애

중복장애는 두 가지 이상의 장애가 수반되기 때문에 세심한 교육적 지원이 요구된다. 청각중복장애학생의 특수교육적 지원은 청각장애 또는 지적장애 등과 같은 특정장애 유형에 한정해서는 안 된다. 청각중복장애는 청각장애와 다른 부가장애가 추가되므로 청각장애학생만을 위한 특수교육적 지원으로는 교육의 효율성을 보장하기 어렵다. 최근에는 청각장애학교에 입학하는 청각중복장애학생의 비율이 증가하고 있다. 이 장에서는 청각장애-시각장애, 청각장애-지적장애, 청각장애-자폐성장애 등의 청각중복장애학생을 위한 장애 유형별 분류와 지원보다는 개인 중심의 교수학습 지원에 초점을 두고 서술하고자 한다.

1. 개요

청각중복장애의 원인은 원인불명이 차지하는 비율이 가장 높다. 청각중복장애의 원인은 유전성 증후군(예: Usher, CHARGE, Goldenhar 및 다운증후군), 산모 감염(예: 선천성 풍진, 거대 세포 바이러스, 톡소플라스마증), 미숙아, 수막염, 산소 결핍 및 외상 등이 포함된다. 청각장애와 함께 지적장애, 발달장애, 자폐스펙트럼장애, 특정학습장애, 주의력

결핍장애, 주의력결핍과잉행동장애(ADHD), 정형외과적 장애, 정서행동장애, 말하기 및 언어장애, 외상성 뇌 손상, 건강장애, 저시력, 실명 등이 동반된다(Nelson & Bruce, 2019).

참고로 Usher 증후군은 시각과 청각의 중복장애 발생이 높은 유전적 질환이며, CHARGE 증후군은 태아에서 발생한 기형으로 여러 장기에 나타나는 희귀병이다. CHARGE는 여러 증상의 첫 글자를 의미한다. Goldenhar 증후군은 1952년 Goldenhar 에 의해 명명된 유전성 질환으로 척수, 눈과 귀의 이상이 나타나고 외이도가 없거나 왜소한 특징이 있다.

- C: Coloboma and cranial nerve abnormalities–defects of the eyeball(안조직 결손과 뇌 신경 이상-안구 결함)
- H: Heart defects(심장 결함)
- A: Atresia of the choanae(후비공 폐쇄)
- R: Retardation of growth and development(성장 및 발달 지연)
- G: Genital and urinary abnormalities(비뇨생식기 이상)
- E: Ear abnormalities and hearing loss(귀 이상과 난청)

청각중복장애는 나열된 장애 중 하나 또는 여러 개가 포함될 수 있으며 각 장애의 증상과 정도는 다양하다. 그러나 장애는 각각 청각장애와 상호작용하여 의사소통, 인지, 사회적 발달, 행동 및 신체 발달에 부정적 영향을 미치기 때문에 청각중복장애는 청각장애와 부가장애의 덧셈이 아니라 곱셈이라는 점에 유의해야 한다(Nelson & Bruce, 2019).

청각중복장애학생 중에는 평생 전반적 지원이 필요한 경우도 있다. 지원의 강도를 결정하고 교육적 지원을 계획하는 방안도 고려되어야 하는 내용이다. 지적장애의 지원 정도와 유사한 시각에서 경도의 청각중복장애학생은 간헐적 지원으로 교육을 수행할 수 있을 것이다. 청각중복장애학생을 위한 주요 생활 활동(major life activities) 영역은 다음과 같으며, 특수교사는 수행 능력 또는 정도를 진단·평가하고 개별화교육계획에 적용할 수 있어야 한다(Agostine, Erickson, & D'Ardenne, 2022).

> 신변처리능력, 수작업 수행 정도, 듣기, 먹기, 자기, 걷기, 서기, 들기, 굽히기,
> 말하기, 의사소통, 호흡, 학습, 독서, 집중력, 작업능력

청각중복장애학생의 장애 유형을 알아보기 위하여 최성규(1997)는 전국의 청각장애학교에 재학하고 있는 학생 중에서 중복장애의 장애 유형을 조사하였다. 6년 후 중복장애로 보고된 동일한 학생의 중복장애 유무를 확인하였다. 특히 청각장애-지적장애 또는 청각장애-자폐성장애로 보고된 청각장애학생의 숫자가 급감하였다. 초등학교에 재학 중인 청각장애학생의 중복장애 유무에 대한 진단 · 평가가 6년이라는 시간의 경과에 따라서 달라질 수 있다는 점은 다양한 시사점을 제안하고 있다. 반면, 청각장애-시각장애 또는 청각장애-지체장애 학생의 숫자에는 변함이 없었다. 청각장애학생 중에는 유치원 또는 초등학교 과정에서 의사소통의 어려움이 중복장애의 오해 요인으로 작용할 수 있다.

2. 청각중복장애학생의 이해

1) 언어발달

청각중복장애만이 아니라, 중복장애로 진단 · 평가된 모든 학생은 세상과 상호작용하는 방식과 의사소통에서 다양성을 보이며, 자신이 경험한 신체적, 감각적, 인지적 방식 등에서 독특한 특성을 가진다(Agostine et al., 2022). 그러나 특성의 다양성을 살펴보면, 지원 방법에서 공통점을 찾을 수 있다. 광범위한 영역에서 집중적인 개별화교육계획, 생태학 환경 중심의 재구성된 프로그램, 생활 중심의 기술 획득 지원 등의 요구가 공통점이다(Taub et al., 2017).

청각중복장애학생의 의사소통 방법은 매우 다양하다. 청각중복장애학생의 특성에 한정하지 않고, 모든 중복장애학생의 특성이라는 공통점으로 접근해 보면, 다음과 같은 세 단계의 의사소통 수준으로 구분된다(Burnes & Clark, 2021).

- 상징(symbol) 이전 수준: 7~10%의 중복장애학생은 몸짓, 발성, 얼굴 표정, 목적을 위한 신체 언어 등을 사용한다.
- 상징 발생 수준: 18~31%의 중복장애학생은 제한된 목적을 위한 단일 단어, 수어, 또는 상징 기호 등이 관찰된다.
- 상징 수준: 61~69%의 중복장애학생은 두 개 이상의 단어, 수어, 또는 상징 기호의 결합 등이 나타난다.

상징 이전 수준과 상징 발생 수준의 25~41%, 그리고 상징 수준에 있는 중복장애학생 중에서 AAC를 사용하는 8~10%는 복합적인 의사소통 기술을 보인다. 중복장애학생이 상징적 수준에 해당할 때, 복합적 의미의 의사소통 요구를 표현할 수 있다.

의사소통 능력은 유아기부터 발달한다. 청각중복장애학생의 유아기 경험은 세상과 소통하고 사물과 상호작용하는 방식 및 조작적 특성에서 차별성을 보인다. 가청유아는 신체 및 인지발달을 통해 공간 감각을 익히고 조작 방식을 달리하는 새로운 경험의 동화로 활용하지만, 청각중복장애유아는 제한적 경험과 차별적 특성으로 조작적 발달 단계가 지체된다.

2) 놀이발달

놀이는 신체적 활동 이상의 의미를 가진다. 유아의 놀이는 즐거움을 경험하고, 정서적 발달에도 긍정적 영향을 제공하여 자발적 행동을 강화하는 촉매이기도 하다. 놀이는 동기부여로 작용하면서 흥미에 대한 의미를 알게 되며, 학습동기로 연계시키는 역할도 담당한다. 놀이에서 습득한 동기부여는 교수학습에서 강조되는 동기부여의 중요성을 대변한다. 또한 유아의 놀이는 사회성 학습에 영향을 미치는 활동이다. 특히 사회화 과정의 소통과 규칙을 인지하는 계기로 작용한다. 그러나 청각중복장애학생의 감각 및 운동 장애는 놀이 기회의 제한과 사회화에 부정적인 결과의 원인으로 작용한다.

유아의 인지발달은 경험과 관련된다. 과거 경험은 현재 경험을 구체화하고 의미를 제공하는 정보이다. 혼자 놀이와 집단 놀이의 의미를 경험하면서 성장을 위한 도구로 활용된다. 유아의 경험은 학령기에도 영향을 미치는 연계성이 강조되지만, 청각중복장애학생의 유아기 경험이 학령기에 영향을 제공하는 신체발달과 인지발달에 대한 연구는 매우 제한적이다(Di Paolo & De Jaegher, 2012).

3) 대근육 발달

청각장애학생은 시각적으로 볼 수 있으며, 대근육과 소근육 발달에 어려움이 없다. 그러나 청각중복장애학생에게 수반되는 시각장애, 발달장애, 지체장애 등의 부가장애는 감각기관을 통한 정보처리의 제한과 의미망 구성의 한계로 발달의 계속성과 연속성의 제한으로 연계된다.

감각기관의 한계는 대근육 운동이 필요로 하는 환경의 탐색 기회 또한 제한한다. 시공간과 인지가 요구되는 사물의 이해를 필요로 하는 대근육 운동의 감각운동 경험을 제한한다. 의자를 옮기는 것이 단순히 물리적 이동만을 의미하지 않는다. 소근육 발달을 촉진하는 작업이며, 공간적 감각과 무게 등을 인지하는 경험이기도 하다. 유아의 경험은 학습을 주도하는 인지를 견인하는 주체라는 점에서 대근육 운동의 제한은 소근육 운동과 인지발달의 지체를 누적시키는 원인이 되기도 한다. 또한 작업에 대한 성취감도 있으며, 혼자가 아닌 공동으로 수행한 일에 대한 참여의 의미 또한 중요 경험으로 작용하게 된다. 가청유아와 청각중복장애유아의 경험은 지면으로는 설명할 수 없는 다양한 차원에서 차별적이다. 청각중복장애학생을 위한 특수교육적 지원과 개별화교육계획은 다양성 그 자체임을 알 수 있다. 청각장애로 인한 청각적 정보수집의 한계와 세상을 인식하는 경험의 창이 지체되는 특성이 혼재되어 있다.

3. 교수학습 방법

청각중복장애학생을 지도하는 특수교사에게 주어진 심각한 문제는 국가 수준 교육과정 지침의 부재다. 교육과정의 재구성을 위한 특수교사의 노력만이 강조되는 실정이다. 그렇지만 교실에서 교사를 기다리는 학생에게 유용하고 설득력 있는 수업을 제공할 수 있는 전문성 함양을 위하여 특수교사의 진취적인 자세가 요구된다.

1) 청각중복장애학생의 특성

특수교사들은 청각중복장애학생의 중복장애 자체를 교육과정의 설계와 중재를 힘들게 하는 결정적 이유로 인식할 수 있다. 청각중복장애학생의 교육과정은 장애 정도, 지능지수, 수행 능력 등과 같은 요인에 의해 결정되는 것이 아니다. 교육과정의 계획과 운영에서 장애에 대한 특성이 먼저 고려되면 안 된다. 장애를 중심으로 교육과정을 운영하면 또 다른 논리적 문제를 발생시키는 결과의 원인이 된다. 다음에서는 Jones, Jones 그리고 Ewing(2006)이 제안한 내용을 인용하면서 설명하고자 한다.

(1) 다양성

청각중복장애학생을 위한 교육과정은 청각장애학생의 교육과정을 기준으로 다른 부가장애를 위한 교육과정을 통합하는 것이 아니다. 청각지적장애학생을 위한 교육과정은 공통교육과정에 기본교육과정을 합하는 것이 아니다. 또는 기본교육과정으로 하향평준화해서 적용시키는 것이 아니다. 장애의 중복을 각 장애의 특성을 합하는 것으로 인식하면 안 된다. 청각중복장애학생의 교육적 특성, 즉 다양성을 수용하는 자세가 요구된다.

(2) 이질성

특수교육은 학생의 장애 유형 및 장애 정도, 학습 특성, 가족지원 체계 등을 고려하여 인적·물적 자원을 지원해야 한다. 청각중복장애학생은 장애 유형 및 장애 정도, 학습 특성, 가족지원 체계 등을 고려하여 지원되는 이질적 집단이다. 동질성이 아닌, 이질성이라는 용어에 관심을 가져야 한다. 청각장애학생의 동질성이 아닌, 이질성에 초점을 둔 교육적 지원이 요구되는 학습자라는 인식을 가져야 한다.

(3) 출현율

청각장애학생의 출현율은 2023년 기준 1,000명당 26명 내외이다. 청각중복장애학생의 정확한 출현율은 통계적으로 제시하기에 한계가 있지만, 2010년 미국의 보고에 의하면 고도 이상의 감음신경성 청각장애학생 중에서 48%가 중복장애가 있다고 하였다

(Chilosi et al., 2010). 우리나라는 청각장애학생의 32%가 청각중복장애학생으로 보고하였다(국립특수교육원, 2020, p.163). 청각중복장애의 유형은 청각학습장애(28%), 청각지적장애(25%), 기타(23%), 청각지체장애(8%), 청각자폐범주성장애(7.3%), 청각발달지체(3%), 청각시각장애(2%), 청각정서행동장애(2%), 청각건강장애(1%) 순으로 나타났다. 그러나 출현율의 통계적 수치가 교육적 가치를 결정하는 자료는 아니다. 청각중복장애학생의 교육과정, 교수학습 자료 등의 제한적 개발 및 지원은 낮은 출현율과 무관하지 않을 것이다. 특수교육의 가치가 출현율이라는 통계에 의해 결정되어서는 안 된다.

(4) 진단 · 평가의 지체

중복장애는 진단 · 평가 지체의 원인이 된다. 부모와 전문가는 중복장애 여부 또는 정확한 결정을 위하여 진단 · 평가를 연기하는 경향이 있다. 진단 · 평가의 지체는 상대적 정확성을 보장할 수 있지만, 조기 중재의 결정적 시기를 놓치는 요인으로 작용한다. 조기 중재의 지체는 발달지체를 가중시켜서 청각중복장애학생의 교육적 지원을 어렵게 만드는 요인이 된다. 진단 · 평가의 연기가 제공한 장점과 함께 조기 중재 기회가 제한된다는 문제점도 함께 동반됨을 알아야 한다.

(5) 학습 기회의 상실

조기 중재의 지연은 다양한 놀이 및 환경과의 상호작용 기회 제공을 어렵게 만드는 원인으로 작용한다. 또한 심각한 학습 결손과 교수학습의 어려움을 가중시키는 요인이기도 하다. 교사는 청각중복장애학생의 교수학습에서 조기 중재 시점, 제공한 프로그램 수준 등을 고려하여 개별화교육계획을 수립해야 한다.

2) 교사의 신념

신념은 임의의 사상이나 생각에 대한 굳은 믿음과 그것을 실현하기 위한 의지로 설명된다. 교사의 신념은 가치관, 동기, 자아효능감과 관련되는 정신 구조이다. 청각중복장애학생 교육을 지원하기 위한 특수교사의 신념은 다음과 같은 명제를 내면화할 수 있어야 한다(최성규 외, 2012; 한국청각언어장애교육학회, 2016; Jones et al., 2006).

(1) 모든 학습자는 학습한다

청각중복장애학생을 지도한 경험에 기초한 평범한 주장임에도 불구하고, 청각중복장애학생을 지도하는 교사는 이를 쉽게 믿지 않는다. 청각중복장애학생도 학습할 수 있고, 수행 능력 또한 기대할 수 있다. 교사의 신념은 교수학습 환경의 구성과 직결된다. '모든 학습자는 학습한다'는 교사의 신념은 교육과정과 교수학습 설계, 수업진행에 대한 예상 등에서 결정된 내용보다 청각중복장애학생과 함께 모든 수행과정을 구동시킨다. 교과 및 비교과 수업에서도 동일한 기대효과를 가질 수 있다.

(2) 청각중복장애학생은 고유한 특성을 가진다

이질성과 낮은 출현율은 고유한 욕구와 능력을 보장하는 데 부정적 요인으로 작용하지만, 이 명제는 모든 학생을 위한 개별화교육계획을 작성하고 적용해야 하는 타당성을 제시하는 것이다. 교사는 개별화교육계획에서 교육과정의 내용, 목적, 범위와 계열을 결정하는 재단사 역할을 수행한다.

(3) 교육의 결과는 기능적이다

특수교육의 지향점은 장애학생의 사회적 통합에 있다. 청각중복장애학생을 위한 교육목표는 사회에서 가능한 한 독립적이고 자기주도적인 생활이 가능하도록 보장하는 것이다. 특수교육의 지향점이 사회통합에 있듯이 청각중복장애학생을 위한 교육목표 또한 사회에서 독립적이고 자기주도적인 생활이 가능하도록 보장하는 것이다. 모든 학생의 교육과정은 미래지향적이고 실용적이어야 한다.

(4) 중재는 치료보다 보상으로 접근된다

치료적 관점은 학습의 교정과 개선에 초점을 둔다. 청능훈련과 물리치료 등이 대표적인 예이다. 반대로 보상 교육과정은 장애로 인해 제한되는 기능적 문제를 해결하기 위하여 아동의 장점을 적용하고 강조한다. 기능적 언어가 어려운 아동에게 식당에서 주문하기 위한 메뉴 그림을 사용하는 것을 학습시킨다.

(5) 또래 수용과 사회적 관계는 모든 아동의 필수적 요인이다

언어와 사회성 발달 등은 또래에게 학습되는 것이다. 대부분의 학생은 또래를 좋아하고 또래의 행동을 모방하면서 학습한다. 유아기의 의미 없는 언어와 사회성의 습득 또한 또래의 영향이라는 긍정적 수용이다. 또래 교수, 멘토링, 모델링 등은 청각중복장애학생을 위한 강력한 학습 기회로 작용한다. 사회성 발달을 강조하는 교육과정은 일반교육환경에서 아동의 성공을 돕게 될 것이다. 성인이 되어서 지역사회와 사회에서의 성공을 준비시키는 것이다.

(6) 초학문적 모델이 조각을 방지한다

청각중복장애학생과 가족을 위해서는 교육과정, 교육내용 그리고 여러 가지 특수교육적 지원과 중재가 제공된다. 다학문적 또는 간학문적 접근보다 초학문적 접근이 효과적이다. 초학문적 접근은 청각중복장애학생의 특수교육적 지원과 중재를 계획하기 위하여 다양한 전문지식을 통합하고 협력할 가능성이 가장 높은 모형이다. 초학문적 접근을 적용할 경우, 교육과정 개발에서 전형적인 학문의 경계를 넘어서 정보와 기술을 협력적으로 공유해야 한다. 초학문적 접근은 사실상 모든 학문을 통섭할 수 있는 능력이므로 전문가의 적극적인 협력과 소통이 전제된다.

(7) 가족은 교육적 지원의 성공을 위한 필수 조건이다

학문 영역을 대표하는 전문가의 노력이 청각중복장애학생에게 효율성 있게 제공되지 못하는 원인에는 교육과정 설계에서의 협력 부재와 함께 가족의 배제에 있다. 가족은 청각중복장애학생과 의사소통이 가능하다. 가정환경은 교육과정의 목적과 목표를 기능적으로 제공할 수 있는 자양분이다. 가족은 개별화교육계획의 장기목표 설정에서 타당성을 평가할 수 있는 주요 인적 자원이다.

3) 청각중복장애학생의 수업 지원

(1) 증거 기반 수업

긍정적 행동 지원의 원리에 기반한 체계적인 수업은 일상생활과 지역사회 적응 기술을 효율적으로 지도하기 위한 증거 기반이다. 청각중복장애학생을 위한 수업은 체계성이 강조되는데, 증거 기반이 보장되어야 한다.

① 행동의 조작적 정의와 과제 분석

체계적인 수업을 위한 노력은 관찰과 측정이 가능한 행동의 조작적 정의부터 시작된다. 행동은 독립 과제와 연쇄 과제(복잡한 행동과 동일시되는 일련의 개별적인 행동)로 분류된다. 연쇄 과제는 과제의 구성 요소를 여러 개의 과제 분석으로 구분하여 개별 단계로 나누어 가르칠 수 있다. 일상생활과 지역사회 적응 기술을 가르치기 위해 과제 분석 수업을 사용하는 것이 체계적 수업이다. 과제 분석 또한 수업목표에 따라 성취기준을 지식, 기능, 태도 등으로 구분해야 한다.

과제 분석을 적용하여 탐구 기반 과학 수업에서 청각중복장애학생에게 과학 개념을 지도한 사례도 있다. 교사는 시력 단어 목록이나 수학 사실과 같은 일련의 개별 응답에 초점을 두고 과제 분석을 적용할 수도 있다.

과제 분석을 위해서는 청각중복장애학생의 수행 정도를 나타내는 학습의 결과물을 수집해야 한다. 미술 시간의 그리기를 예로 들어 본다. 사람의 '얼굴'에 색을 칠하면서 '얼굴' 모양의 동그라미를 벗어나서 색칠을 하는 사례이다. 이때 예쁘게 그리는지 못 그리는지를 평가할 것이 아니라, 목표물을 벗어나는 정도를 측정해야 한다. 학기 초에는 원에서 5cm를 벗어났지만, 학기를 마칠 때는 2cm 이내로 벗어날 수 있도록 발달 수준을 측정해야 한다. 수행 수준에 따라서 교사는 과제의 진행 속도 및 단계를 후진시킬 수 있다. 단계별 수준을 후진할 것인지(step back) 또는 진행 수준을 후진시킬 것인지(slice back)를 결정하기 위하여 수집한 자료를 분석해야 한다. 또한 제공할 단서 및 촉구의 변화 등을 함께 계획할 수 있다.

② 촉구

교사는 목표 행동이 정의되고 수업계획을 설정하면 교육이 진행되는 동안 사용할 촉구 방법(동시 촉구, 최소 촉구 등)을 계획해야 하며, 시각과 촉각 등이 혼합된 촉구를 함께 적용할 수 있다.

③ 시간 지연

수업의 학습활동 또는 목표에 대한 자극과 촉구 사이에 청각중복장애학생의 반응을 기대하면서 기다리는 방법이다. 목표 자극과 동시에 제시된 촉구 시간을 조금씩 증가하면서 결과적으로 촉구를 소거시키는 방법이다. 즉, 점진적 시간 지연을 통하여 촉구를 소거시킨다. 시간 지연은 청각중복장애학생에게 그림 및 단어 인식 기술을 가르치기 위한 전략으로 사용된다. 시간 지연과 동시 자극 효과는 청각중복장애학생에게 모두 효과적이다.

④ 촉구의 최소화

개별 과제 또는 연쇄 과제에서 촉구를 제공할 때, 청각중복장애학생의 반응이 가능한 정도의 촉구를 최소화해야 한다. 필요 이상의 촉구는 학습을 방해하는 요인으로 작용할 수 있으며, 학습을 위한 정보처리 과정을 방해하는 촉구 요인을 제거하기 위함이다. 특히 읽기 쓰기 등의 초기 학습에서 촉구의 최소화에 유의해야 한다.

⑤ 촉구 수준의 적절성

과제의 수준에 따라서 촉구의 적절성을 고려해야 한다. 요리, 바느질 등의 일상생활 기술을 가르치기 위해 최하위 수준의 촉구를 사용해야 한다. 또한 과제 수준과 수행 정도에 따라서 촉구의 소거를 통하여 적절성을 평가할 수 있다.

⑥ 강화

촉구와 정반응의 상관관계가 보장되어야 한다. 정반응 다음에는 즉각적인 강화가 요구된다. 칭찬, 스티커, 토큰 등은 청각중복장애학생의 동기부여를 촉진할 수 있어야 한다. 강화 목록의 중요성이 강조된다. 교사의 강화 또한 궁극적으로는 소거되어야 한다.

⑦ 일반화

체계적 교육에서는 일반화를 위한 훈련이 중요하다. 일반화를 촉진하는 한 가지 방법에는 기술이 자연스럽게 발생할 가능성이 가장 높은 상황을 선택하는 것이다. 교실, 구내식당, 편의점 등에서 지도하는 것이다. 컴퓨터 기반 모형 프로그램에서 시장보기를 지도한 결과, 실제 마트에서 시장을 볼 수 있는 일반화는 중요한 기술이다. 일반화를 위하여 두 개의 자료를 동시에 제시하는 방법도 있다. 예를 들면, 그림(사진)과 실제 제품을 동시에 제시하는 방법이 있다. 언어지도에서 인형의 그림과 인형의 문자를 동시에 제시하는 방법이 일반화 촉진을 위한 전략으로 이해된다.

청각중복장애학생의 교육에서 적용하는 다양한 방법이 존재하지만, 수업 목표에 맞도록 구조화하여 과제를 분석하고 독립 과제 또는 연쇄 과제에 대한 촉구와 시간 지연 등을 통하여 일반화할 수 있는 노력이 증거 기반 수업으로 연구되었다.

(2) 자기주도 학습

교사의 체계적 수업의 효과는 결과적으로 자기주도적 학습을 통한 자율성 보장으로 연계되어야 한다. 자기주도 학습을 촉진하기 위한 강력한 연구 증거가 있는 두 가지 전략은 그림을 통한 자기주도 학습과 자기결정 학습 수업 모델(Self-Determined Learning Model of Instruction: SDLMI)이 있다.

① 그림 기반 자기주도 학습

그림 기반 자기주도 학습은 자폐스펙트럼장애학생에게 효과적인 전략이다. 학생들은 ⓐ 과제 주제, ⓑ 내가 할 과제, ⓒ 내가 한 과제 범주에 따라 그림에 동그라미 치기의 계획-완료-평가 과정에서 자기주도 학습을 경험한다. 중복장애학생의 과제 분석을 완료하기 위해 그림 기반 자기주도 학습을 독립적으로 수행할 수 있도록 지도할 것을 추천하고 있다. 음식 준비 또는 상 차리기 등과 같은 과제 수행에 적용할 수 있다.

② 자기결정 학습 수업 모델

SDLMI의 적용 절차는 ⓐ 목표 설정, ⓑ 행동 실행, ⓒ 전체 또는 부분의 재구성으로 구분된다. 학생들은 ⓐ 문제 인식, ⓑ 해결 방법 인식, ⓒ 과제 해결을 위한 장벽(어려움) 인식, ⓓ 각 과제의 해결 방법에 대한 연속성 인식식별의 네 단계를 사용하여 문제 해결을 학습한다. 중복장애학생의 SDLMI와 학업성취도 간의 기능적 관계는 이미 일반화된 이론이다. SDLMI 모델은 자기결정 향상에도 적용할 수 있다.

③ 직접 탐구(directed inquiry)

직접 탐구는 청각중도중복장애학생의 수업 참여를 촉진하기 위해 적용한다. 과학 및 사회과 수업에서 질문에 대한 답을 찾기 위한 탐구 결과는 도표(chart)를 사용하여 제시하는 방법이다. KWHL(K: what they know, W: what they want to know, H: how to find out, L: what they learned) 도표로 잘 알려져 있다. 자신이 알고 있는 것[K], 알고 싶은 것[W]을 인식하도록 안내하고, 탐구하는 방법[H] 그리고 학습한 내용[L]을 그래픽 등의 도표로 제시할 수 있도록 지도한다. 학습 과제에 대한 독자적 수행과 발표가 가능하다.

④ 또래 교사

또래 지도 또는 또래 교사는 교수학습 전략에서 다양한 이점이 증명되었다. 다만 또래 교사의 선정에서 장애학생에 대한 친화성과 리더십 등이 전제된다. 또래 교사는 적극적인 발표 기회, 눈높이 학습 기회, 친구들과의 친화력, 긍정적인 피드백 제공 등을 통하여 학업성취 및 자신감 향상 등을 기대할 수 있다. 특히 또래 교사의 장점은 청각중복장애학생의 사회적 상호작용을 극대화할 수 있는 방안으로 이해된다.

(3) 공학적 지원

최근 과학의 발전으로 중복장애학생의 교수학습 지원을 위한 다양한 공학적 지원이 증가되고 있다. 가상현실(virtual reality: VR)과 증강현실(augment reality: AR)은 현실과 가상의 세계가 가지는 벽을 허물게 하였다. 가상현실은 문자와 같이 가상의 세계를 체험할 수 있는 독특한 경험이며, 증강현실은 현실과 가상의 융합을 통해 새로운 경험을 제공하는 기술이다. 최근에는 VR과 AR을 합친 혼합현실(mixed reality; MR), 세 개의 기술을 모아서 시공간을 넘나들 수 있는 확장현실(extended reality: XR) 등이 있다. 이는 청각중복장애학생에게 직접적 체험이 어려운 상황에 대한 이해 및 학습을 위해 사용할 수 있다. 또한 휴대폰과 컴퓨터 등의 활용은 청각중복장애학생 교수학습의 효율성을 수월하게 보장할 수 있다.

보조학습기기 또한 공학적 지원에 해당한다. 청각중복장애학생의 기능적 능력을 향상하기 위한 장치는 로우테크(예: 경사 보드, 연필 그립) 또는 하이테크(예: 노트북, iPad, 음성 출력 장치)가 있다. 또한 보완대체의사소통(AAC)은 청각중복장애학생의 언어적 의사소통 지원을 위한 방법이다.

4. 학교 교육

1) 문해력지도

모든 장애학생의 학업성취 수준을 지칭하는 대명사는 읽고 쓰는 능력일 것이다. 청각중복장애학생을 위한 문해력지도에 '소리 내어 읽기'가 있다. 소리 내어 읽기지도 방법은 다음과 같이 정리된다.

- 읽기 전에 지문과 관련된 그림에 대하여 대화
- 그림 배열을 사용하여 소리 내어 읽기
- 소리 내어 읽는 동안 이해 질문에 대한 정답 수 증가
- 수업 참여도 향상 및 이해도 증가

2) 수학지도

수학지도는 인지능력과 관련성이 높다. 청각중복장애학생을 위한 수학지도는 친숙한 이야기와 경험을 활용해야 한다. 또한 다양한 감각을 활용하여 수학지도의 목적을 인식할 수 있도록 해야 한다. 물론 인지발달의 조작적 특성에 기초한 학습 내용 선정이 전제되어야 한다. 구체물을 활용한 계산 방법 익히기, 그래픽을 활용한 데이터 분석, 공간 감각을 활용한 기하학 지도 등을 고려해야 한다.

3) 과학지도

기본 탐구활동에 관찰이 있다. 오감을 통한 관찰이 일반적이다. 청각, 시각, 미각, 촉각, 후각을 활용하여 과학지도를 설계해야 한다. 탐구활동을 통한 발표 등의 의사소통

에서는 그래프 활용 등의 다양한 자료를 이용할 수 있어야 한다. 관찰 결과를 분석하고 예상할 수 있는 현상의 설명은 교사의 눈높이 설명이 필요하다. 문제해결학습을 활용하는 방법이 있다. 관찰 결과를 제시하고, 미래에 예상될 수 있는 일을 문제해결학습하는 프로젝트 수업을 권장한다.

4) 일상생활지도

일상생활지도는 가정과 지역사회 생활을 위한 포괄적이고 광범위한 기술을 포함한다. 그러나 지도 방법에 따라서 청각중복장애학생의 개인적 독립 생활의 수준이 달라진다는 점에서 지역사회의 지원이 필요한 부분이기도 하다.

청각중복장애학생의 생활연령과 정신연령 등을 고려하여 개인의 수준별 지도가 요구된다. 신변처리능력부터 시작하여 나이를 고려하여 음식 준비, 집안일, 가정 안전, 전화 사용, 성교육 등이 필요하다. 또한 안전, 구매, 여가 활용, 경제생활, 이동 등과 관련된 생활교육를 위하여 과제 분석 또는 증강현실 등을 활용할 수 있다.

특히 자기관리 기술을 지도해야 한다. 일상생활 기술을 스스로 관리하는 방법을 학습할 수 있어야 한다. 자기관리 기술의 지도는 적절한 행동과 부적절한 행동의 구별, 자신의 행동에 대한 평가, 적절한 행동에 대한 자기 보상 등이 있다.

5) 전환교육

청각중복장애학생의 전환교육은 졸업 후 결과를 예측하는 변수에서 시작된다. 청각중복장애학생의 요구와 사회의 현실이 마치 퍼즐 맞추는 과정처럼 전환교육의 현실과 이상이 될 것이다. 결과적으로는 청각중복장애학생의 지역사회 참여를 위해 직업 기술을 가르쳐야 한다는 것이다.

전환교육은 생활연령과 정신연령에 적합한 전환 평가의 수행에서 시작된다. 퍼즐 맞추기의 첫 단계로 이해된다. ⓐ 청각중복장애학생과 부모 및 교사의 의견, ⓑ 직업 선호도 평가, ⓒ 현실 평가, ⓓ 지원 결정이다. 지원할 직업은 여러 개를 선정하고, 선호도를 평가하여 지원해야 한다. 4개의 직업군, 3개의 직업군 등에 대한 평가를 수행해야 한다.

청각중복장애학생의 직업에 대한 현실적 타당도는 지역사회의 여건으로 결정될 가능성이 높다. 그래서 지역사회에서 직업교육을 실시하는 방안도 있다. 청각중복장애학생의 특성과 지역사회의 여건 등이 종합적으로 이해될 수 있는 과정이다. 청각중복장애학생은 자신의 참여를 통한 흥미도와 기여도 등을 인지할 수 있으며, 가족의 동의가 용이하고, 나아가 지역사회의 능동적 참여가 가능하다는 장점이 있다. 학교에서는 지역사회 기반의 직업교육을 시작하기 전에 증강현실 등을 활용할 수 있다. 증강현실을 활용한 이야기 만들기에서 선호 직업 시연, 사회적 상황 이해, 직업에 대한 과제 수행 기술 등을 가르칠 수 있다.

6) 자기결정 기술

자기결정 기술은 현실적 환경에 대한 개인의 선택이 미래 생활에 영향을 미치는 결과를 예상하는 능력으로 자기효능감과 유사한 점이 많다. 자기결정 기술은 고정된 것이 아니라, 항상 변화할 수 있다는 점에서 자기효능감의 발달 구조와 맥을 함께한다. 자기효능감과 같이 자기결정 기술은 광범위한 기술의 주요 요소이다. 자기결정 기술은 지적장애학생의 졸업 후 생활에 긍정적인 영향을 제공하는 요인으로도 잘 알려져 있다. 문제해결학습을 활용하여 자기결정 기술의 필요성을 지도할 수 있다. 다양한 환경과 상황을 조합하여 프로그램을 구성하는 절차부터 시작되어야 한다. 물론 증강현실 등을 활용하는 방안도 있다. 자기결정 기술은 학업성취와 전환교육에도 도움이 되며, 나아가 삶의 질을 결정하는 주요 요인이라는 점에서 강조되어야 한다.

7) 의사소통 기술

의사소통은 개인의 의사(massage)를 타인 또는 사회와 소통하는 능력이다. 또한 의사소통은 타인의 정보를 이해하는 과정이기도 하다. 의사소통은 가장 일반적인 음성언어를 포함하여 글, 몸짓, 그림, 노래, 표, 그래프, 필기, 보고서, 포트폴리오, 벤 다이어그램, 지도 등을 활용하여 자신의 생각을 표현하고 전달하는 행위도 포함한다(이용섭 외, 2016).

청각중복장애학생의 의사소통 능력은 사회적 기술을 학습할 수 있는 촉매 역할을 담당한다. 사회적 기술을 향상하기 위해 호기심 자극, 사회적 친밀감 개발, 정보의 요청과 공유 방법, 사회적 교류에 참여하는 방법 등을 지도해야 한다. 시각적 단서를 활용하여 사회적 상호작용을 지도할 수 있는 방법이 추천된다.

(1) 타도마 방법

청각중복장애학생의 의사소통 방법은 개인차에 따라서 다양한 선택지가 열려 있다. 수어를 먼저 학습한 경우는 수어를 주된 의사소통 양식으로 선택한다. 수어를 학습한 청각-시각중복장애학생을 위해 타도마(tadoma) 방법을 의사소통 양식으로 사용하기도 한다.

타도마 방법은 미국의 특수교사 Sophie Alcorn에 의해 1920년대에 창안되었으며, Massachusetts 주에 소재한 Perkins School for the Blind에서 개발·보급되었다. 타도마(tadoma)는 Sophie Alcorn이 지도한 두 명의 청각중복장애학생의 이름, 즉 Tad Chapman과 Oma Simpson에서 유래되었다(Tabak, 2006).

타도마는 수어를 하고 있는 사람의 손 위에 자신의 손을 얹고 스스로 수어를 구사하는 것처럼 수어 동작을 수행하는 방식이다. 또는 청자가 화자의 입술에 새끼손가락을 올리고 턱선을 따라 손가락을 대기도 한다. 이때 가운뎃손가락 중지는 화자의 목에서 생성되는 진동을 느끼기 위함이다. 청자가 화자의 입술 움직임, 성대 진동, 뺨 확장, 비음 음소에서 생성되는 기류를 느끼므로 촉각 입술 읽기라고도 한다. 또는 진동촉각 정보에만 의존하는 음성 읽기라고도 한다. 사용하는 방법에 따라 접근 방식은 달라질 수 있다.

타도마 방법은 다양한 방법을 혼합하여 의사소통할 수 있다. 음성, 촉각, 수어 또는 시각적 언어 중 개인차에 따라 가장 효과적인 조합을 사용할 수 있다. 시작 시기에 대한 부담은 가질 필요가 없다. 다만 타도마를 학습하기 위한 수년간의 훈련과 연습이 필요하다는 단점은 있다. 그리고 학습의 어려움과 함께 정확도 역시 높지 않다. 특히 대화 상대와 직접적인 신체 접촉이 필요하므로 사용에 제한적일 수 있다.

청각중복장애학생들은 다양한 의사소통 방법을 사용한다. 청력손실 정도 및 원인, 시력, 교육 수준 등에 따라 다른 의사소통 방법을 학습하는 경우도 있다. 계속해서 청각중복장애학생이 의사소통하는 일반적인 방법을 소개하고자 한다.

(2) 응용 수어

제한적인 시력을 가진 청각중복장애학생은 일반적으로 가슴 높이의 매우 작은 공간에서 수어가 표현되는 것을 선호한다. 이때는 일부 수어의 위치를 조정하면 된다.

(3) 촉각 수어

청각중복장애학생은 수어를 사용하는 화자의 손 위에 자신의 손을 올려서 수형, 수향 및 수위를 인지할 수 있다. 개인차 또는 상황에 따라 수어와 얼굴표정을 수정할 수도 있다. '잡다'와 '잡히다'를 구분하기 위하여 비수지신호를 수정한다. '잡히다'를 표시하기 위하여 '잡다'로 수어하고 '고개를 흔드는 방법' 등이 있다. 수어를 학습하지 못했거나, 구어를 선호하는 청각중복장애학생은 국어 기반 촉각 시스템을 사용하면 된다.

(4) 시각적 추적(Tracking)

청각-시각 중복장애학생 중에서 잔존 시력이 있는 경우는 수어를 사용하는 화자의 팔뚝이나 손목을 잡고 눈을 사용하여 시각적 단서(수어)를 따라갈 수 있다. 수어의 의미를 보다 쉽게 인지하도록 하는 방법이다.

(5) 촉각 지문자

문자를 이미 학습했으나, 음성으로 의사소통하면서 수어를 모르는 청각중복장애학생은 수어 학습 자체가 불가할 수 있다. 이런 경우는 촉각 지문자 방법을 의사소통에 사용하도록 한다. 청각중복장애학생은 자신의 손을 손가락으로 쓰는 손 위에 놓는 방법, 화자의 손바닥 위에 자신의 손을 놓는 방법 또는 화자의 손 주위를 자신의 손으로 감싸는 방법 등이 있다.

(6) 손바닥 쓰기(Print on Palm: POP)

청각중복장애학생의 손바닥에 큰 블록 글자를 쓰는 방법이다. 각 글자는 손바닥의 같은 위치에 쓴다. 청각중복장애학생 또는 청각장애학생이 가청학생과 의사소통하기 위하여 사용하는 방법이다.

(7) 점자 메모기(Braille notetakers)

청각중복장애학생이 점자 메모기를 활용하여 타인과 의사소통하는 방법이다. 최근
에는 컴퓨터 패드 또는 전자기기 등을 활용하여 다양한 점자 메모기를 활용할 수 있고,
정보를 작성한 다음에 타인의 개인용 단말기로 연결할 수도 있다.

(8) 캡텔(CapTel)

캡텔은 청각중복장애학생이 사용할 수 있는 특수 전화 서비스다. CapTel USB를 사
용하여 대화 내용을 컴퓨터 화면에 입력하는 캡션(caption) 서비스를 제공받을 수 있다.
청각중복장애학생은 발신자(때로는 수신자)로 전화기를 사용하여 수신자의 말을 들을
수 있으면서 화면에서 대화 내용도 볼 수 있다. 캡션은 개인의 성향에 따라 화면의 색
상, 크기 또는 글꼴 등을 선택할 수 있다.

(9) 보완대체의사소통(AAC) 방법

청각장애학생 중에서 청각중복장애학생의 비율이 높아짐에 따라 최근에는 보완대
체의사소통(Augmentative and Alternative Communication: AAC) 방법의 적용이 강조되고
있다. 특히 초기 언어 학습의 부재 또는 지체를 최소화하기 위한 방안으로 선호된다.
청각중복장애학생에게 AAC를 적용하기 위해서는 ⓐ 적용 가능성 탐색 및 문제점 분
석, ⓑ 전문가지도가 가능한지에 대한 현실성 고려, ⓒ AAC 활용과 성공적 언어지도의
상관성 분석 등이 고려되어야 한다. 그러나 다양한 전문가의 학제 간 협력 부재 또는
AAC 선택을 위한 표준화된 방법의 부재 등이 가장 큰 문제점으로 지적되고 있다.

지금까지 청각중복장애학생을 위한 다양한 의사소통 방법에 대하여 서술하였다. 그
러나 이와 같은 방법은 일부에 불과하고, 학습자 중심의 의사소통 방법은 학생 및 가족
과 함께 의논하고 협력하면서 바람직한 방법을 찾고 고안할 수 있어야 한다.

8) 특수교육 지원인력 활용

특수교육 지원인력은 청각중복장애학생을 지원하기 위한 주요 인적 자원이다. 특수교육 지원인력 제도는 청각중복장애학생의 교육적 지원을 보조받는 동시에 타 학생을 위한 교수학습의 수월성을 지원하기 위한 제도이기도 하다. 특수교육 지원인력의 활용은 특수교사의 직접 지도와 함께 청각중복장애학생의 교육 성과를 지원하고 학습 능력을 유지시킬 수 있다. 그러나 특수교사는 특수교육 지원인력에게 수업 지원에 대한 구체적인 내용을 인지시킬 수 있어야 한다. 수업 시간 또는 수업 전에 미리 지원 내용에 대한 구체적 정보를 공유하는 노력이 요구된다. 특히 청각중복장애학생의 사회적 상호작용을 유지할 수 있도록 특수교육 지원인력에게 구체적인 역할을 제시해야 한다. 특수교사와 특수교육 지원인력의 상호 신뢰와 상호 존중은 기본적으로 구축되어야 한다.

5. 청각중복장애의 장애 유형별 지원

청각중복장애는 청각장애에 지적장애, 시각장애, 자폐성장애, 지체장애 등의 장애가 함께 나타나는 것으로 두 장애의 덧셈 개념이 아닌, 곱셈으로 이해되어야 한다고 하였다. 독특한 욕구에 맞는 교육적 지원인 개별화교육계획의 필요성을 강조하기 위함이다. 청각장애-지적장애, 청각장애-시각장애 등의 장애 유형별에 따른 교육적 지원은 서술하지 않는다. 청각중복장애학생의 개인적 특성을 고려하여 과제 분석과 시간 지연 등의 전략과 효과적인 의사소통 방법을 선정하고 지도할 수 있어야 한다. 특정 방법의 체계보다는 개인 중심의 지도 전략을 수립하는 방안이 전제되어야 한다.

□ 확인학습

1. 청각중복장애학생의 놀이지도의 중요성에 대하여 설명할 수 있다.

2. 청각중복장애학생의 의사소통 수준을 나타내는 세 단계의 특성에 대하여 안다.

3. 청각중복장애학생의 지도에서 촉구의 최소화에 대한 의미를 이해하고 있다.

4. 청각중복장애학생의 대근육 발달을 위한 노력의 중요성에 대하여 설명할 수 있다.

5. 청각중복장애학생의 의사소통 기술을 향상시키기 위한 방법에 대하여 안다.

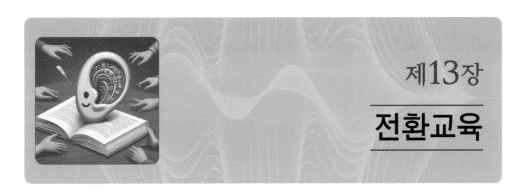

제13장

전환교육

인간은 성장과 함께 다양한 선택의 기회를 맞이한다. 유치원을 마치고 초등학교에 입학하고, 초등학교에서 중학교로 전환한다. 고등학교까지의 의무교육과는 달리 대학교 또는 직장의 전환은 삶을 설계하고 독립적 생활의 시작이라는 점에서 신중한 선택이 요구된다. 미래사회의 요구와 청각장애학생의 적성 등을 고려하여 결정할 고등교육 또는 직장 선택은 전환계획의 적합성으로 평가될 수 있다. 전환계획은 고등교육 또는 직장 선택에 한정하지 않고 평생교육 지원을 위한 방안으로도 이해된다. 전환계획의 이상과 현실의 틈을 줄이려는 노력이 필요함을 알 수 있다.

1. 전환교육

1) 전환교육의 이해

전환은 기존의 조건과 장소가 다른 조건과 장소로 변화하는 과정이다. 변화는 교체 또는 바꾼다는 개념보다 시기와 환경의 전환으로 발달을 전제하는 개념이다. 학습자는 발달 과정에서 다른 환경으로 이동해야 한다. 유치원 과정의 청각장애학생이 초등학교에 입학하면 유치원에서의 경험과는 달리 적응이 필요한 여러 과제가 있다. 또한 초등학교에서 중학교로의 진학에서도 환경적 변화를 인지하고 적응하기 위한 노력이 요구된다. 교과 시간마다 담당 교사가 바뀌는 환경, 사춘기의 교우관계, 정체성과 역할 혼란의 갈등, 미래에 대한 좀 더 구체적인 고민 등이 있다.

일반적으로 전환은 고등학교에서 대학교 진학 또는 직업과 관련된다. 우리나라에서는 전환교육과 진로교육을 혼용하고 있다. 바람직한 전환을 기획하고 지원하기 위한 전환계획은 청각장애학생의 강점과 사회적 요구 등을 고려하여 미래 목표를 파악하고 구체화하기 위해 팀 접근으로 수행된다.

전환은 모든 학생들이 고등학교 졸업 이후의 환경으로 이동하면서 겪는 발달 과정이므로, 전환계획에서 학생과 학부모는 적극적이고 조화로운 방식으로 고등학교 이후의 삶을 계획할 수 있도록 노력해야 한다. 전환계획은 성인으로 성장하면서 교육 및 취업 결정에 대한 자신의 책임을 인식하고 자신감을 부여할 수 있어야 한다.

청각장애학생의 전환계획도 고등학교 졸업 이후의 삶을 준비하기 위한 필수과정이다. 실무에 기반한 학습 및 실습 등이 포함된 전환계획은 대학교 생활 및 직장 생활의 만족이 향상하는 도구로 활용된다. 전환계획은 청력손실로 인한 의사소통 장벽, 장애를 고려한 편의 시설 부족, 의도적 및 비의도적 차별적 환경 등을 경험할 수 있는 청각장애학생의 삶을 위한 구체적 지원이기도 하다.

2) 청각장애학생의 전환계획

전환계획은 청각장애학생이 고등학교에서 대학교 진학 또는 취업과 독립생활로 이동하는 과정이다. 바람직한 전환계획은 학생에게 교육적, 사회적, 고용 결정 등에 책임이 부여하는 결정적 도구이며 자신감의 원천으로 작용한다. 바람직한 전환계획에는 자기옹호 기술이 포함되어야 한다(Luft, 2016; Garberoglio, Guerra, Sanders, & Cawthon, 2020).

(1) 자기옹호 기술지도

자기옹호(self-advocacy)는 어려서부터 형성되는 자기표현이다. 자기옹호 기술은 유아기부터 지도해야 한다. 청각장애유아도 예외가 아니다. 전환에서 자기옹호 기술의 중요성은 자신의 요구 사항을 명확히 설명하고, 요구 사항을 충족하기 위해 정보를 수집하고, 합리적 결정을 내리는 능력이기 때문이다. 자기옹호는 학교, 직장, 지역 사회에서 자신에게 필요한 것을 표현하는 기술이다. 자기옹호 기술에는 자기에 대한 지식, 권리에 대한 지식, 의사소통 능력, 지도력(leadership) 등과 같은 요인이 포함된다.

청각장애학생의 자기옹호 기술 향상은 삶의 질을 보장하기 위한 기본능력이다. 자기옹호 기술은 평생의 노력이 요구된다는 점에서 발달 과정에서 중요한 역할을 담당한다. 긍정적으로 향상된 오늘의 자기옹호 기술은 미래의 자기옹호를 위한 조건이기도 하다.

(2) 전환계획 작성을 위한 검목표

전환계획 작성을 위하여 학생, 교사, 학부모는 다음과 같은 질문에 해답을 제시할 수 있어야 한다.

- 사회적 기술과 문제해결 기술을 효율적으로 학습하기 위한 비교과 교육과정에는 어떤 유형의 교과가 있을까?
- 어떤 수업이 고등교육 또는 취업 준비에 도움이 될 것인가?
- 고등학교 이전 또는 고등학교 재학 중에 전문대학 이상의 고등교육 및 취업을 위하여 어떤 준비가 필요한가?
- 일반학급 수업 참여가 전환에 도움이 되는가?
- 전문대학 이상의 교육 또는 직장에서 소정의 목표 달성을 위해 더욱 더 집중해야 하는 훈련이나 교육은 어떤 것들이 있는가?
- 다양한 취업 기회를 보장하기 위하여 어떤 유형의 물적 자원이 필요할까?

전환계획은 학생, 교사, 학부모 및 기타 서비스 제공자가 참여하는 팀 접근이다. 개인의 요구가 다양한 만큼 학생 개인마다 개별화된 전환계획을 작성해야 한다. 미국은 전환계획을 중학교 때부터 시작하고, 개별화교육계획에 전환계획을 포함하고 있다. 우리나라는 전환계획이 진로교육이나 직업교육에서 고려되며, 학교 교육과정에 따라 개별화교육계획에 포함하고 있다. 전환계획과 개별화교육계획의 조화로운 설계가 구축될 때, 구체적인 실행력을 기대할 수 있다. 전환계획팀은 다음의 사항을 고려해야 한다.

- 학업, 직업, 취업, 사회 활동 등에서 청각장애학생의 강점, 필요 사항, 선호 또는 비선호 등을 평가하기 위한 적절한 도구를 활용한다.
- 고등학교 이후의 취업, 교육과 훈련, 독립생활 등의 목표를 구체적으로 수립한다.
- 대학교 교육 또는 연간 목표 달성을 위해 요구되는 수업 활동 계획을 작성한다.
- 자기옹호 기술을 장려할 수 있는 기회를 포함하여 고등교육 및 직업교육 목표를 달성하기 위한 연간 고등학교 목표를 설정하고 부모와 협력한다.

전환계획을 작성하기 위하여 다음과 같은 사안이 요구된다.

- 전환계획은 개별 학생 중심으로 설계한다.
- 전환계획은 학생이 직접 참여하고, 학생의 참여 과정과 결과는 종합적으로 분석한다.
- 전환계획과 진행 과정에 학부모는 적극적으로 참여한다.
- 전환계획은 청각장애학생을 위한 적절한 전환 사정(assessment)으로 활용하고, 그로 인해 수집된 정보는 다시 전환계획에 활용하는 순환적 관점으로 작성한다.
- 전환계획에는 학생이 인식한 장벽과 이를 해결하기 위한 노력에 대하여 학생과 함께 정기적으로 점검해야 한다.
- 전환계획의 목표 설정과 내용은 학생의 개별 능력에 따라 자유롭게 수정한다.
- 전환계획의 평가는 한 학기에 한 번 이상 필요할 때마다 작성한다.

전환계획 및 과정에서 청각장애학생 본인의 참여는 필수 조건이다. 학생이 전환계획의 목표와 교육 내용을 인지하고 의사 결정에 참여할 때, 바람직한 결과가 기대된다. 청각장애학생은 자신의 강점과 필요 사항이 무엇인지 학습하고, 자신이 가진 청각장애 및 기타장애가 대학교 또는 직장 환경에서 자신에게 어떤 영향을 미칠 것인지 이해하고, 고등학교 졸업 후의 삶에 대한 방향성을 탐구해야 한다. 전환계획의 목표가 효율적으로 유지되기 위해서는 당사자 의견이 우선적으로 고려되어야 한다.

2. 홀랜드(Holland) 모형

전환을 효율적으로 지원하기 위한 다양한 모형이 존재한다. 특수교육에서 일반적으로 알려진 전환모형은 Brolin과 Kokaska, Will, Halpern, Clark와 Kolstoe 등의 모형이 있다. 이 장에서는 Holland 모형을 중심으로 설명하고자 한다. 가청학생의 직업 능력과 유사한 특성이 많은 청각장애학생에게 Holland 모형이 적합한 것으로 이해된다.

1) Holland 모형의 이해

Holland(1985)의 직업 선택 이론은 성격 요인이 직업 선택의 기초가 된다는 전제에 기초한다. 사람들은 자신의 성격에 기초하여 직업 세계에 대한 견해를 직업 명칭에 투영하고, 자신이 선호하는 개인적 성향을 충족시키는 직업을 결정한다는 이론이다. Holland 이론은 자기인식 이론, 사회적 관념, 성격 및 사회 심리학, 직업 행동 등의 여러 구성 요소를 통합하고 있다.

직업 선택 이론을 적용하려면 먼저 개인의 자아 평가가 선행되어야 한다. 두 가지 또는 세 가지의 자아 성격유형을 평가한 다음에 각 유형을 잠재적 직업의 환경적 측면과 일치시키는 것이다. 이태훈(2013)이 제안한 퍼즐 맞추기와 같이 개인 특성과 직업 특성 사이의 일치 정도가 높을수록 만족도, 지속성, 성취 등 직업과 관련한 긍정적 평가 또한 향상된다.

Holland 이론의 직업유형은 사람 성격과 직업의 다양성을 넘어선 방대한 자료를 작업 환경으로 입력하는 공식을 구성하여 직업 선택 방법, 직업 만족도, 직업 성취도 등의 발생 원인을 설명하기 위해 노력하였다. 개인의 행동은 개인의 성격과 환경의 상호작용으로 결정된다는 Holland 이론은 Skinner의 신행동주의 이론과 맥을 같이한다. 개인의 성격유형과 환경유형을 기반으로 다양한 경우의 수를 조합하여 직업 선택, 직업 변경, 직업 성취 등을 결정하여 교육을 통한 학습과 개인적 역량을 발휘하고 사회적 행동으로 발현한다. 사람들이 자신의 기술과 능력을 발휘하고, 자신의 태도와 가치를 표현하고, 기분 좋은 상황과 역할을 맡을 수 있는 환경을 선호하는 것은 강화의 후속 강화로 연계된다.

Holland는 직업 선택 이론에서 사람의 성격유형을 현실형(Realistic: R), 탐구형(Investigative: I), 예술형(Artistic: A), 사회형(Social: S), 진취형(Enterprising: E), 관습형(Conventional: C)의 여섯 가지로 구분하여 적절한 직업유형을 제안하고 있다. 성격유형과 직업 선택은 자신의 능력 발휘에 긍정적 영향을 제공한다는 이론에 근거한다(구명성, 최성규, 2019).

Holland는 개인과 직업(환경) 사이의 일치 정도를 [그림 13-1]과 같이 육각형 모델로 제시하고 있다. 성격유형과 직업유형의 거리가 가까울수록 친밀성을 내포한다. 육각형에서 인접한 유형은 호환 가능성이 높음을 의미한다. 육각형의 반대 유형은 일관성이 낮아지는 또는 관련이 없는 개인적 특성이나 직무 기능을 의미한다.

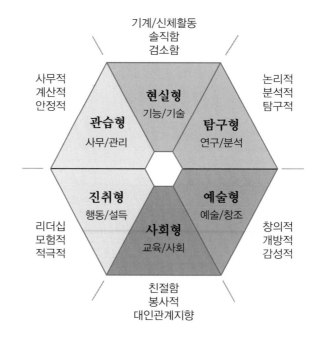

[그림 13-1] Holland 육각형 모형

(1) 현실형

현실형 성격유형을 가진 사람은 환경을 지배한다. 건설 현장에는 사회적 또는 예술적 성격유형의 사람보다 현실형 성격유형이 많다. 기계, 도구, 도면 등을 다루는 직업에서 높은 평가를 받는다.

> 목수, 정비공, 전기공, 농장주, 소방관, 기관차 또는 항공기 정비사, 조종사, 경찰관, 트럭 운전기사

(2) 탐구형

탐구형 성격유형을 가진 사람은 수학이나 과학교과를 좋아한다. 그러나 지도력 발휘, 설득 또는 판매업 등에서 능력 발휘는 어렵다.

> 생화학자, 컴퓨터 프로그래머, 치과 의사, 전기 엔지니어, 수학자, 의료 기술자, 기상학자, 제약사, 내과 의사, 감정인, 수의사

(3) 예술형

예술형 성격유형을 가진 사람은 미술, 드라마, 공예, 무용, 음악, 창작 글쓰기 등과 같은 창의적인 활동을 좋아한다. 반면, 고도로 질서 정연하고 반복적인 활동과는 잘 맞지 않는다. 자신을 표현력이 풍부하고 독창적이며 독립적인 사람으로 평가한다.

> 배우, 미술 교사, 도서 편집자, 의상 디자이너, 개그맨, 작곡가, 댄서, DJ 겸 아나운서, 그래픽 디자이너, 음악가

(4) 사회형

사회형 성격유형을 가진 사람은 교육, 상담, 간호, 정보 제공 등과 같은 직종으로 다른 사람 돕기를 좋아한다. 그러나 기계, 도구 또는 동물 사육 등과는 거리가 멀다. 병원, 학교 또는 상담 서비스 환경에는 현실적 성격유형을 가진 사람보다 사회형 성격유형의 소유자가 많다. 사회형과 근접하는 두 가지 직업 환경은 예술형과 진취형이다. 현

실형과의 거리가 가장 멀다.

> 운동 트레이너, 치위생사, 사서, 간호사, 물리 치료사, 사회 사업가, 교사

(5) 진취형

진취형 성격유형을 가진 사람은 사람들을 잘 설득하고, 물건 판매와 아이디어 제공을 좋아한다. 주의 깊은 관찰과 과학적이고 분석적인 사고가 요구되는 직종은 피하는 것이 좋다. 진취형은 자신을 활기 차고 야심적이며 사교적이라고 생각한다.

> 경매인, 은행장, 기획사, 도시 관리인, 관세사, 호텔 매니저, 판사, 변호사, 엔터테인먼트 리더, 부동산 중개인, 영업 관리자, 영업사원, 학교 교장, 여행사, TV 뉴스 캐스터

(6) 관습형

관습형 성격유형을 가진 사람은 숫자, 기록, 기계 조작을 좋아한다. 일반적으로 모호하고 구조화되지 않은 행동과 사고는 싫어한다. 체계적이고 질서정연한 방법으로 기록하거나 숫자 다루기에 능숙하다. 자신을 질서 정연하고 정해진 계획대로 수행하는 사람이라고 생각한다.

> 은행원, 세무사, 법원 서기, 집배원, 우체국 직원, 비서, 교정사, 출판 업무

2) Holland 모형의 적용

특수교사는 Holland 직업 선택 이론을 사용하여 청각장애학생을 위한 직업 세계로 안내하고, 직업 탐색을 위한 체계적인 방안으로 활용할 수 있다. 청각장애학생의 직업 의사 결정 및 계획을 촉진할 수 있다. Holland 이론의 기본적인 개념은 실용적이고 이해도 수월하다. 실제로 많은 직업 관련 자료에서 Holland 이론을 인용하고 있다.

(1) 자기주도적 의사 결정

직장에 취업하는 졸업생의 진로 결정 후에 직면하는 다양한 문제점 중에는 진로 의사 결정 과정이 잘못되었다는 지적이다. 직업을 선택한 근거와 배경의 객관적 확신 없이 출근한 직장에서 직면하는 갈등은 자기주도적 의사 결정의 부족에 기인한다. 반면, 자기주도적 의사 결정에 근거한 진로 선택은 바람직한 방향을 주도적으로 결정했다는 점에서 독자적으로 진로를 개척한다. 다양한 정보를 자기주도적으로 검색하고 선택할 수 있다는 점에서 이론과 현실의 틈을 최소화하고 있다.

(2) 진로 결정의 간소화 및 명확성

진로 결정은 쉬운 일이 아니다. 잘 알려진 보편적인 직장에서 알려지지 않은 수많은 직업 중 하나를 선택해야 하는 어려움, 개인 및 직장의 관계에 대한 불확실성, 청각장애학생이 통제할 수 없는 많은 요인 등은 진로 결정에 대한 불안감을 높이기에 충분하다. Holland 이론은 실증 기반의 이론이면서 의사 결정의 간소화에 도움을 제공한다. 또한 구조적으로 성격유형에 따른 직업 선택을 명확하게 제시하고 있다. Holland 이론은 진로 상담과 의사 결정에서 특수교사와 학부모 및 학생의 진로 결정에 바람직하고 객관적인 자료 제공을 통하여 의사 결정의 간소화 및 명확성을 조력한다.

(3) 자신과 환경의 이해

Holland 이론은 청각장애학생 당사자와 환경의 관계를 이해하고 자신과 환경을 바꿀 가능성을 알려 준다. 성격 특성 요인 이론에서 자신의 내면적 문제를 알아보고 한계를 극복하는 방안도 제안하고 있다. 즉, 자기 적성에 맞지 않는 직장을 그만두는 것이 아닌, 자신의 성격을 먼저 분석할 수 있다. 또한 이직하지 않으면서 직업의 기능을 변경할 수도 있다. 자신과 환경의 상관성을 알아보면서 바람직한 진로를 결정하고 수정할 수 있다.

3) 청각장애학생을 위한 Holland 모형의 적용

청각장애학생의 진로지도를 위하여 Holland 이론을 언어와 문화의 관점으로 접근하고자 한다. 특수교사는 청각장애학생의 진로 결정에서 정체감 요인을 중요하게 인식한다. 그리고 청각장애학생의 의사소통 수준에 따라서 직업 선택의 범위를 달리하고 있다. 청각장애학생의 음성언어 수준은 직업 선택의 제한적 요인이라고 특수교사는 또한 인식한다. 특히 특수교사는 탐구형에 해당하는 직업유형이 청각장애학생에게 적합하지 않다고 생각한다(구명성, 최성규, 2019).

청각장애학생의 의사소통 방법이 수어이든 구어이든 수용될 수 있는 사회적 여건이 성립될 때, Holland 이론이 수월하게 적용될 수 있을 것이다. 그러나 의사소통 능력에 매몰되지 말고, 청각장애학생의 성격유형과 직업유형 간의 퍼즐 맞추기를 위한 노력에 초점을 두어야 한다. Holland 모형에 기반하여 청각장애학생의 진로를 결정하는 객관적 자료를 생성할 수 있다.

청각장애학생 당사자의 전환 태도는 의사소통과 상관성이 높다. 그러나 구어 또는 수어 등과 같은 언어의 선택이 중요한 요인으로 작용하지 않는다. 어떤 언어 양식이든 능숙도가 우선되어야 한다. 수어 수단도가 높으면 전환 태도 또한 긍정적이었다. 특히 가족에 대한 친밀감이 긍정적일수록 전환 태도 역시 높다. 구화의 숙달도만이 전환에 영향을 미치는 요인이 아니라는 점을 인식해야 한다. 또한 가족에 대한 친밀감과 전환의 관련성이 높다는 점은 전환계획에 부모 참여의 중요성을 대변하고 있다(최성규, 2000). 청각장애학생의 전환계획이 바람직한 결과로 연계되기 위해서는 의사소통 양식에 대한 자신감과 가족의 유대감이 함께 고려되어야 함을 알 수 있다.

3. 청각장애학생의 고등교육 전환지원

장애학생을 위한 고등교육 특례입학제도는 대학교에서 청각장애학생이 수학할 수 있는 기회를 제공하였다. 청각장애학생은 적절한 지원과 편의 제공으로 가청 대학생들과 동등한 결과를 성취하기도 한다.

1) 청각장애대학생의 학교생활

　청각장애 신입생의 대학교 학교생활 적응은 비교적 무난한 것으로 알려져 있다. 학업 적응, 사회 적응, 개인-정서 적응, 학교 환경 적응 등을 알아본 결과, 개인-정서 적응에서 가장 어렵다고 인식하며, 다음으로 학업 적응에서의 어려움을 꼽았다. 가장 수월한 요인은 학교 환경에서의 적응이다. 청각장애대학생의 학교생활 적응에서 성별, 출신학교 유형, 장애등급에 따른 차이는 없다. 다만 장애 발생 시기에서 선천성 청각장애대학생이 후천성 청각장애대학생에 비하여 높은 만족도를 나타낸다. 그러나 전공별에 따른 학교생활의 만족도는 분석되지 않았다(김경화, 2015). 청각장애대학생의 학교생활 적응은 농문화 또는 자아정체감의 형성과 상관성이 높음을 알 수 있다(최성규, 김은정, 2015).

　4년제 대학교에 입학하는 청각장애학생의 진로 결정 시기는 선호하는 대학교에 따라서 차이가 있다. 본인의 선호도가 높은 상위권 대학일수록 중학교 이전부터 진학 계획을 수립한다. 그러나 고등학교 3학년이 되어서 대학교를 선택하는 경우가 가장 높다. 초등학교 과정부터 전환계획을 수립하고 지원해야 하는 당위성으로 이해된다. 대학교 진학 결정의 이유는 상위 학위 요청의 사회적 분위기, 근무 조건 및 수입 상승, 적성과 소질계발, 전문지식 습득 순이다. 청각장애대학생의 진학 결정은 본인과 부모의 영향이 가장 높으며, 대학교 진학에 대한 정보 수집 방법은 인터넷 검색, 교사와 상담, 홍보 책자 등의 순이다. 특수학교에 재학하는 청각장애학생의 대학 진학 결정은 특수교사의 영향이 가장 높으며, 특수학급과 일반학급의 청각장애학생의 진학 결정은 부모의 조언에 의존하는 경향이 높다(김경화, 김정민, 2014).

　대학교 생활에서 청각장애학생의 학습에 대한 어려움은 시각장애학생과 지체장애학생에 비하여 심각한 수준이다(권기창, 권승숙, 2011). 강의 청취의 어려움이 결정적 원인이다. 수어통역사 또는 속기사 도움이 있지만, 수업에서의 어려움을 해소하기 위한 다양한 노력이 요구된다. 특히 다른 장애에 비하여 대학교 졸업 후의 진로 및 취업 안내에 대한 불만이 높다. 진로 및 취업 안내 자체를 홍보 받지 못한 경우가 많은데, 장애학생지원센터의 적극적이고 실질적 수준의 지원이 아쉽다(김천우, 2015). 개인적으로 이메일 및 문자 메시지 발송과 회신을 확인할 수 있는 체계적인 노력이 요구된다. 진로 및 취업 안내 현장에서의 출석 점검 등과 같은 세심한 배려 역시 필요하다.

교육부에서는 장애대학생의 대학교 생활을 실질적으로 지원하기 위하여 대학교의 장애학생지원센터에 대한 평가를 시행하고 있다. 장애학생지원센터 평가는 결과적으로 청각장애대학생을 포함한 장애 학생의 수강 신청, 교수학습 및 보조기구 지원, 시설 및 복지, 진로 및 취업 지원, 보조 인력 확충 등의 만족도를 향상하는 계기로 작용한다.

2) 대학교 전환지원계획

청각장애학생의 대학교 전환을 위한 준비와 지원은 성공적인 대학교 생활을 보장하는 중요 과정이다. 청각장애학생의 성공적인 고등교육 전환을 위해 고려해야 하는 사안은 다음과 같다(Punch & Duncan, 2022).

① **개별화교육계획**: 청각장애학생이 스스로 자신의 강점, 요구, 선호도를 파악하여 목표에 도달할 수 있도록 계획하고 실천할 수 있게 지원한다.
② **전환과정의 참여**: 전환을 위한 초기 계획부터 과정 전반에 걸쳐 학생과 학부모의 참여 및 요구 사항을 건의하도록 한다.
③ **견학 기회 제공**: 학생들에게 직업 선택에 대한 이론과 현실에 대한 이해와 함께 다양한 견학 기회를 제공한다.
④ **전환과정 이해**: 학생이 대학교 캠퍼스 생활로의 전환과정에 수반되는 과정과 자발적 수행 의지의 필요성을 이해시킨다.
⑤ **팀 협력**: 교사, 학생, 학부모 등은 팀으로 대학 생활의 성공적 전환을 지원할 수 있도록 함께 준비하고 노력한다.
⑥ **능력보다 관심과 흥미에 초점**: 학생이 대학 생활의 필요성을 인식하고 수행할 수 있는 능력보다 당사자의 관심이나 흥미에 초점을 맞춰 다양한 정보를 제공한다.
⑦ **조기 전환계획**: 학생 및 부모와의 전환계획은 빨리 진행될수록 좋다.

3) 미국 Gallaudet 대학교 유학

조경근 박사는 한국 최초로 농인으로 미국 Gallaudet 대학교에 입학하였고, Colombia

대학교에서 박사학위를 취득한 후에 Gallaudet 대학교 교수로 재직하였다. 많은 한국 농인들이 Gallaudet 대학교를 졸업하였고, 지금도 재학하고 있다. 다음은 미국 Gallaudet 대학교에 재학하고 있는 농인 유학생의 진로결정에 대하여 요약하고자 한다(최성규, 2007).

첫째, Gallaudet 대학교에 대한 정보는 일반 고등학교보다 청각장애학교를 졸업한 졸업생 중심으로 공유한다. 그러나 출신학교를 막론하고 Gallaudet 대학교 입학 결정은 삶의 수준을 향상하기 위한 목적에서 시작된다.

둘째, 입학 자격시험에 TOEFL을 필수로 요구하지는 않으나 일반적으로 약 2년 정도의 어학연수(ELS) 과정을 이수한다. 영어 및 미국 수어를 미리 공부하면, ELS 과정의 기간을 단축할 수 있다.

셋째, Gallaudet 대학교에 대한 만족은 수어 사용의 의사소통에 있지만, 영어 및 미국 수어 능력은 성공적인 수학을 위해 반드시 극복해야 하는 필수과정이다. 생활비와 등록금 등의 경제적 어려움이 크다. 또한 이 대학교에는 자연계열 학과 개설이 미비하다는 단점이 있다.

넷째, 졸업생은 한국 청각장애교육의 발전에 이바지할 수 있는 지도력 발휘 기회를 희망한다. 미국 영주를 희망하는 경우는 본인의 전공을 살릴 수 있는 직업을 선호하지만, 전공과 관계없는 취업도 가능하다고 생각한다. Gallaudet 대학교를 졸업한 한국 농인 졸업생 중에는 Gallaudet 대학교 직원으로 근무하고 있는 사례도 있다. 또한 다양한 직종에서 종사하고 있지만, 한국으로 귀국하는 사례도 있다. 개인의 노력과 능력에 따라 졸업 후의 취업 기회는 달라진다.

다섯째, Gallaudet 대학교에 입학하고 성공적으로 수학하기 위해서는 기본적인 경제적 지원과 함께 유학을 결심한 뚜렷한 목적이 있어야 한다.

4. 청각장애인의 직업

청각장애인의 '직업'은 일반적으로 '직업재활'이라는 용어로 사용된다. 장애인 직업을 재활이라는 관점으로 접근하기 때문이다. 미국의 경우 2017년 직업재활을 지원받은 장애인 중에서 청각장애인의 비율은 7.9%였다. 직업재활을 지원받은 청각장애인은 24세 이상을 기준으로 28.2%로 다른 장애 유형에 비하여 낮은 비율을 보인다(Palmer et al., 2020).

1) 장애인 직업 능력 평가

청각장애인의 직업 능력 평가는 장애인고용공단에서 실시하고 있다. 본인의 신청에 의해 개별 또는 소집단 평가로 진행된다. 평가 내용을 요약하면 〈표 13-1〉과 같다(고용개발원, 2023).

〈표 13-1〉 평가 내용

영역	주요 평가 내용	평가 방법
면접고사	성장 과정, 장애, 취업 희망 직종 등	면담
신체 능력	기본 체력 조건, 근력, 작업 자세 등	관찰, 측정
사회심리기능	인지/학습, 적성, 흥미, 성격, 사회발달 수준	심리검사, 관찰, 면담 등
직업기능	작업 생산성, 작업 태도 및 행동 등	검사 도구, 현장 배치 등
의료	분야별 전문의 진단	의료기관 의료

출처: 한국장애인고용공단 고용개발원(2023).

2) 장애인 고용률

장애인 고용률은 2023년 기준으로 민간사업주 3.1%, 공공기관 및 정부 3.6%였으며, 2024년 기준으로 각 3.1%와 3.8%로 집계되었다. 장애인 고용 의무 위반으로 부담금을 납부하는 100인 이상 규모 기업이 90%를 상회하는 것으로 나타났다. 장애인 고용 기업체의 산업별 비중에서 제조업에 종사하는 비율이 6%로 가장 높게 나타났다. 고용노동부는 장애인 고용 의무를 준수하지 않는 457개소(2022년 기준)의 명단을 발표하기도 하였다.

장애인 근로자 채용의 주된 이유는 전체의 47.5%가 장애 여부에 상관없이 업무상 필요로 고용하고 있다는 응답으로 가장 높았다. 다음으로 고용 의무 이행이 31.2%, 지원 제도 9.6%, 기업의 사회적 이미지 5.8%로 순으로 나타났다. 또한 입사 후에 장애인이 되었거나, 장애가 있는 것을 알게 된 비율도 5.8%로 나타났다.

장애인 인사 및 노무 관리 시각에서 인식한 장애인 고용의 애로 사항은 '능력에 맞는 직무 배치의 어려움'이 가장 높았으며, 장애인 근로자에게 바라는 사항은 '책임감 있는 업무 수행'이 가장 높은 비율을 나타내었다.

3) 청각장애인 직종

2022년 기준으로 만 15세 이상의 장애인은 2,652,860명이며, 청각장애인은 425,224명(6.24%)이다. 2023년 기준으로 장애인 고용률은 36.1%이며 실업률은 3.4%로 집계되었고, 취업 청각장애인의 고용률은 26%를 나타내었다. 2022년 기준으로 장애인 가정의 연평균 소득은 전체가구의 연평균 소득의 72.3%에 해당하는 4,888만 원이며, 지출은 전체가구 평균의 76.6%에 해당하는 2,287만 원이다. 소득에 비하여 지출이 높음을 알 수 있다(한국장애인고용공단 고용개발원, 2023). 청각장애인 근로자의 취업 직종 비율은 기계 조작 및 조립 종사자 등과 같은 단순직이 34.5%로 가장 높으며, 관리 또는 사무직과 전문직 종사 비율은 10.1%에 불과하였다. 관리, 사무직 또는 전문직 종사자의 비율은 타 장애 유형에 비하여 낮은 것으로 분석되었다(한국장애인고용공단 고용개발원, 2015, p. 8 재인용). 청각장애인의 볼 수 있는 능력이 근로 직종과 높은 상관성을 나타내는 것으로 이해된다. 청각장애인 취업과 관련된 정보는 한국농아인협회의 직업재활센터에서 제공하고 있다.

4) 청각장애학교 졸업생의 취업 현황

청각장애학교 졸업생의 취업은 1990년대까지의 구두 또는 운동화, 봉제 등과 같은 수작업 분야에 종사하는 경향이 높았으나, 사회의 변화에 따라서 전자 및 자동차 조립과 일반제조업 등으로 직종이 변화하고 있다. 그러나 여전히 청각장애인의 가장 높은 취업 직종은 단순 기계 조립 및 기능직에 한정된다. 청각장애학생을 위한 미래지향적 직종으로 고기능 및 숙련직으로 직종 변화가 요구되지만, 청각장애학교 진로 직업교육은 여전히 부가가치가 낮은 직종에 천착하고 있다(한국장애인개발원, 2009). 인터넷 보급, 스마트폰 및 SNS(social network service)의 대중화, 반도체 산업의 확산, 소프트웨어 개발의 필요성 등은 청각장애학생의 미래 직종 변화를 선도할 수 있는 기회가 된다. 볼 수 있는 능력을 활용한 창의성 계발은 웹디자인, 프로그래머, 콘텐츠 개발 및 운영, 기회 및 홍보, 영업 및 마케팅, 예술 창작 활동 등의 직종 선택의 기회로 활용된다. 특히 청각장애학교의 진로 직업교육이 지역 사회와 연계할 경우는 정밀기계 숙련과 항공기 부품 설계 및 제작 기술 등을 익힐 수 있는 기회가 보장된다.

- 미국의 Gallaudet 대학교 졸업생의 96% 취업
- 미국의 National Technical Institute for the Deaf(NTID) 졸업생의 94% 취업
- Gallaudet 대학교 졸업생의 평균 연봉은 약 4만 $(2000년 기준), NTID 졸업생의 연봉은 다른 사립 대학교의 졸업생보다 36% 높음. 읽기 쓰기 능력은 취업의 중요한 요인

출처: 최성규, 허명진, 송혜경, 김미희, 김태임 역(2012), p. 177.

5) 청각장애학생의 직업적성검사

청각장애학생용 수어 기반 직업적성검사 표준화 연구가 수행되었다. 직업적성검사에 대하여 안내하고자 한다.

- 목적: 청각장애학생에게 적합한 수어 기반 직업적성검사의 표준화
- 절차: 커리어넷 직업적성검사의 문항 수정 및 수어능력 측정 문항 추가
- 도구: 35개 문항을 8개 하위 적성 영역으로 구분(신체 · 운동능력, 손재능, 음악능력, 언어능력, 수어능력, 수리논리력, 대인 관계능력, 자연친화력)
- 검사방법: 수어동영상 28분 32초 영상
- 결과 해석: 청각장애학생의 적성검사 결과에 기초하여 추천 가능한 직업 제시

5. 평생교육

교육은 미래의 시민에게 요구되는 덕목을 가르치는 과정이다. 2020년이 되면 73일마다 지식의 양이 2배로 증가한다고 예측하였다. 몇 해 전에 이미 2020년은 지났으며, 다가올 미래는 더욱 빠른 속도로 변화를 가속할 것이다. 방대한 자료를 정리하고, 매일같이 학습하기 위한 시간과 노력을 투자하기는 불가능에 가깝지만, 평생 학습자의 역할을 인지하고 준비하고자 하는 마음가짐과 자세는 계속해서 요구된다.

120세를 예측하는 인간의 평균수명 증가와 급변하는 사회에 적응하기 위한 평생 학습자로의 인식은 능동적이고 적극적으로 수용해야 한다. 청각장애학생을 포함한 모든 학생도 예외가 아니다. 사회적 고립이 아닌, 고립의 가속화에 노출될 가능성을 최소화하기 위한 노력이 평생교육 지원이다. 청각장애학생의 평생교육 지원 방안에 대한 소고는 다음과 같이 제안된다(최성규, 2015).

1) 개인차 극복을 위한 네트워크 학습

청각장애학생을 포함한 모든 학생의 개인차 극복은 평생교육의 목적과 필요성으로 이해된다. 다만 모든 학습자를 위한 학습 공간에 청각장애학생도 함께 존재해야 한다. 모든 사회 환경에 함께 존재하기 위해서는 네트워크 학습이 필요하다. 시공간을 초월하는 네트워크 환경 구축은 청각장애로 인한 의사소통 한계를 극복할 수 있도록 지원한다. 네트워크 학습은 청각장애학생의 사회와 교육의 관계를 연결하는 교두보 역할을 담당하게 될 것이다. 네트워크를 통한 사회와 청각장애학생의 연결은 사회적 고립을 해소하고 정체감 형성에 도움을 제공한다. 네트워크 학습은 청각장애학생의 특수성, 나이, 시공간의 한계 등을 초월하여 청각장애학생의 개인차 극복을 위한 평생교육 지원의 인프라 구축으로 이해된다.

2) 개별화에서 개인화 중심

특수교육의 당위성은 개별화에서 시작되었다. 개별화교육계획은 인지적 차이를 지원하기 위한 노력이지만, 교과내용 학습에서 학습자의 정서적 요구는 교육과정에서 지원되지 않는다. 개인화는 인지적 차이보다 정서적 요구에 초점을 둔다. 인지적 차원의 앎과 정서적 요구의 삶은 차별적이다. 청각장애학생의 정서적 요구는 사회화 과정의 농정체성과 관련된다. 청각장애학생의 정서적 요구라는 삶에 초점을 둔 평생교육 지원은 당사자의 언어적 및 문화적 정체성 인식과 함께 사회공헌에 긍정적 영향을 제공하는 계기가 될 것이다.

3) 제도권 지원과 비제도권 지원의 공존

청각장애학생의 평생교육은 제도권과 비제도권에서 함께 지원되어야 한다. 장애인 평생교육원의 역할은 제도권 지원의 활성화로 이해된다. 제도권 지원은 임의의 공간에서 함께 존재해야 한다는 점에서 이점이 되지만, 비제도권 지원은 개인의 요구와 능력에 따라서 언제든지 접근되는 상시성과 단계별 차별성이 강하다. 다양한 단체와 비영리 기관에서 많은 정보를 카페 등에서 공유하고 있다. 교육적 및 의료적 지원 등에 대한 정보는 청각장애학생의 미래지향적 삶을 결정하는 자료로 활용된다. 청각장애학생의 제도권 및 비제도권의 지원을 통한 정보 공유는 청각장애학생을 능동적 학습자의 자질로 향상시키는 동기가 된다.

4) 소비에서 프로슈머로 탄생

평생교육 지원은 소비만이 아닌, 생산과 소비가 함께 고려되는 환경을 고려해야 한다. 소비가 소비의 역할에 한정된다는 인식은 버려야 한다. 학습한 내용을 소비할 수 없는 환경에서의 학교 수업은 사회 기여에 한계가 있다. 학습한 내용을 소비할 수 있는 환경은 새로운 내용을 학습하기 위한 동기가 된다. 학교와 사회는 청각장애학생의 가능성을 집약하고 사회발전에 이바지할 수 있는 참여형 소비자(Prosumer)가 될 수 있도록 평생교육 지원을 계획해야 한다. 청각장애학생이 사회의 무관심을 극복하고, 사회의 문제를 주도적으로 해결할 수 있는 전문가 집단으로 인식될 수 있는 환경이 평생교육 지원을 통해 실현되어야 한다.

6. 학교 교육 지원 방안

1) 교육과정 지원

(1) 예측 가능한 미래 환경 교육과정 개발 및 재구성

미래 사회와 생활을 상상하면 AI와 같은 인공지능이 지배하는 세상이 펼쳐질 것이다. 학교 교육에서 컴퓨터 및 소프트웨어, 공학과 수학 등과 관련된 교육과정 개발 및 효율성 보장을 위한 교육과정 재구성 노력이 함께 요구된다. 교육과정 개발 및 재구성은 청각장애학생의 전환을 만족시킬 수 있는 중요한 요인으로 작용한다. 청각장애학생의 미래에서의 삶을 예측할 수 있는 교육과정 운영과 재구성 능력이 요구된다.

(2) 문해력 증진

청각장애학생은 읽기 및 쓰기가 요구되는 직종을 피하는 경향이 높다. 역으로 청각장애학생의 문해력 향상은 다양한 직종 선택의 가능성을 보장하는 요인으로 작용한다. 다양한 매체를 활용·개발하여 청각장애학생에게 영향력 있는 읽고 쓰기지도가 가능한 교육과정을 운영해야 한다. 읽기·쓰기를 위한 인지전략지도, 교육과정의 매체 적용, 전략의 모델화 방안 등을 고려할 수 있다. 문해력 증진은 청각장애학생의 정체성 및 자기효능감에 긍정적인 영향을 제공한다.

(3) 동기부여

미래의 직업은 읽기, 쓰기의 중요성이 함께 동반되어야 하는 당위성이 동기부여로 연계된다. 청각장애학생이 선택할 수 있는 직업을 탐색하고 읽기, 쓰기 능력의 필요성이 자연스럽게 스며들 수 있도록 동기를 부여해야 한다. 읽기, 쓰기 능력, 즉 문해력이 좋은 직장을 선택할 수 있는 조건으로 인식시키기보다 청각장애학생이 스스로 동기부여가 될 수 있도록 해야 한다. 희망은 조건으로 성립하지 않으며, 스며드는 것이다. 청각장애학생에게 이상적인 취업은 문해력 신장이라는 조건으로 얻어지는 것이 아니라, 당사자의 자발적 노력으로 성취한 문해력의 결과에 불과한 것이다. 특수교사의 성공적인 교직 수행이 높은 지적 능력으로 성취하는 것이 아닌, 동기부여로 결정되는 것과 같다.

(4) 다양한 견학 및 실습 운영

장애의 유무 및 정도에 상관없이 견학과 실습은 모든 학생에게 유용한 교육과정 활동이다. 견학과 실습 계획은 학생의 욕구, 흥미, 능력 등을 고려하여 개별화해야 한다. 대학 또는 직장에서 요구하는 일반적인 문제해결 능력을 제공하기 위한 개별화된 교육과정 운영이 요구된다. 기업에서 요구하는 직종과 전문성을 교육과정에 도입하는 방안이 청각장애교육에서도 필요하다.

(5) 지역사회 연계 교육과정 운영

학교는 지역사회의 특성을 고려하여 견학과 실습을 결정하고 교육과정에 적용할 수 있어야 한다. 학교는 지역사회 전문인의 재능기부 방식 등으로 청각장애학생을 이해하고 지원할 수 있는 기반을 조성할 수 있다. 지역사회 환경과의 조화로운 교육과정 운영은 성숙한 인간, 책임감 있는 인간, 동기부여가 있는 인간을 견인한다. 청각장애학교의 지역사회에 자동차 또는 반도체 산업체가 소재할 경우는 적극적으로 산업체를 활용할 수 있는 방안을 계획해야 한다. 어제와 같은 방법으로 청각장애학생의 전환계획을 지원하면서 발전된 내일을 기대할 수 없다.

(6) 의사소통교육의 중요성

의사소통능력은 학습된다. 또한 의사소통은 문해력과 관련되기도 한다. 의사소통 능력은 상위 수준의 능력을 발휘할 수 있는 직장과 직결된다고 하였다. 학교는 청각장애학생의 의사소통능력 신장을 위한 노력을 전환계획에 포함해야 한다. 구어나 문어를 사용하여 가청 직장인과 의사소통하는 방법도 지도해야 한다. 가청 직원과의 원만한 의사소통은 안전사고를 줄이는 방안으로 작용하기도 한다.

(7) 교사의 높은 기대치

청각장애학교 교사는 청각장애학생의 전환계획을 수립할 때, 상위 수준의 능력을 발휘할 수 있다는 높은 기대치를 가져야 한다. 교사의 높은 기대치는 청각장애학생의 자아존중감과 정체감 향상에 긍정적인 영향을 제공한다. 의미 있는 진로교육은 삶의 질 향상에 영향을 미치고, 의미 있는 전환계획은 교사의 높은 기대치에서 시작된다. 교사의 낮은 기대치로 학생의 수준 향상을 기대할 수 없다.

2) 인적 · 물적 자원 확충

청각장애학교는 직업교과를 운영하고 있다. 전국의 청각장애학교는 20여 개의 직업교과를 운영하고 있다. 다음과 같은 문제점이 지적된다(김소연, 정은희, 2007; 송건, 이예다나, 2019).

첫째, 지역사회의 특성이나 현실성이 고려되지 않는다. 또한 직업교과를 담당할 전문교사와 실기교사의 부족과 시설 및 기자재 구비에 어려움이 있다.

둘째, 교육과정과 학생의 개인차가 심하다. 선택중심교육과정을 적용하는 직업교과와 기본교육과정의 직업 준비기능이 공존하는 현실에서 교육과정 운영에 어려움이 있다.

셋째, 기술전문학원으로 위탁교육 또는 취업에 유리한 직업교과 도입이 요구된다. 이를 현실화하기 위해서는 이동 및 운영형태와 지원 방안 등에서 융통성이 전제되어야 한다.

청각장애학교의 전환계획 또는 진로교육의 문제점이 과거와 유사한 현상으로 지적된다. 진로교육이 청각장애학생을 위한 실질적 교육이 아닌, 진로 탐색 및 진로 적성 교육의 한계를 넘어서지 못하고 있다. 고등학교를 졸업한 청각장애학생의 전공과 역시 시대의 요구와 맞지 않는 직종이 대부분이다. 현실과 이상의 틈을 메우기 위한 노력이 지속적으로 요구된다.

□ 확인학습

1. 전환교육의 개념에 대하여 안다.

2. 청각장애학생의 문해력과 전환계획의 상관성에 대하여 설명할 수 있다.

3. Holland 모형의 성격유형에 대하여 안다.

4. 청각장애학교 졸업생의 취업 현황과 미래지향적 희망을 실현하기 위한 노력에 대하여 설명할 수 있다.

5. 청각장애학교 진로교육의 현상과 과제에 대하여 설명할 수 있다.

🔖 참고문헌

강윤지, 백석윤(2020). 초등 수학 교과서의 수학 용어 정의 및 문장제에 사용된 표현의 문장 복잡성 비교 분석. 한국초등수학교육학회지, 24(2), 231-257.

경기도수어교육원(2018). 한국수어의 실제(초급편). 경기도수어교육원.

강창욱(1994). 청각장애학생 언어의 통사구조 분석. 난청과 언어장애, 17(1), 11-48.

고은(2017). 청각장애아 교육. 학지사.

고은(2021). 의사소통장애아 교육. 학지사.

곽호완, 김기택, 곽지은, 이재식, 최훈(2018). 감각과 지각 (2판). 시그마프레스.

교육부(2023). 특수교육통계. 교육부.

구명성, 최성규(2019). 특수교사가 인식하는 청각장애학생의 정체감, 직업효능감, Holland 모형의 구조 관계 연구. 한국청각 · 언어장애교육연구, 10(2), 1-22.

국립특수교육원(2020). 청각장애(난청)학생 현황 및 교육지원 방안 연구. 국립특수교육원.

김경화(2015). 4년제 대학교 특수교육대상자 특별전형으로 입학한 청각장애 신입생들의 대학생활 적응에 대한 조사. 특수교육 저널: 이론과 실천, 16(3), 187-202.

김소연, 정은희(2007). 청각장애학교 직업교육과 사회취업과의 효율적 연계 방안. 특수교육 저널: 이론과 실천, 8(1), 189-214.

김혜진(2021). 수화언어에 대한 농인 당사자의 인식. 한국청각 · 언어장애교육연구, 12(2), 71-87.

대한특수교육학회(편) (1995). 한국특수교육100년사. 도서출판 특수교육.

박교식(1995). 우리 나라의 학교수학 용어에 대한 의미론적 탐색. 수학교육학연구, 5(1), 231-242.

송건, 이예다나(2019). 청각장애인 진로 및 직업교육 관련 연구 분석. 특수교육학연구, 54(3), 145-166.

신지현, 정승희, 박경희(2010). 큐드 스피치의 활용 가능성에 대한 재조명. 한국청각 · 언어장애교육연구, 1(1), 107-123.

오혜정(2013). 청각장애유아의 의사소통 기술 향상을 위한 부모지원. 한국청각 · 언어장애교육연구, 4(2), 31-49.

오혜정(2016). 가족지원-가정중재에 대한 청각장애유아 어머니의 인식 및 경험에 관한 사례연구. 특수아동교육연구, 18(4), 151-175.

윤은희(2018). 청각장애아동의 도덕성 발달 특성에 관한 연구: 한국판 DIT 적용. 대구대학교 대학원 박사학위논문.

이용섭, 김순식, 이상균, 장윤실, 강재영, 김양균, 김해란, 박연심, 이은경, 정호영(2016). 과학이 살아있는 초등과학교육. 교육과학사.

이태훈(2013). 시각장애청소년 진로직업탐색 워크북. 시그마프레스.

장은경, 최성규, 최희진, 박수영(2024). 청각장애학교 교사의 수어 능숙도가 수업설계 및 교수학습 요인에 미치는 구조 관계. 한국청각·언어장애교육연구, 15(1), 119-141.

정승희(2011). 청각장애유아 가족의 양육경험과 가족기능에 대한 연구. 특수아동교육연구, 13(4), 229-253.

정승희, 박비주, 김하니(2015). 소음 제거 알고리즘이 보청기의 이득 수치 및 청각장애학생의 어음변별력 향상에 미치는 효과. 한국청각·언어장애교육연구, 6(1), 19-38.

조명근(2018). 조선총독부 제생원의 운영과 실태. 전북사학, 54, 223-256.

최상배, 이종민, 이한나(2016). 청각장애학교 교사의 수어능력에 대한 인식과 수어능력 향상에 대한 요구. 특수아동교육연구, 18(1) 119-144.

최성규(1995). 청각장애아의 심리. 도서출판 특수교육.

최성규(1996). 한국표준어음검사. 도서출판 특수교육.

최성규(1997). 종단연구를 통한 중복장애가 있는 청각장애아의 출현율 비교와 진단·평가의 문제점. 특수교육학회지, 18(3), 85-105.

최성규(1999). 우리나라 청각장애아의 청력손실 원인과 시기에 관한 소고. 대구대학교 특수교육재활과학연구소, 특수교육연구, 22, 143-160.

최성규(2000). 청각장애학생의 진로교육에 대한 태도와 의사소통 능력과의 상관관계. 특수교육연구, 23(1), 153-170.

최성규(2005). 초등학교 아동의 장애관련 용어에 대한 이해력 및 인식에 관한 연구. 특수교육재활과학연구, 44(1), 127-154.

최성규(2007). 미국 Gallaudet University에 유학 중인 한국 농학생의 유학 동기와 졸업 후의 진로 희망에 관한 질적 연구. 특수교육저널: 이론과 실천, 8(3), 383-401.

최성규(2008). 장애아동의 개념발달에 대한 Vygotsky의 시각과 공헌. 특수교육재활과학연구, 47(3), 117-140.

최성규(2009). 일상 언어에 기초한 과학적 언어지도가 정신지체아동의 자기통제력과 자아존중감에 미치는 효과. 특수아동교육연구, 11(1), 355-376.

최성규(2011). 장애아동 언어지도. 한국언어치료학회.

최성규(2015). 한국 특수교육의 새로운 방향 탐색을 위한 고등교육 및 평생교육의 과제. 장애인고등교육연구, 1(1), 127-148.

최성규(2016). 농인 조경건의 생애사 연구. 특수교육학연구, 50(4), 41-64.

최성규(2017). 청각장애 학생을 위한 교육정책에 대한 인과가설의 설명력 고찰. 대한정치학회보, 25(3), 91-110.

최성규(2018). 청각장애 학생의 교육적 평등과 실질적 평등에 대한 담론. 대한정치학회보, 26(3), 89-111.

최성규(2020). 난청학생의 성장배경에 기초한 가정환경 및 의사소통 방법에 관한 연구. 한국청각·언어장애교육연구, 11(2), 1-20.

최성규(2022). 난청학생의 수어, 구어, 문어에 대한 구조 관계. 한국청각·언어장애교육연구, 13(2), 19-40.

최성규, 김은정(2015). 청각장애대학생의 정체감·농문화·장애인식에 대한 배경변인별 분석과 구조관계 연구. 특수교육재활과학연구, 54(2), 405-423.

최성규, 윤은희(1991). 청각장애아동과 가청아동의 조작형태 특성에 기초한 인지발달 비교 연구. 특수교육저널: 이론과 실천, 2(4), 147-163.

최성규, 허명진, 박찬희, 김정규, 박찬영, 김미희, 박은주, 송혜경, 이수연, 이정우, 정승희, 주미영, 박비주, 신지현(2015). 쉽게 풀어가는 청각학과 언어. 양서원.

최성규, 허명진, 송혜경, 김미희, 김태임(2012). 청각장애학생의 교수학습방법. 서울: 시그마프레스.

최성규, 황석윤(2009). 지능지수와 어휘연령에 기초한 정신지체아동의 정신연령 산출 방안 연구. 특수교육재활과학연구, 48(4), 149-167.

한국장애인고용공단 고용개발원(2015). 청각장애인의 괜찮은 일자리 분석. 한국장애인고용공단.

한국장애인고용공단 고용개발원(2023). 2023년 상반기 장애인 경제활동실태조사. 한국장애인고용공단.

한국청각언어장애교육학회(2012). 청각장애아동 교육. 양서원.

허승덕(2015). 청각학. 동아대학교 출판부.

Abutalebi, J., & Clahsen, H. (2016). Bimodal bilingualism: Language and cognition. *Bilingualism: Language & Cognition, 19*(2), 221-222.

Agostine, S., Erickson, K., & D'Ardenne, C. (2022). Sensory experiences and children with severe disabilities: Impacts on learning. *Frontiers in Psychology, 13*, 875085 (https://doi.org/10.3389/fpsyg.2022.875085).

Ainsworth, M. (1979). Attachment as related to mother-infant interaction. *Advances in the Study of Behavior, 9*, 1-51.

American Speech, Language and Hearing Association. (1988). *Determining threshold level for speech [Guidelines].* (www.asha.org./policy).

Andin, J., Fransson, P., Dahlström, Ö., Rönnberg, J., & Rudner, M. (2019). The neural basis of arithmetic and phonology in deaf signing individuals. *Language, Cognition & Neuroscience, 34*(7), 813–825.

Banks, J. A. (1994). *Multiethenic education: Theory and practice* (3rd ed.). Boston, MA: Allyn and Bacon.

Battison, R. (1978). *Lexical borrowing in American Sign Language*. Silver Spring, MD: Linstock Press.

Bowlby, J. (1958). The nature of the deaf child's ties to his mother. *International Journal of Psychoanalysis, 39*, 350–373.

Burnes, J. J., & Clark, A. K. (2021). *Characteristics of students who take dynamic learning maps® alternate assessments: 2018-2019* (technical report 20–01).

Campbell, R., Mac Sweeney, M., & Waters, D. (2008). Sign language and the brain: A review. *Journal of Deaf Studies & Deaf Education, 13*(1), 3–20.

Chilosi, A. M., Comparini, A., Scusa, M. F., Berrettini, S., Forli, F., Battini, R., Cipriani, P., & Cioni, G. (2010). Neurodevelopmental disorders in children with severe to profound sensorineural hearing loss: A clinical study. *Developmental Medicine & Child Neurology, 62*(9), 856–862.

Cone-Wesson, B., Bohr, B. R., Sininger, Y. S., Widen, JE., Folsom, R. C., & Gorga, M. P. (2000). Identification of neonatal hearing impairment: infants with hearing loss. *Ear Hear. 21*(5), 488-507.

Cornett, R. O. (2000). Cued speech: What and why? Retrieved November 1, 2017, from http://www.cued speech.org/cued-speech-what-and-why.php.

Cornett, R. O, & Daisey, N. M. (1992). *The cued speech resource book for parents of deaf children*. National Cued Speech Association.

Di Paolo, E., & De Jaegher, H. (2012). The interactive brain hypothesis. *Frontiers in Human Neuroscience, 6*, 163. (10.3389/fnhum.2012.00163).

Dickinson, D. K., McCabe, A., Anastasopoulos, L., Peisner-Feinberg, E., & Poe, M. D. (2003). The comprehensive language approach to early literacy: The interrelationships among vocabulary, phonological sensitivity, and print knowledge among preschool-aged children. *Journal of Educational Psychology, 95*(3), 465-481.

Erickson, K., & Geist, L. (2016). The profiles of students with significant cognitive disabilities and complex communication needs. Augment. *AAC: Augmentative & Alternative Communication, 32*(3), 187-197. (10.1080/07434618.2016.1213312).

Erikson, E. (1959). *Identity and the life cycle. Psychological Issues, Monograph 1.* New York, NY: International Universities Press.

Feuerstein, R., Rand, Y., & Hoffman, M. (1979). *The dynamic assessment of retarded performers*. Baltimore, MA: University Park Press.

Frank, T. (1980). Clinical significance of the relative intelligibility of pictorially represented spondee words. *Ear and Hearing, 1*, 46–49.

Furth, H. (1966). *Thinking without language: Psychological implications of deafness*. New York, NY: Free Press.

Furth, H. (1971). Linguistic deficiency and thinking: Research with deaf subjects 1964–1969. *Psychological Bulletin, 76*, 58–72.

Gagne, R., Briggs, L., & Wager, W. (1992). *Principles of instructional design* (4th ed.). Harcourt Brace Jovanovich College Publishers.

Garberoglio, C., Guerra, D., Sanders, G., & Cawthon, S. (2020). Community-driven strategies for improving postsecondary outcomes of deaf people. *American Annals of the Deaf, 165*(3), 369–392.

Greenberg, M., & Marvin, R. (1983). Attachment patterns in profoundly deaf preschool children. *Merrill Palmer Quarterly, 25*, 265–279.

Holland, J. L. (1985). *Making vocational choices: A theory of vocational personalities and work environments*. Eaglewood Cliffs, NJ: Prentice-Hall.

Jerger J., & Jerger S. (1971). Diagnostic significance of PB word functions. *Archives of Otolaryngology-Head & Neck Surgery, 101*, 403–407.

Jones, T. W., Jones, J. K., & Ewing, K. M. (2006). Students with multiple disabilities. In D. F. Moores & D. S. Martin (Eds.), *Deaf learners: Development in curriculum and instruction*. Washington DC: Gallaudet University.

Katz, J. (1985). *Handbook of clinical audiology* (3rd ed.). Baltimore, MA: Willams & Wilkins.

Katz, J., Medwetsky, L., Burkard, L. & Hood (Eds.). (2009). *Handbook of Clinical audiology*. (6th ed.). Philadelphia, PA: Lippincott Williams & Wilkins.

Kim, C. S., Kim, D. K., Suh, M. W., Oh, S. H., & Chang, S. O. (2008). Clinical outcomes of cochlear reimplantation due to device failure. *Clinical and Experimental Otorhinolaryngology, 1*(1), 10–14.

Kohlberg, L. (1984). *The psychology of moral development: The nature and validity of moral stages* (Vol. 2). New York, NY: Harper & Row.

Kubicek, E., & Quandt, L. (2021). A positive relationship between sign language comprehension and mental rotation abilities. *Journal of Deaf Studies & Deaf Education, 26*(1), 1–12.

Kubicek, E., & Quandt, L. (2021). A positive relationship between sign language comprehension and mental rotation abilities. *Journal of Deaf Studies & Deaf Education, 26*(1), 1-12.

Lang, H. (2006). Teaching science. In D. Moores & D. Martin, *Deaf Leaners: Developments in curriculum and instruction* (pp. 57-66). Washington DC: Gallaudet University Press.

Leybaert, J., & D'Hondt, M. (2003). Neurolinguistic development in deaf children: The effect of early language experience. *International Journal of Audiology, 42*, S34-S40.

Luft, P. (2016). *Promoting positive transition outcomes: Effective planning for deaf and hard of hearing young adults.* Washington, DC: Gallaudet University Press.

Mac Sweeney, M., Campbell, R., & Donlan, C. (1996). Varieties of short-term memory coding in deaf teenagers. *Journal of Deaf Studies & Deaf Education, 1*(4), 249-262.

Mahshie, S. N. (1997). A first language: Whose choice is it? Sharing ideas. ERIC Number: ED475323.

Marschark, M., Lang, H., & Albertini, J. (2002). *Educating deaf students: From research to practice.* Oxford University Press.

Martin, F., Champlin, C., & Perez, D. (2000). The question of phonetic balance in word recognition testing. *Journal of the American Academy of Audiology, 11*(9), 489-522.

Mayer, C., & Trezek, B. (2023). Investigating the writing achievement of deaf learners. *American Annals of the Deaf, 167*(5), 625-643.

McCullough, S., & Emmorey, K. (2021). Effects of deafness and sign language experience on the human brain: Voxel-based and surface-based morphometry. *Language, Cognition & Neuroscience, 36*(4), 422-439.

Moores, D. (2001). *Educating the deaf: Psychology, principles, and practices.* Boston, MA: Houghton Mifflin.

Myklebust, H. (1960). *The psychology of deafness: Sensory deprivation, learning, and adjustment.* New York, NY: Grune & Stratton.

Myklebust, H. (1964). *The psychology of deafness: Sensory deprivation, learning, and adjustment* (2nd ed.). New York, NY: Grune & Stratton.

Nelson, C., & Bruce, S. M. (2019). Children who are deaf/hard of hearing with disabilities: Paths to language and literacy. *Education Sciences, 9*(2), 134-134.

Niparko, J. (2009). (Ed.). *Cochlear implants: Principles & Practices.* Philadelphia, PA: Wolters Kluwer Health/Lippincott Williams & wilkins.

O'Neill, G., & Tolley, N. (2020). Cochlear Implant Reliability: Reporting of Device Failures. *Indian Journal of Otolaryngology and Head & Neck Surgery, 72*, 326-328.

Palmer, J., Garberoglio, C., Chanm S., Cawthon, S., & Sales, A. (2020). Deaf people and vocational rehabilitation: Who is being served? National Deaf Center.

Parent Information and Resources. (2015). *Multiple Disabilities*. Newark, NJ, Author. https://www.parentcenterhub.org/multiple/public domain

Paul, P., & Jackson, D. (1993). *Toward a psychology of deafness: Theoretical and empirical perspectives*. Needham Heights, MA: Allyn and Bacon.

Paul, R., & Norbury, C. F. (2012). *Language disorders from infancy through adolescence* (4th ed.). St. Louis, MO: Elsevier Mosby.

Pintner, R., Eisenson, J., & Stanton, M. (1941). *The psychology of the physically handicapped*. New York, NY: Crofts.

Punch, R., & Duncan, J. (2022). The role of social capital in the transition to postsecondary education of students who are deaf or hard of hearing. *American Annals of the Deaf, 167*(3), 334-354.

Ray, S. (1979). *An adaptation of the Wechsler Preschool and Primary Scale of Intelligence (WPPSI) for deaf children*. Northridge, CA: Steven Ray Publications.

Ross, M., Brackett, D., & Maxon, A. B. (1991). *Assessment and management of mainstreamed hearing-impaired children: Principles and practices*. Austin, TX: Pro-Ed.

Sisco, F., & Anderson, R. (1980). Deaf children's performance on the WISC-R relative to hearing status of parents and child-reading experiences. *American Annals of the Deaf, 125*, 923-930.

Stoke, W. (1960). Sign language structure: An outline of the visual communication system of the American deaf. *Journal of Deaf Studies and Deaf Education, 10*(1), 3-37. (https://www-jstor-org.libproxy.daegu.ac.kr/stable/42658734).

Tabak, J. (2006). *Significant gestures*. Westport, CT: Praeger Publishers.

Taub, D. A., McCord, J. A., & Ryndak, D. L. (2017). Opportunities to learn for students with extensive support needs: a context of research-supported practices for all in general education classes. *J. Spec. Educ. 51*, 127-137. doi: 10.1177/0022466917696263.

Thoutenhoofd, E., & Lyngbäck, L. A. (2023). Bimodal-Bilingual teacher training in Sweden. *Sign Language Studies, 23*(4), 555-576.

Traxler, C. B. (2000). The Stanford Achievement Test (9th ed.): National norming and performance standards for deaf and hard-of-hearing students. *Journal of Deaf Studies and Deaf Education, 5*(4), 337-348. (https://doi.org/10.1093/deafed/5.4.337).

U.S. Department of Education. (2021). IDEA Part B child count and educational environments [Data set]. (https://data.ed.gov/dataset/idea-section-618-data-productsstate-level-data-files).

U.S. Department of Health and Human Services. (1991). Healthy people 2000: National health promotion and disease prevention objectives. DHHS Publication No. 91-50121. Washington, DC: US Government Printing Office, Superintendent of Documents.

van Dijk, J., Nelson, C., Postma, A., & van Dijk, R. (2010). Deaf children with severe multiple disabilities: Etiologies, intervention, and assessment. *The Oxford Handbook of Deaf Studies, Language, and Education, 2*, 172-192.

Vernon, M. (1967a). Relationship of language to the thinking process. *Archives of Genetic Psychiatry, 16*, 325-333.

Vernon, M. (1967b). Prematurity and deafness: The magnitude of the problem among deaf children. *Exceptional Children, 34*, 289-298.

Vygotsky, L. (1962). *Thought and language*. Cambridge, MA: MIT Press.

Vygotsky, L. (1978). *Mind in society: The development of higher psychological processes*. Cambridge, MA: Harvard University Press.

Webster, J., & Safar, J. (2020). Ideologies behind the scoring of factors to rate sign language vitality. *Language & Communication, 74*, 113-129.

Wilbur, R. B. (1979). *American Sign Language and sign system*. Baltimore, MD: University Park Press.

World Health Organization. (2020). Ear and hearing care planning and monitoring of national strategies. Geneva: World Health Organization; 2015. Available at: https://apps. who.int/iris/handle/10665/206138, accessed December 2020. (https://www.who. int/news-room/fact-sheets/detail/deafness-and-hearing-loss).

찾아보기

■ 저자 소개

최성규(Choi, Sung Kyu)

미국 Ball State University(청각장애교육 전공) 교육학박사
전 경남천광학교(공립 청각장애학교) 특수교사
현 대구대학교 사범대학 초등특수교육과 교수

[주요 저 · 역서 및 논문]
『장애아동의 이해』(공저, 도서출판 하우, 2019)
『특수교육학개론』(공저, 학지사, 2016)
『청각학과 언어』(공저, 양서원, 2015)
『청각장애아동 교육』(공저, 학지사, 2012)
『청각장애학생의 교수학습방법』(공역, 시그마프레스, 2012)
『Deaf People Around the World』(공저, Gallaudet University Press, 2009)
「난청학생의 수어, 구어, 문어에 대한 구조 관계」(2022)

김혜진(Kim, Hye Jin)

대구대학교 대학원 특수교육학과(언어 · 청각장애아교육 전공) 문학박사
전 대구대학교 초등특수교육과 강사
현 중부대학교 초등특수교육과 교수

[주요 논문]
「청각장애학교 교사의 국어과 수업에서 경험한 공통교육과정 국어과 교육목표 및 교과내용의
적합성 분석」(2024)
「통합교육 환경에서 수학한 난청 대학생의 수어와 구어에 대한 인식 구조 분석」(공동, 2023)
「농정체성에 대한 농인 당사자의 인식」(2021)
「수화언어에 대한 농인 당사자의 인식」(2021)

박찬희(Park, Chan Hee)

대구대학교 대학원 특수교육학과(언어 · 청각장애아교육 전공) 문학박사
현 마산대학교 언어치료과 교수

[주요 저서]
『쉽게 풀어가는 청각학과 언어』(공저, 양서원, 2015)

이아름(Lee, A Reum)

대구대학교 대학원 특수교육학과(언어 · 청각장애아교육 전공) 문학박사
전 부산대동병원 청각사
현 웰니스어린이병원 언어발달센터장

[주요 논문]
「청각장애학생의 문해능력발달 지체 원인에 관한 전문가 인식」(2021)

정미라(Jeong, Mi Ra)

대구대학교 대학원 특수교육학과(언어 · 청각장애아교육 전공) 문학박사
현 동의대학교 산업문화대학원 음악치료학과 겸임교수

[주요 논문]
「음악치료사의 장애인식이 치료지원서비스 및 음악지도 전문성에 미치는 영향력」(2020)
「청각장애초등학생을 위한 음악교육프로그램 개발 연구」(공동, 2016)
「인공와우 착용 아동의 음악지각력에 대한 사례연구」(공동, 2012).

정승희(Jung, Seung Hee)

대구대학교 대학원 특수교육학과(언어 · 청각장애아교육 전공) 문학박사
전 경동대학교 중등특수교육과 조교수
현 창원대학교 특수교육학과 강사

[주요 저서 및 논문]
『쉽게 풀어가는 청각학과 언어』(공저, 양서원, 2015)
「청각장애 정보통신 보조기기 지원 실태 및 개선방안」(2020)
「노인성난청의 보청기 사용 및 청능훈련의 필요성에 관한 실태조사」(공동, 2020)

정은영(Jung, Eun Young)

대구대학교 대학원 특수교육학과(언어 · 청각장애아교육 전공) 문학박사
전 춘천교육대학교 교육대학원 초등특수교육과 강사
현 강원특별자치도 진부중학교 특수교사

[주요 저서 및 논문]
『장애아동의 이해』(공저, 도서출판 하우, 2019)
「청각장애학생의 통합교육 배치 결정을 위한 퍼지 추론규칙 개발」(2012)

청각장애학생 교육
Education for Hearing Impaired Students

2025년 1월 10일 1판 1쇄 인쇄
2025년 1월 15일 1판 1쇄 발행

지은이 • 최성규 · 김혜진 · 박찬희 · 이아름 · 정미라 · 정승희 · 정은영
펴낸이 • 김진환
펴낸곳 • ㈜**학지사**

04031 서울특별시 마포구 양화로 15길 20 마인드월드빌딩
대표전화 • 02)330-5114   팩스 • 02)324-2345
등록번호 • 제313-2006-000265호

홈페이지 • http://www.hakjisa.co.kr
인스타그램 • https://www.instagram.com/hakjisabook

ISBN 978-89-997-3219-5 93370

정가 22,000원

출판미디어기업 학지사

간호보건의학출판 **학지사메디컬** www.hakjisamd.co.kr
심리검사연구소 **인싸이트** www.inpsyt.co.kr
학술논문서비스 **뉴논문** www.newnonmun.com
교육연수원 **카운피아** www.counpia.com
대학교재전자책플랫폼 **캠퍼스북** www.campusbook.co.kr